地方債市場の国際潮流
欧米日の比較分析から制度インフラの創造へ

三宅裕樹

プリミエ・コレクションの創刊にあたって

「プリミエ」とは，初演を意味するフランス語の「première」に由来した「初めて主役を演じる」を意味する英語です．本コレクションのタイトルには，初々しい若い知性のデビュー作という意味が込められています．

いわゆる大学院重点化によって博士学位取得者を増強する計画が始まってから十数年になります．学界，産業界，政界，官界さらには国際機関等に博士学位取得者が歓迎される時代がやがて到来するという当初の見通しは，国内外の諸状況もあって未だ実現せず，そのため，長期の研鑽を積みながら厳しい日々を送っている若手研究者も少なくありません．

しかしながら，多くの優秀な人材を学界に迎えたことで学術研究は新しい活況を呈し，領域によっては，既存の研究には見られなかった溌剌とした視点や方法が，若い人々によってもたらされています．そうした優れた業績を広く公開することは，学界のみならず，歴史の転換点にある21世紀の社会全体にとっても，未来を拓く大きな資産になることは間違いありません．

このたび，京都大学では，常にフロンティアに挑戦することで我が国の教育・研究において誉れある幾多の成果をもたらしてきた百有余年の歴史の上に，若手研究者の優れた業績を世に出すための支援制度を設けることに致しました．本コレクションの各巻は，いずれもこの制度のもとに刊行されるモノグラフです．ここでデビューした研究者は，我が国のみならず，国際的な学界において，将来につながる学術研究のリーダーとして活躍が期待される人たちです．関係者，読者の方々ともども，このコレクションが健やかに成長していくことを見守っていきたいと祈念します．

第25代　京都大学総長　松本　紘

目　次

第1章　地方分権時代に求められる地方債発行のあり方　1
　Ⅰ．変革期のわが国地方債市場　1
　　1．近づく地方自治体と金融市場との距離　1
　　2．地方債発行の自由化　3
　Ⅱ．地方債発行のあり方に関する通説的見解と課題　4
　　1．地方債の共同発行という考え方　4
　　2．地方債発行の原則とされる自助＝個別発行　5
　　3．「個別発行」とは何か？　7
　　4．共同発行はモラル・ハザードを招くか？　12
　Ⅲ．地方債発行の新機軸の模索　14
　　1．財政と金融の結節点としての地方債　14
　　2．機能論的アプローチの採用　18
　　3．地方債の共同発行の潜在的可能性への注目　21
　Ⅳ．本書の構成　23

第2章　地方共同資金調達機関とは何か　27
　Ⅰ．はじめに　27
　Ⅱ．地方債の共同発行による資金調達の効率化　29
　　1．金融市場からの資金調達に伴うコスト　29
　　2．金融仲介機関による金融取引コストの軽減　31
　　3．地方債の実質的な共同発行を可能とする地方共同資金調達機関　32
　　4．地方政府への金融サービスの提供　34
　　5．地方債市場における専門性　36
　　6．リスクの満期保有による金融取引の効率化　38
　Ⅲ．地方共同資金調達機関に対する公的関与の根拠　39
　　1．地方債の発行に対する支援の妥当性　39
　　2．政策手段としての地方共同資金調達機関　44
　Ⅳ．地方共同資金調達機関の類型化　47

1．公的支援重視モデル　　47
　　2．市場競争重視モデル　　50
　Ⅴ．小括　　54

第3章　200年の伝統を誇る公的支援重視モデル
　　　　―英国 PWLB の事例を中心に―　　57
　Ⅰ．はじめに　　57
　Ⅱ．英国地方債市場で存在感を高めた過程・背景　　58
　　1．PWLB の創設から第二次世界大戦まで　　58
　　2．最後の貸し手機能への特化　　59
　　3．融資機能の再拡充　　64
　　4．地方債発行の全額引き受けへ　　70
　　5．PWLB に期待されてきた政策的な役割　　78
　Ⅲ．先進諸国における公的支援重視モデルの現在　　80

第4章　究極の市場競争重視モデルとしての民間地方共同資金調達機関
　　　　―米国金融保証（モノライン）保険の事例を中心に―　　83
　Ⅰ．はじめに　　83
　Ⅱ．地方共同資金調達機関としての金融保証保険　　86
　　1．州・地方政府への金融サービスの提供　　86
　　2．地方債市場における高い専門性　　88
　　3．地方債の信用リスクの満期保有　　89
　Ⅲ．米国地方債市場における普及の歴史的要因　　90
　　1．米国地方債市場における伝統的な銀行機能の低下　　92
　　2．地方債市場の金融取引コストの上昇　　96
　　3．新たな金融仲介機関に対する期待に応えた金融保証保険　　97
　　4．機関投資家としての地方債ファンド　　101
　Ⅳ．2000年代後半の金融不安定化が与えた影響　　102
　　1．1980年代後半以降の証券化商品の保証業務への進出　　102
　　2．2008年以降の金融保証保険会社の相次ぐ格下げ　　105
　　3．金融保証保険会社の保証能力の減退　　110
　Ⅴ．原点回帰による信頼回復に努める民間金融保証保険会社　　112

1. 地方債の保証業務の切り離しを進めた MBIA　　112
　2. 新規参入を図る動き　　114
　3. 金融保証保険業界における再編動向　　114
Ⅵ. 連邦政府による地方債市場の混乱への対応　　116
　1. 金融市場へのアクセスが困難化した州・地方政府　　116
　2. 連邦政府による BAB プログラムを通じた起債支援　　120
　3. さらなる地方債市場への支援をめぐる議論と挫折　　123
Ⅶ. 相互会社型の金融保証保険会社の誕生　　126
　1. NLC による提案　　126
　2. BAM の誕生へ　　128
Ⅷ. 民間金融機関型の今後　　131
　1. 米国の地方債市場で金融保証保険が果たしてきた役割　　131
　2. 民間金融機関型が有する潜在的可能性　　133
　3. 次章の検討課題　　134

第5章　もう一つの市場競争重視モデルとしての競争創出型
　　　　―地方共同資金調達機関の北欧モデル―　　137

Ⅰ. はじめに　　137
　1. 市場シェアの増加基調が顕著な北欧の地方共同資金調達機関　　137
　2. 競争創出型としての北欧の地方共同資金調達機関　　140
Ⅱ. 相互会社型としてのコミュンインベスト・デンマーク地方金融公庫
　　142
　1. 中央政府・地方自治体との関係　　142
　2. 歴史的な沿革：1970年代以降の金融自由化が与えた影響　　146
Ⅲ. 地方自治体からの高い評価の背景　　152
　1. 国外の金融市場への効率的なアクセス　　152
　2. 民間の金融機関と同等の競争条件　　155
　3. 地方自治体の立場に立った中立的な金融サービスの提供　　158
　4. 2008年以降のグローバル金融危機の影響　　160
Ⅳ. 経済合理的な運営を行うための条件を確保する難しさと対応　　162
　1. 相互会社型の地方共同資金調達機関が抱える潜在的な経営課題
　　162

2. コミュンインベストにおける市場原理に則った対応　163
　　3. 中央政府による起債統制を前提としたデンマーク地方金融公庫の対応　166
　Ⅴ. 政府後援企業型としてのKBN　168
　　1. KBNの制度設計　168
　　2. ノルウェー地方債市場における競争を勝ち抜いてきたKBN　173
　Ⅵ. 地方共同資金調達機関の北欧モデルとは何か　175
　　1. 地方債市場の競争環境を重視する北欧諸国　175
　　2. 北欧の地方共同資金調達機関が果たす政策的役割　177
　　3. 競争創出型は北欧モデルにとどまるのか　179

第6章　変わるわが国地方債市場と変わらない「支援」への固執
　　　　──市場競争重視モデルへの創造的転換は可能か──　181
　Ⅰ. 欧米における地方共同資金調達機関の高い位置付け　181
　　1. 地方債市場に不可欠な制度インフラとしての役割　181
　　2. 公的支援重視モデルから市場競争重視モデルへ　184
　Ⅱ. 国際比較の観点からみたわが国の現状　187
　　1. 地方共同資金調達機関をめぐる近年の改革　187
　　2. 公的支援重視モデルとしての地方公共団体金融機構　189
　Ⅲ. 真に求められる地方共同資金調達機関とは？　195
　　1. 公的支援重視モデルの地方共同資金調達機関はなお必要か？　195
　　2. わが国における市場競争重視モデルの可能性　199
　　3. 今後の地方債市場のあり方をめぐる議論の深化への期待　204

あとがき　207
参考文献　213
索　　引　221

第1章
地方分権時代に求められる地方債発行のあり方

I ｜ 変革期のわが国地方債市場

1. 近づく地方自治体と金融市場との距離

　わが国の地方債市場は現在，変革期の直中にある[1]（図1-1）。
　地方自治体が抱える地方債は，日本経済が長期にわたる低迷期に入った1990年代，中央政府の借金である国債と同様に残高が急増した[2]。その結果，2000年代はじめには，地方債の発行残高は約200兆円と，毎年度の地方歳入の2倍超の水準に達することとなった。その後は地方財政収支の改善もあって急増傾向こそ止まったものの，かといって顕著な減少に転じるわけでもなく，今日まで高止まりの状況にある。
　こうした中，地方債の内訳はここ10年で大きく様変わりした。わが国では伝統的に，地方債の過半は公的資金によって引き受けられてきた。つまり，国内で最も信用力が高いとされる中央政府の信用力を背景に，郵便貯

---

1) 本書でいう「地方債市場」とは，地方債の発行市場を指す。
2) 本書でいう「地方債」とは，地方自治体が1年を超えて負う金融債務を指す。これには，地方自治体が有価証券として発行する債券（債券形式）はもちろんのこと，銀行などからの借り入れ（証書（ローン）形式）も含まれる。

図 1-1　変革期のわが国地方債市場

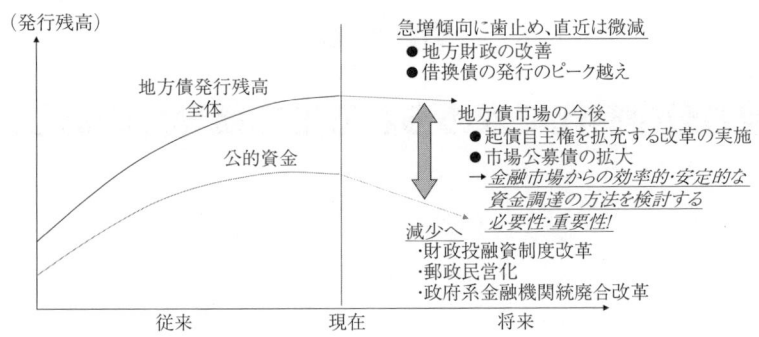

（出所）野村資本市場研究所編（2007）に，一部加筆

金や簡易保険，公的年金，政府保証債などを通じて調達された資金が，地方自治体に貸し付けられていたのである。それゆえ，多くの地方自治体は，自身で銀行から融資を受けたり，資本市場で債券を発行したりしなくとも，かつては相当程度の資金を長期・低利で借り入れることができた。

しかし，2000年代に入ると，財政投融資制度改革や政府系金融機関の統廃合改革が相次いで実施に移された。また，郵政民営化に向けた改革についても議論が高まり，事業体制が大幅に変更された。これによって，地方債市場における公的資金の位置付けは急速に低下した。代わって近年では，地方自治体が金融市場に直接的にアクセスして資金を調達する割合が増加基調にある。特に市場公募債という，地方自治体が資本市場より広く資金を調達するために債券・公募形式で発行する地方債の発行シェアの高まりが顕著である。1990年代まで，地方債全体に占める市場公募債の割合は1割にも満たなかったが，現在では発行額（フロー）ベースでは約4割に迫り，発行残高（ストック）ベースでも2割を超えるに至っている（図1-2）。

図 1-2 わが国の地方債の発行額・発行残高の推移

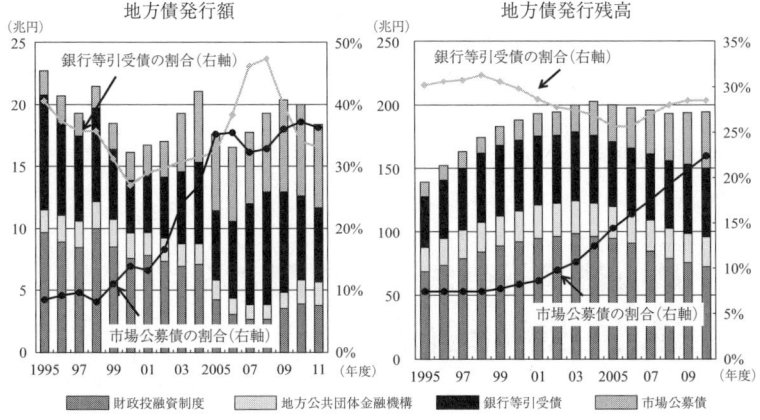

(注) 地方公共団体金融機構の創設以前の「地方公共団体金融機構」は，前身の旧公営企業金融公庫・旧地方公営企業等金融機構を指す。
(出所) 地方債協会『地方債統計年報』より，作成

2．地方債発行の自由化

　こうした動向と時期をあわせる形で，地方分権化の流れの中で，地方債の発行制度も改革が進展している。特に2006年度には，起債許可制度から事前協議制度への移行と，市場公募債の発行条件の交渉方法の個別条件交渉方式への変更という二つの大きな改革が実現した。

　このうち，事前協議制度への移行とは，地方自治体が原則として自由に地方債を発行できるようになったことを意味する。それまでは起債許可制度のもと，地方自治体が地方債を発行する際には，事前に中央政府から許可を得る必要があった。同制度は，旧地方自治法において「当分の間」の措置とされながら，結果として50年以上も維持された。しかし，2006年度より施行された事前協議制度のもとでは，地方自治体は起債に際して事前に中央政府，市町村の場合には都道府県と協議を行い，そこで同意を得るよう努めることとされている。また，仮に同意が得られなくとも不同意債として地方債を発行することが許容されている[3]。

市場公募債の発行条件の交渉方法の変更は，2006年度の年度途中に実現したものである。従来，市場公募債の発行条件は基本的に総務省が一括して金融機関と交渉し，発行する地方自治体の別を問わず一律に設定されていた[4]。しかし，本改革によって，市場公募債を発行する各地方自治体がそれぞれ金融機関などと交渉し，発行条件が個別的に決定されることとなった。

II 地方債発行のあり方に関する通説的見解と課題

1. 地方債の共同発行という考え方

　一連の改革によって，地方債の発行に関する地方自治体の権限（起債自主権）は拡充された。と同時に，地方財政改革の進展とも相まって，地方債の発行に関して地方自治体が負うべき責任も大きくなった。それゆえ，地方自治体には，財政運営に要する資金を金融市場から効率的かつ安定的に調達できるよう，いっそうの工夫が求められている。

　しかし，一言で地方債の発行といっても，その際に地方自治体が検討すべき事項は数多くある。資金調達の時期や総額，金利水準とその決定方法（固定金利か変動金利か），満期年限，返済方法（満期一括か途中償還か），銀行や証券会社をはじめとする取引業者とその選定方法，債券形式での発行の場合にはさらに募集方法，投資家向け情報開示の方法とその内容，格付

3）地方財政規模に対する地方債の元利払い（フロー・ベース）の大きさを示す財政指標である実質公債費比率が18％以上の水準にあるなど，財政状態の健全性に課題が認められる地方自治体については，地方債の発行に際して，引き続き中央政府（都道府県）の許可を得る必要がある。また，2012年度より，実質公債費比率が16％（2012年度に限り14％）未満といった条件を満たす地方自治体は，公的資金からの借り入れを除く地方債，すなわち銀行等引受債や市場公募債の発行について，事前の届け出だけで十分とされるようになった。

4）2002年度に2テーブル方式が導入され，2004年度以降は一部の地方自治体が自らの市場公募債の発行条件を独自に金融機関と交渉するようになった。また，後でも触れる住民参加型市場公募債は，2002年の発行開始当初よりこうした統一条件交渉の対象外であった。それゆえ，個別条件交渉方式の導入は，2005年度以前からすでに部分的には進んでいたといえる。

けの取得。主要項目に限っても，これだけ例示できる。しかも，その各々について，金融市場が発達している今日では，実に多様な選択肢がある。デリバティブ取引の活用も，地方自治体の資金調達コストを抑える上で一考に値しよう。さらに付け加えれば，地方債の発行は一度きりのものではなく，過去・現在・将来にわたる長期的な観点に立った負債管理の視点も欠かせない。これら一連の検討事項について，金融取引を専門としない，しかも約1,700にのぼる全ての地方自治体に，責任をもって最適な判断を常に下すよう求めることは，およそ現実的とは言い難い。

そうであれば，地方自治体が相互に協力すればよいのではないか，こうした発想が出てくることは自然なことといえよう。これに関して，地方債の分野では，地方債を共同で発行するという考え方がある[5]。地方債を共同発行すれば，金融市場からの資金調達に関して，地方自治体間の重複を解消でき，専門性をもった担当者を起債事務に配置することが低コストで可能となる。しかも，地方債の発行規模が大きくなり，定期的に発行することも容易となるため，投資家としても地方債を購入しやすくなる。投資家にとっての魅力が高まれば，地方自治体としても地方債の発行条件が自らにとって有利になるものと期待できる。

2. 地方債発行の原則とされる自助＝個別発行

地方債の共同発行の意義を論じる議論は，わが国では戦前にまで遡る。1937年，鈴木武雄・三好重夫の両氏が各々独自に，地方債の共同発行を支える機関を創設するべきと主張したのが，本格的な提言の端緒とされる[6]。それ以来，研究者，および総務省（旧自治省・旧内務省）や地方自治

---

[5] 債券の共同発行という議論は，必ずしも金融市場一般で広くみかけるものではない。とはいえ，地方債以外の分野でも，例えば2010年頃からのギリシャ国債のデフォルト懸念の高まりを契機とした欧州ソブリン危機への対応策の一つとして，ユーロ圏の国々が国債を共同発行するべきという欧州共同債の発行を提案する議論があったことは，記憶に新しい。なお，欧州共同債の発行を念頭に，債券の共同発行のあり方を主として実務的な観点から検討したものとして，European Primary Dealers Association（2008）がある。
[6] 鈴木（1937）・（1968），三好（1937）参照。ただし，公営企業金融公庫編（2009）にもあるよう，地方債の共同発行の重要性を主張した議論は，これ以前にも存在する。

体の関係者といった実務担当者の双方のレベルで，両氏の主張は淡々と継承されてきた。

　しかし，ここで注意しなくてはならないことがある。それは，一般的に広く普及している議論では，地方債の共同発行は一部の地方自治体だけを対象とした，補完的な役割にとどめるべきものとされている点である。特に今日のわが国では，地方分権化という潮流も踏まえて，地方債の発行はあくまで，各地方自治体が個別に行うことを原則とすべきという考え方が主流となっている。そして，地方債を個別発行しようとすれば資金調達コストの負担が過大となる地方自治体に限ってやむなく，共同発行という別の発行方法を用意する必要があるとされているのである。

　こうした見解は，政府資料にも反映されている。そこでは，地方債の個別発行を「自助」，地方自治体が共同で「スーパー地方債」[7]を発行する政府機関である地方公共団体金融機構を通じた資金調達を「共助」，財政投融資制度を介した借り入れを「公助」と分類し，整理されている（図1-3）。ここでもやはり，地方債の個別発行が「自助」の取り組みであり，原則的な起債方法と位置付けられている。

　地方財政の分野では，地方自治体の財源全般に関して，中心は地方税とするべき，やむをえない場合は水平的な財政調整制度としての性格を有する地方交付税からの給付を受け，中央政府からの特定補助金である国庫補助金には極力頼るべきではないとする考え方がある。これは，地方債は原則として個別発行，難しければ共同発行という「自助」・「共助」・「公助」という順位付けに，感覚的には近しいものがある。恐らくはこのことが，地方債の共同発行に限定的な役割しか認めない考え方がこれまで無批判に受け入れられてきた主因の一つではないかと思われる。

7）「スーパー地方債」とは，地方公共団体金融機構自身が，自ら発行する債券の性格を端的に表わすものとして，IR（Investor Relations）資料などで用いている表現である。なお，地方公共団体金融機構については，第6章第Ⅱ節で詳述する。

図 1-3 地方債の発行をめぐる自助・共助・公助の考え方

(出所) 総務省の共同発行市場公募地方債 IR (2010年) 資料より, 転載

3.「個別発行」とは何か？

(1) 地方自治体は投資家と直接取引すべきか？

しかし，少し踏み込んで考えてみると，こうした通説的見解の妥当性は相当に疑わしいものといわざるをえない。試みに，地方債は原則として個別に発行されるべきという主張を取り上げると，そもそもここでいう「個別発行」とは何を意味しているのだろうか。

やや堅い言い回しとなるが，地方債の発行とは，地方債市場において，最終的な資金の借り手（資金不足主体）である地方自治体が，最終的な資金の貸し手（資金余剰主体）である家計などの投資家から資金を借り入れることである[8]（図 1-4）。仮に，地方債の「個別発行」が，地方債の発行案件を一つ一つ単独で成立させることを意味するとする。つまり，各地方

---

[8] ここでいう「投資家」には，自己勘定で運用を行う場合は別として，年金基金や保険会社，投資信託（資産運用会社）など，最終的な資金の貸し手である「投資家」の資産運用を代行する「機関投資家」は含まれない。

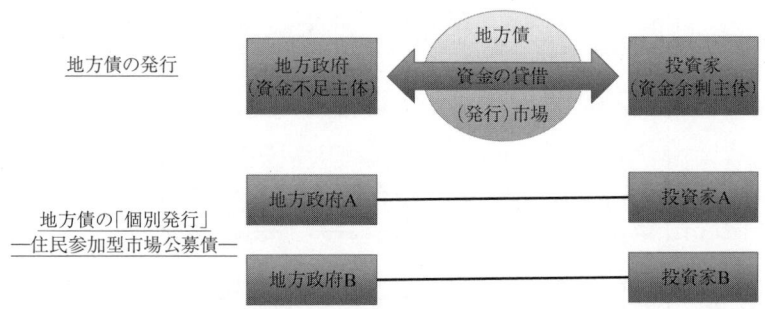

図1-4 地方債の「個別発行」とは何か①

(注) 上記はあくまで最も単純な場合を想定した概念図である。また，国の区別を問わず一般的な場合を想定した図とするため，「地方政府」という用語を用いている。
(出所) 筆者作成

　自治体が地方債を購入してくれる投資家をみつけて，その投資家と個別に直接接触して条件を交渉し，地方債を発行することを指すとする[9]。もしそうであるならば，地方債の「個別発行」が相当に非効率的なものであることは明白である。

　実際，効率性を徹底して重視すると考えられる民間の金融取引において，このような直接金融という形が採られることは希有である[10]。例えば，企業が設備投資の資金を借り入れる場合を考えると，特に中小企業では銀行から融資を受けるというのが一般的であろう。また，大企業が資本市場で社債を発行するとしても，その直接的な購入者は機関投資家が中心となる。いずれにせよ，そこでは銀行や機関投資家といった金融仲介機関が，最終的な資金の借り手である企業と貸し手である家計など投資家との

---

9) より正確には，各地方自治体が単独で，金融仲介機関を介さずに地方債を発行することを指す。後で事例として挙げる住民参加型市場公募債の場合を想起しても，このような際に実際には地方自治体は証券会社などを利用することになると考えられる。ただし，この場合に証券会社は，地方債を自らの資産ポートフォリオに引き受け，リスク特性などが異なる新たな証券を発行するという金融仲介機関としての役割を果たしているわけではない。金融仲介機関の定義や機能については，第2章第Ⅱ節でより詳しく触れる。
10) 本書では，資本市場での取引か銀行を介した取引かではなく，金融取引における金融仲介機関の介在の有無をもって，直接金融・間接金融を分類している。なお，直接金融・間接金融の定義や用語法については，臘山（1989）P.28～P.29注記に詳しい。

間に介在する。金融仲介機関は，複数の金融取引の過程の一部ないし全てを集約することで，規模・範囲の経済性の効果，およびリスクのプール化を通じた分散効果を追求し，金融取引の効率化を図っている。これにより，資金を調達する企業にとっては借り入れコストの引き下げが，資産を運用する投資家にとっては運用リターンの向上やリスクの軽減が，各々期待できる。それゆえ，投資家が金融仲介機関を介さず直接的に企業と一対一で取引きして資金を融資したり，個人向け社債を（販売を代行する証券会社を介して）購入することは，金融市場全体のごく一部を占めるにすぎない。

地方債市場でも同様である。確かに，わが国では2002年より，個人投資家を直接的な購入主体として想定した住民参加型市場公募債が発行されている。これは，直接金融による地方債発行の典型的な事例である。しかし，住民参加型市場公募債の発行は，地域住民の地方財政運営への参加意識を高めることに資するといった期待もあったものの，現在に至るまで地方債の主たる発行形態とはなっていない。2011年度の住民参加型市場公募債の発行額は2,137億円と，市場公募債の3.2%，地方債全体の1.2%を占めるにとどまっている。ストック・ベースでも，2011年度末時点の発行残高は1.2兆円，各比率は2.7%・0.6%と，住民参加型市場公募債の存在感はやはり小さいといわざるをえない[11]。

このように，起債自主権が拡充されつつある今日でも，銀行からの借り入れ（銀行等引受債）の場合にはもちろんのこと，市場公募債の発行においても，通常は金融仲介機関が地方自治体と投資家の間をつないでいるのである。地方自治体が投資家と個別的・直接的に資金をやりとりするという地方債の「個別発行」は全体のごくわずかにとどまり，主流となりえていない。また，金融仲介機関が果たしている経済的機能や，民間の金融取引における金融仲介機関を介した金融取引の一般性を踏まえれば明らかな通り，少なくとも経済学的な観点からは「個別発行」が望ましいとも言い

---

11) 地方債協会『地方債統計年報』（2012年版）より算出。

難い。

（2）地方自治体は起債手続きを単独で行うべきか？

　このように述べると，反論もあるかもしれない。つまり，地方債の「個別発行」とは直接金融の形で地方債を発行することを意味しているのではない。そうではなく，地方自治体が銀行や機関投資家といった金融仲介機関，あるいは機関投資家との間をつなぐ証券会社などと個々にやりとりし，地方債の発行に関わる一連の手続きを単独で行うことを指す。このような指摘がありえよう。

　しかし，こうした定義に従うとしても，地方債の「個別発行」が主流となるべきという見解が妥当であるとは，やはり認め難い。なぜなら，このような主張は，複数の地方債の発行案件の取りまとめを，民間金融機関な

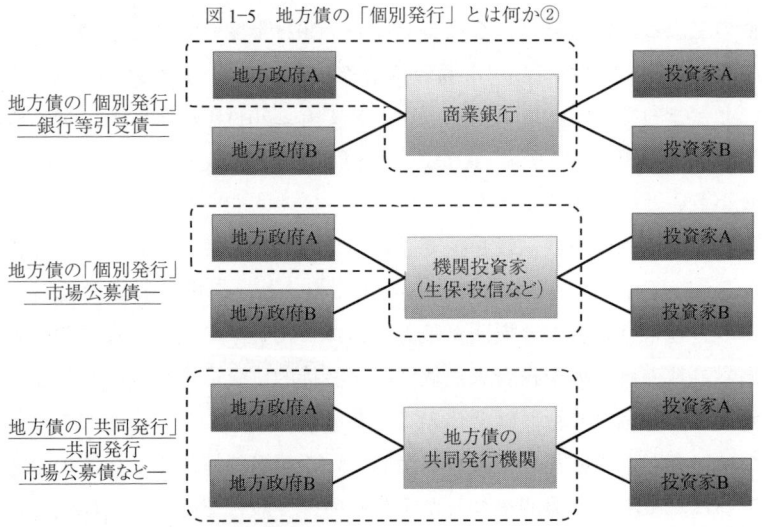

図1-5　地方債の「個別発行」とは何か②

（注）1．点線は地方政府Aの認識（関心）の及ぶ範囲を示す。
　　　2．上記はあくまで最も単純な場合を想定したものであり，より多くの金融仲介機関が地方政府と投資家の間に介在する場合も想定されうる。また，国の区別を問わず一般的な場合を想定した図とするため，「地方政府」という用語を用いている。
（出所）筆者作成

ど第三者が行うのはよく，地方債の「共同発行」という形で地方自治体が意識的に行うのは好ましくないと述べているに等しいからである（図1-5）。

　地方自治体に融資を行っている銀行は，通常は他の地方自治体にも資金を貸し付けている。また，地方債を運用対象としている機関投資家は，複数の市場公募債，および流通市場で取引されている銀行等引受債を購入していることであろう。そうすると，銀行や機関投資家のポートフォリオの中には，様々な地方自治体が発行する地方債が組み入れられているということとなる。これは見方を変えれば，地方自治体が投資家から資金を借り入れるという地方債の発行案件が複数，銀行や機関投資家の介在によって一まとめにされているということである。銀行や機関投資家が投資家から集めてきた資金が，複数の地方自治体に流れているとみてもよい。いずれにせよ，これは地方債の「共同発行」の意義が一般的に主張される場合にまさに企図されている地方債発行のあり方といってよい。異なるのは，地方自治体の側に，金融市場からの資金調達を他の地方自治体と一緒に行っているという認識があるか否か，本質的には唯一この点だけである。

　では，地方自治体が自覚的に地方債市場における金融取引を一括することは，地方債の発行のあり方として傍流の地位にとどめ置かれるべきものなのだろうか。実態としては本質的に全く同様の形で金融取引が成立することになるとしても，通説的な見解が主張するように，各地方自治体はあくまで，地方債の発行において他の地方自治体と協力することなく，「個別発行」にこだわるべきなのだろうか。

　そもそも地方分権化を推し進めることは，地方自治体が財政運営に関するあらゆる業務を全て単独で執り行うべきで，中央政府や同一レベルの地方自治体と連携してはならないという内容を意味するものとは考えられない。地方分権とは，地方自治体が財政民主主義の観点から自らの財政運営を責任をもって行えるよう，必要な権限を可能な限り地方自治体に移譲することを意味している。このような分権型の地方財政制度のもとで，地方自治体が自らの権限と責任にもとづいて効率的に財政運営を行うべく，相互に連携することは，好ましいものでありこそすれ，避けられるべきもの

であろうはずがない。

　地方債の発行に関していえば，地方債を発行するか否か，発行方法はどうするか，どのような方針で条件交渉を進めるかといった一連の意思決定は，各地方自治体が自らの責任において行う。地方分権時代においては，こうした起債自主権が最大限尊重されるべきである。その行使に対して，中央政府や都道府県，周囲の地方自治体などが干渉することは，可能な限り回避されることが適切といえよう[12]。とはいえ，このことと，地方債をできるだけ効率的に発行し，金融市場からの資金調達コストを抑えるために，他の地方自治体と連携することとは全く矛盾しない。それどころか，本来はむしろ積極的に推奨されるべきものであろう。これは，地方分権の趣旨に反するものでもなければ，市場の効率的な資源配分を阻害するものでもない。

4. 共同発行はモラル・ハザードを招くか？

　ここまでの議論を踏まえれば，地方債の共同発行をめぐる議論においてしばしば持ち出されるモラル・ハザード（制度の悪用）の問題が，共同発行に積極的な意義を認めない通説的な見解を根拠付けるものでないことも明らかとなってこよう。

　地方債の共同発行とは本来，地方債市場における金融取引を効率化させようとする取り組みである。一般的に経済学でいう「効率化」とは，取引相手や第三者に経済的な負担を強いることなく，取引参加者（ここでは特に地方債を発行する地方自治体）の効用を高める（資金調達コストを軽減する）というパレート改善を意味する。これによって，特に中小規模の地方自治体や財政状態の厳しい地方自治体は，金融市場から資金を調達しやす

[12) このことは中央政府などが地方財政の健全性を維持するべく，予算原則をはじめとする地方債の発行に関する規制を設けることなどを否定するものではない。起債自主権に対して一定の制約を課すことは，地方財政が悪化した場合には上位政府などに偶発債務が生じる可能性があるなどといった地方債の発行に関する負の外部性の存在に，正当化の根拠を見出すことができる。なお，地方財政規律について詳しくは，Liu & Waibel（2008），Rodden, Eskeland & Litvack（2003），Ter-Minassian & Carig（1997）など参照。

くなるだろう。しかし，それが行き過ぎて地方自治体の財政規律の緩みというモラル・ハザードが誘発されるとすれば，それは共同発行そのものではなく，これを支える制度・機関のあり方に問題があるのである。

先に述べた通り，地方債市場における複数の発行案件を一括している点で，地方債の共同発行と銀行を介した地方債発行（地方自治体による銀行からの借り入れ）は本質的に変わりない。その銀行は，同様の業務を民間企業向け融資でも行っている。しかし，銀行の存在によって，中小企業や経営難の企業が非効率的な経営を温存しているとの指摘は，中小企業対策の妥当性や銀行経営の効率性の問題などを検討する場面ではともかく，銀行の本質的機能に対する批判としては通常は聞かれない。それは，銀行の場合，融資先に対しては貸出条件，投資家（預金者）に対しては預入条件に適切な格差を設定しながら，金融取引の効率化の効果を両者に配分しているからである。

一方で地方債の「共同発行」という場合，一般的には，これに参加する地方自治体の間で資金調達額（借入額）の規模はともかく，借入金利などその他の主だった参加条件（借入条件）を等しくする仕組みが，暗黙のうちに想定されている。その場合は確かに，財政状態の厳しい地方自治体などにおいて，より積極的に地方債の共同発行の仕組みを利用しようという誘因が働く。このことは，他の地方自治体などに過度のコスト（リスク）負担を生み出しうるものといえる。しかし，こうした事態を回避することは十分に可能である。ちょうど銀行などが行っているように，地方債の共同発行に参加する地方自治体を事前に選別したり，参加条件（借入条件）に一定の格差を設けるなどして，経済合理的な観点からのリスク管理を適切に行えばよいのである。こうした取り組みは，決して「理論的には可能」というだけの机上の空論にすぎないものではなく，欧米諸国の実例をみても十分に実施可能なものと考えられる。

こうしたことからも明らかなように，地方債の共同発行は地方自治体のモラル・ハザードを招くので，必要最小限の規模にとどめるべきであるという議論には，論理の飛躍がある。モラル・ハザードに結び付くか否か

は，地方債を共同で発行するための制度・機関を適切に設計できるかにかかっている。その検討なしに地方債の「個別発行」を原則とするべきと主張することは，即断に過ぎよう。

Ⅲ 地方債発行の新機軸の模索

1. 財政と金融の結節点としての地方債

このようにみてくると，研究者や実務担当者の間で広く受け入れられている通説的見解も，実は大いに検討の余地が残されたものといえそうである。そこで本書では，地方債の発行のあり方，特に共同発行の意義について，わが国の現状や議論から一度距離を置いて，先行研究とは異なる視点で検討を行いたいと考えている。

これまで積み重ねてこられた地方債分野における国内外の先行研究を振り返ると，地方自治体は地方債をどのように発行するべきかという論点を正面に据えた考察は，そもそもそう多くない。既存の地方債研究では，主として次の三つの論点が取り上げられてきた[13]。

第一は，長期的な観点からの効率的な財政運営を可能にするという地方債の利点の活用をめぐる議論である。例えば，地方自治体が学校施設を建設しようとする時，工事には相当の費用がかかる。これを，建設する年度に入ってくる税収や補助金だけで賄おうとすると，地方自治体の財政運営全体に大きな負担が生じることになる。しかし，学校施設は建設後，何十年にもわたって教育活動などのために用いられることを踏まえれば，工事費用は将来世代もある程度負担すべきと考えられる。このように，便益と経費の発生時期が大きく乖離する投資的事業や景気対策事業を行う場合，地方債を発行して資金を借り入れれば，そのずれを埋めることができる。

---

[13] わが国の地方債制度・市場をめぐる基本的な論点に関しては，本書と異なる形で，持田（2008）で詳しく整理されている。

こうした地方債の利点を適切に活かすことができれば，地方自治体は数年，数十年先を見据えて，より適切な形で公共サービスを提供することが可能となる。先行研究では，地方債の発行を通じて調達した資金を充てることが適当と考えられる事業は何か，そうした事業を地方自治体は中央政府などとどう分担するべきか，事業の実施や起債に際して地方自治体の裁量はどの程度許容されるべきか，こうした具体的論点が取り上げられてきた。これに関するわが国の特徴としては，地方債を発行して行われる公共事業の規模の大きさや，地方債計画・（2005年度までの）起債許可制度などを通じた起債過程における中央集権性などが指摘されてきた[14]。

第二は，地方債の元利償還の負担能力，あるいは地方財政の持続可能性をめぐる議論である。地方債の発行には，上記のような利点がある一方，後年度の財政運営に利払いや元本の返済という負担・制約が生じるという課題もある。この点に関連して，効率的かつ安定的な地方財政運営と両立する地方債の発行規模はどの程度のものか，地方財政の持続可能性を十分に確保した予算編成や地方債発行の方針とはどのようなものか，地方債の元利償還負担が将来の財政運営に与える影響を的確に計る指標とはどのようなものか，といった検討が行われてきた。わが国では，2000年代に入って地方公会計制度改革が進んでいるほか，地方財政健全化法の施行を受けて，財政4指標による地方財政状況の把握とリスク管理が行われるようになった。近年では，こうした一連の動向に関連して，多くの研究成果が報告されている[15]。

第三は，地方債の発行におけるモラル・ハザード，地方自治体の予算制約のソフト化と，これに対する財政規律のあり方をめぐる議論である。これは，地方債の元利償還費用が，地方税収や手数料収入といった地方自治体の独自財源だけで賄われるわけではないことに由来する論点である。地方自治体は財政調整制度や特定補助金制度を通じて，中央政府や同一レベ

---

14) 例えば，池上（1989）・（2004），金澤（2002）・（2006），神野（2002）など参照。
15) 例えば，公会計改革研究会編（2008），小西（2012）など参照。

ルの地方自治体から経常的に補助金の給付を受けており，そこで得た資金は地方債の元利償還にも充てられている。また，地方自治体の財政状態が深刻化し，自力では最低限の公共サービスを提供することすら難しいという状況になれば，中央政府などが債務の返済も含めて当該地方自治体の財政運営を支援する，ないし引き継ぐことも十分に想定される（暗黙の政府保証論）。このように地方債の元利償還費用の負担が他の政府に経常的・臨時的に転嫁されるとなれば，地方債の発行が過剰となって，地方財政運営の非効率化を招く可能性が懸念される。とりわけわが国では，財政調整制度である地方交付税制度を通じて地方債の元利償還費用を保障するという，世界的にみてもきわめて希有な制度運用（交付税措置）が長年にわたって行われてきた。このような事情もあって，地方債の発行に関わるモラル・ハザードの実態と，これを回避するための制度設計のあり方に関しては特に，数多くの研究が積み重ねてこられた[16]。

こうした検討が重要なことは，もちろん疑いない。ただし，以上の議論はいずれも主に地方債の財政的側面に注目したものである。その充実ぶりに比して，金融的側面にも関心を払った地方債研究は相対的に手薄の感が否めない。おおざっぱな言い方をすれば，これまでの議論では総じて，地方自治体が地方債を発行すると決断すれば，設定した金額を想定される金利で調達できるという仮定のもとで，つまり地方債の発行方法を所与として話が進められてきたのである[17]。

---

[16] 例えば，白川（2007），土居（2007），持田（2004 b）など参照。また，近年発行が急増している臨時財政対策債に関する石川・赤井（2013）をはじめとする研究もある。
[17] もとより，従来の議論の中で，地方債の発行条件に金融市場の（機関）投資家からの評価が反映されることが無視されてきたわけではない。特に，いわゆる「市場による規律」を重視する論者は，地方財政運営の健全性を確保する上で，こうした金融市場の評価が果たしうる役割に期待を寄せている。ただし，そこでの関心もあくまで地方自治体の財政運営における効率性の確保に重きが置かれており，地方自治体が金融市場とどのように接点をもつべきかという点には関心が及んでいない。そこでは，地方自治体の財政運営の状況に対して，地方債の発行条件は一律に決まることが想定されており，「設定した金額を想定される金利で調達できるという仮定」が置かれていることに変わりはない。言い換えれば，地方債の発行のあり方には多様な選択肢があること，そしてその選択の巧拙によって，資金調達の条件が地方自治体にとってより有利，あるいはより不利になるという可能性が考慮されていない。

しかし，地方自治体が地方債を発行しようとしても，投資家がその地方債の発行条件に魅力を感じなければ，地方自治体は必要な資金を調達できないかもしれない。投資家による地方債の購入は，あくまで自発的な意志にもとづくものであり，地方自治体が投資家に購入を義務付けることはできないからである。この点で，同じく地方自治体の資金調達手段であるといっても，地方自治体の公権力を背景に強制的に地域住民に課され，納税を拒否すれば罰せられる地方税とは，性格を異にする。

それゆえ，地方自治体が運用リターンを求める投資家とどのような形で接点をもち，地方債の発行方法を工夫すればよいかという論点が，重要性を帯びたものとなってくる。地方自治体が適切な起債方法を選択できるか否かは，効率的・安定的な地方財政運営の可否にも必然的に影響を及ぼすものと考えられるのである。

しかも，そこではコーポレート・ファイナンスの分野で検討されるような民間企業の資金調達の場合とは異なる視点が必要となる。なぜなら，地方自治体は民間企業と異なり，同一レベルの地方自治体，あるいは中央政府などと日頃の財政運営において密接な協力関係があり，金融市場からの資金調達の方法にも，こうした政府間関係が反映されることとなるからである。地方自治体による地方債の発行に対して，（その是非はともかく）中央政府などが明瞭な形で関わることも少なくなく，またそうでなくとも他の政府との関係が与える影響を無視することはできない。本書で考察の主眼とする地方債の共同発行は，その最も端的な事例といってよいであろう。もちろん，一連の検討の大前提として，地方自治体が担う公共的役割を十分に踏まえる必要があることはいうまでもない。

にも関わらず，地方債の発行のあり方に関する本格的な検討は，国内外を通じて多くは見受けられない[18]。本書は，こうした未開拓の分野の研究

---

18) こうしたわが国の地方債研究の現状の背景には，地方債の発行過程における中央政府の関与・統制，および財政投融資制度の存在感の大きさがあると考えられる。かつては地方自治体の起債自主権が大幅に制約されていたために，地方債の発行方法を工夫する余地がそう大きくはなかった。また，中央政府がその信用力をもって金融市場から調達した資金を長期・低利で提供する財政投融資制度を通じて，地方自治体は長い間，過半の地方債を発行するこ

を試みようとするものである。

2. 機能論的アプローチの採用

（1）地方債市場の国際比較

本書では，わが国の地方債制度・市場の有り様を相対的に捉えようと，欧米先進諸国の事例を視野に入れた考察を企図している。

もっとも，欧米事例に目を向けることは容易なことではない。というのも，欧米先進諸国の地方債市場は，実に多様な様相を呈しているからである[19]。何ら用意のないまま取り組むと，各国の個別性ばかりが目に付き，それぞれの制度や市場動向などを淡々と羅列して紹介するという内容にとどまることとなりかねない。

こうした事情もあってか，地方債の分野において2ヶ国以上の事例を対象とした研究は，そもそも少ない。また，限られた研究蓄積をみても，大半は各国の事例を個別的に並べて取り扱ったものとなっている。そこから一歩踏み込んで，複数の事例を通じる共通性や事例間の相違，およびその背景や示唆を明らかにしようする比較研究は，Dafflon ed.（2002）やLiu & Waibel（2008），Ter-Minassian & Craig（1997）などに限られる。しかも，これらはいずれも，先に触れた地方債の財政的側面に焦点を絞ったものである。地方債の金融的側面をも踏まえた研究となれば，私見の限りPeterson（2003）や三宅（2009b）などを数えるにとどまるのが現状である。

本書では，地方債の発行のあり方という検討課題に取り組むにあたり，機能論的アプローチを採用する[20]。繰り返しとなるが，地方自治体が投資

とができた。そのため，地方債の金融的側面への関心が研究者の間で高まりにくかったように思われる。むしろわが国では，先述した交付税措置などを通じて地方債が補助金制度の代替的役割を果たしてきたため，地方債を補助金の一種と捉える視点が今日に至るまで深く根付いている。しかし，先述の通り，こうした状況は現在，大きく変わりつつある。それゆえ，地方債の金融的側面に注目した研究の重要性，現代的意義は高まっているものと考えられる。

19）欧米先進諸国の地方債制度・市場の概要については，三宅（2009b）・（2012）など参照。
20）機能論的アプローチにもとづく分析は，Merton & Bodie（1995）に手がかりを得たものである。また，特に地方債市場を対象とした機能論的アプローチにもとづく論考には，Peterson（2003）がある。同研究の内容，本書との差異については，第2章第Ⅱ節参照。

家から直接的に資金を借り入れることはまずない。通常は，地方自治体と投資家の間に，銀行や機関投資家といった金融仲介機関，あるいは金融仲介機関としての役割を果たす制度が介在する。本書では，こうした制度・機関が地方債市場で果たす本質的な役割，金融機能に注目する。その上で，地方自治体の立場からみて，地方債の「共同発行」と一般的にいわれる場合と本質的に同様の形で行われている金融取引，すなわち地方債の実質的な共同発行を支える制度インフラを「地方共同資金調達機関」と定義し，検討対象の中心に据える。

このような方法は，一見まどろっこしく映るかもしれない。しかし，地方共同資金調達機関という概念は，地方債の実質的な共同発行を支えるという本質的な金融機能を共有することを唯一の要件とし，その限りにおいて制度設計の多様性を認めている。これによって，従来は個別ばらばらに捉えられてきた先進諸国の地方債市場の制度インフラを包括的に捉え，一貫した枠組みで比較考察を行うことを可能としているのである。本書で主たる研究対象として取り上げる具体的な制度・機関をみても，この点は明らかといってよいだろう[21]。

（2）地方債発行に対する中央政府などの関わり方

実は，機能論的アプローチにはもう一つの利点がある。それは，形式的な違いを一旦許容した上で，その違いが本質的な機能にどのような影響を及ぼすのかを，比較を通じて容易に浮き彫りにできる点である。こうした強みを活かして本書が特に注目するのが，金融市場からの資金調達をめぐる政府間関係である。

先に言及した通り，地方債には金融的側面があり，地方自治体は必要な資金を調達するためには，経済的なリターンを期待する投資家の運用資金を十分に引き付けなくてはならない。そこでは，資金を借り入れようと金

---

21) 先進諸国の地方共同資金調達機関の具体事例は，後掲表2-1で一覧としている。なお，機能論的アプローチにもとづく国際比較研究の重要性・有用性に関しては，第6章注2もあわせて参照のこと。

融市場に参加する国内外の民間企業や中央政府，他の地方自治体などと，投資家の資金の獲得をめぐって競争が繰り広げられることとなる。しかし，そうはいっても，地方自治体は地域住民の日常生活や経済活動に不可欠な公共サービスを提供するという，他には代え難い役割を担っている。その公共的性格を踏まえれば，地方自治体が最低限の財政運営すら困難となるといった事態に陥らないよう，地方債の発行に関しても中央政府などが必要な措置を講じることは不可欠と考えられよう。このような地方債の財政的側面も，決して忘れられるべきではない。そして，地方債の共同発行は，こうした措置の一環として位置付けられることが多い。

ただし，中央政府などが地方債の発行に，特にその資金調達コストの軽減を支えるという形で関わるといっても，そこでは様々な関与のあり方が想定できる。しかし，これに関して，これまでの研究者や実務担当者の間では，地方債の共同発行を一部の地方自治体に対する支援策と捉える見方が，ほぼ常識となっていた[22]。ここで「支援」とは，余力のある経済主体が経済的な負担をネット・ベースで引き受けることで，別の経済主体が負うコストを抑えるという，転嫁を通じた負担軽減を指す。例えば，池上（2004）や井手・水上（2006）は，地方債の共同発行を支える制度・機関を整備する際には，必要に応じて中央政府に負担を求めることも選択肢になりうると明言している。中央政府は，地方債の共同発行によって自らが必要とする資金を調達するわけではもちろんない。それゆえ，地方債の共同発行に参加する地方自治体の資金調達コストを引き下げるために，中央政府に一方的な負担を強制する仕組みが，そこでは想定されているわけである。また，先に言及した通り，地方債の共同発行をめぐるこれまでの議論では，共同発行の仕組みに参加する地方自治体の間で主だった参加条件（借入条件）に差を設けない制度設計が通常想起されてきた。これは，地方自治体間での水平的な支援，一部の地方自治体への負担の転嫁を前提と

---

22) より正確に言えば，地方債の共同発行を通じて地方債市場における金融取引を効率化させた上で，さらに中央政府などからネット・ベースでの経済的な負担を引き出すことで，一部の地方自治体の負担を大幅に引き下げるという内容が，一般的に想定されている。

した議論と捉えることが可能である。

しかし，再度の強調となるが，地方債の共同発行を通じて複数の地方債の発行案件を一括することは，一義的には地方債市場における金融取引の効率化，パレート改善を企図した取り組みである。これが地方債市場の投資家などに経済的な犠牲を強いるものでないことは，言を待たない。また，中央政府や一部の地方自治体がネット・ベースで経済的な負担を負わなければ実現できないものでもない。地方債の共同発行を地方自治体間の連携の取り組みとすることも十分に可能なのである。ここで「連携」とは，経済活動の効率化によって得られた経済的な利点を，関係者の全てが程度の差はあれ遍く享受できるよう，あるいはそうした期待のもとに協調して行動することを意味する。ゼロ・サム・ゲーム（Zero-Sum Game）でなく，ウィン・ウィンの関係（Win-Win Relationship）を築こうとするものと言い換えてもよい。

にも関わらず，通説的な見解ではこうした可能性が無視，あるいは否定されている。しかも，そこでは，中央政府などにネット・ベースでの経済的負担を要請する根拠は何か，あるいは一部の地方自治体が支援を受ける根拠は何かといった基本的ともいえる論点に関して，私見の限り何ら検討も行われてこなかった。

先進諸国の事例を具体的にみると，地方共同資金調達機関と中央政府・地方自治体との関係には実に多様な形がありうることがわかる。本書では，それらを広く捉えた上で類型化を行い，地方共同資金調達機関の金融機能や地方債市場における位置付け，地方債の発行のあり方に与える影響を明らかにしたいと考えている。

3. 地方債の共同発行の潜在的可能性への注目

やや議論を先取りしていえば，地方債の共同発行を地方自治体間の連携と捉えるか，一部の地方自治体に対する支援とみるかは，共同発行に積極的な位置付けを認めるか否かに決定的に関わる論点である。

先述の通り，通説的な見解では，地方債の共同発行は「自助」を補完す

る「共助」の取り組みとされ，限定的な役割しか認められていない。これは，地方債の共同発行を支援の取り組みと捉え，これを支える制度インフラの創設・運営に中央政府などのネット・ベースでの経済的な負担を求めることが前提とされていることの裏返しである。仮に，支援制度としての地方債の共同発行にあらゆる地方自治体の参加を認めれば，地方債の発行に要する自らの負担を中央政府などへの転嫁を通じて軽減しようと，多くの地方自治体が参加を希望するであろう。そうなれば，中央政府や一部の地方自治体の経済的な負担が過大となりかねない。また，地方財政規律の弛緩という先に触れたモラル・ハザードの問題も，当然に懸念されるところとなろう[23]。

しかし，地方債の共同発行を地方自治体間の連携の取り組みとするのであれば，中央政府などにネット・ベースでの経済的な負担は生じない。それゆえ，地方債の共同発行を支える制度インフラを，一部の地方自治体だけを対象とした限定的なものとする必要はなくなる。というよりむしろ，地方債の共同発行に参加する地方自治体が増えるほど，一括される地方債の発行案件が増え，金融取引はよりいっそう効率化されるものと期待できる[24]。その効果は，程度の差はあるにせよ，財政規模の大きい地方自治体にとっても，あるいは財政状態が良好な地方自治体にとっても，必ずしも無視できるものではない。よってこの場合，地方債の共同発行は，多くの地方自治体にとっての原則的な地方債の発行方法として，より積極的な位

---

23) なお，こうした理由から，地方債の共同発行を支える制度インフラの利用を一部の地方自治体に限定すれば，資金調達の規模はその分小さくなり，共同発行を通じた資金調達コストの軽減効果も減じられざるをえない点には，留意を要する。関連して，第6章注27参照。
24) 確かに，複数の地方債の発行案件を取りまとめることによって期待される効果に関して，規模・範囲の経済性については取りまとめる案件の規模の拡大によって，リスクのプール化を通じた分散効果の追求についてはリスクの高い案件が一緒になることで，効果が逓減する可能性がある。それゆえ，財政規模の大きい地方自治体，あるいは財政状態の健全性が高い地方自治体が，地方債の発行案件の取りまとめに参加しても，期待される資金調達コストの軽減効果はそれほど大きくないかもしれない。ただし，その場合には，地方債の共同発行に参加する必要がないというだけのことであって，通説的な見解のように，こうした地方自治体は地方債を個別発行することを原則とし，共同発行の取り組みから除外すべきということにはならない。

置付けが与えられるべきものとなりうる。

　従来の議論では，地方債の個別的な発行を補完する仕組みとして共同発行の意義を見出す見方が支配的であった。しかし，地方債の実質的な共同発行を支える地方共同資金調達機関に対する中央政府などの関与のあり方をより丁寧に検討していけば，「自助」・「共助」・「公助」という分類にもとづく通説的な見解とは異なる見方も十分に可能である。そして現に，欧米先進諸国の地方債市場では総じて，地方共同資金調達機関がきわめて大きな位置付けを得ているのである。

　本書はこのような意味で，地方債の発行のあり方に関して，伝統的な議論に代わる新たな基軸を提起しようとするものである。

IV ｜ 本書の構成

　以下，本書では次のような順序で考察を進めていく。

　第2章は理論的な検討が中心となる。まず，機能論的アプローチによって地方債の共同発行を捉えるべく，地方共同資金調達機関という新たな概念を提起する。そして，一般的に地方債の共同発行といわれる場合に期待される経済的な機能・効果は何か，これを実現する上で，複数の発行案件を取りまとめるという地方債の実質的な共同発行はなぜ有効なのかを検討する。

　第2章ではまた，地方自治体の金融市場からの資金調達に対する公的な関与のあり方についても考察する。これは先に言及した，地方債の共同発行は連携なのか支援なのかという論点と密接に関係する内容である。もっとも，第2章の課題は，これに関して一つの解を導出することではなく，地方共同資金調達機関の制度設計には多様性が認められることを示し，同機関に対する公的関与のあり方という観点から類型化を行うことにある。

　第3章から第5章では，欧米先進諸国の事例を具体的に取り上げて検討を行う。本書で「欧米先進諸国」という場合，基本的にはドイツ・フランス・英国・北欧諸国（スウェーデン・デンマーク・ノルウェー）・米国を念頭

に置いている（後掲表2-1）。このうち，本書において特に詳しい考察対象とするのは，第2章で提起する各類型の特徴を端的に表す英国・北欧3ヶ国・米国である。本書の執筆時点で，ドイツでは地方債の発行制度そのものが大きく変更されようとしている。また，フランスでは，2008年のリーマン・ショックを契機とするグローバル金融危機の影響を受けて，今後の方向性が見通しにくい状況となっている。それゆえ，この大陸欧州の2大国については，本書では簡潔な扱いにとどめざるをえない。

第3章では，中央政府が地方債の発行を支援するための政策手段として明確に位置付けられている地方共同資金調達機関の事例として，英国のPWLB（Public Works Loan Board）を中心に検討する。PWLBは，現在運営されている地方共同資金調達機関としては先進諸国の中で最古のもので，約200年の歴史を有する。英国の中央政府は1960年代以降，段階的にPWLBの融資機能を拡充し，地方自治体の資金調達コストの軽減に積極的な役割を果たしてきた。1980年代後半より，英国の地方債市場では，PWLBが過半の地方債を保有する状況が一貫して続いている。こうした状況の歴史的な背景や示唆について考察する。

もっとも，英国の状況は希有なものといってよい。英国を除く欧米先進諸国の多くでは，地方分権化や金融市場の自由化の進展につれて，金融市場から資金を調達する地方自治体を支援するための政策手段として運営されていた制度や機関は，次第にその役割を縮小させている。そして，代わって位置付けを高めるようになったのは，支援という性格を排した地方共同資金調達機関である。

第4章では，その究極的な形態ともいえる，民間金融機関として地方共同資金調達機関が創設・運営されている事例として，米国の金融保証（モノライン）保険を取り上げる。1970年代以降，金融保証保険は米国の地方債市場において順調な普及過程をたどり，1990年代後半頃には発行される地方債のおよそ半分で利用されるまでに存在感を高めた。米国の地方債市場というと，とかくその特殊性が強調されがちである。これをそのまま先進性と捉える見方も珍しくない。金融保証保険についてもその例外ではな

い。これに対して本書は，金融保証保険はその形態はともかく，地方債市場で果たす本質的な機能は地方共同資金調達機関としての定義を満たすものであり，わが国や欧州にも広く普及する制度や機関のそれと全く同じであるという見方を採る。その上で，国際比較の観点からみた米国の独自性を，共通点とあわせて捉えたいと考えている。

とはいえ，2007年後半以降のサブプライム・ローン問題に端を発する米国金融市場の不安定化や，その後のグローバル金融危機によって，金融保証保険会社をはじめとする民間地方共同資金調達機関は総じて壊滅的な影響を被った。他方，そうした状況の中でも一貫して国内の地方自治体に金融市場へのアクセス機会を提供し続けたのが，北欧諸国の地方共同資金調達機関である。北欧諸国では，地方共同資金調達機関が政府によって創設・運営されてはいるものの，これは支援という性格のものでは全くない。そこでは，地方共同資金調達機関が他の民間金融機関と同等の競争条件のもとに置かれ，これによって地方債市場における健全な競争を活発化させることが重視されている。そしてこのことが，金融市場から資金を調達しようとする地方自治体の利益に，結果として資することとなっている。この点で，わが国で2009年に事業を開始した地方公共団体金融機構などとは，基本的な性格が異なるものといってよい。第5章では，こうしたわが国ではあまり馴染みのない，ないしややもすると誤った形で捉えられている，地方共同資金調達機関の北欧モデルについて詳しく検討する。

第6章は，本書全体の内容を総括し，地方共同資金調達機関という分析の枠組みを通してみえてくる，地方債の発行のあり方に関する国際的な潮流を確認する。その上で，変革期にあるわが国の地方債市場への示唆について検討を行う。わが国では2000年代に入って，共同発行市場公募債と地方公共団体金融機構という，地方債の共同発行を担う二つの金融商品・組織が誕生した。そして，特に後者の創設をもって，地方自治体の積年の悲願が達成され，地方債市場の制度インフラの拡充は一段落したとする向きもある。しかし，本書の考察内容を踏まえれば，地方共同資金調達機関に関するわが国の現状は，一連の制度改革を経てもなお，本質的に大きな変

化は認められないことがみえてくる。と同時に，国際的な動向からは相当に異質なものとなっていることも明らかとなる。本書はこのような理解のもと，地方分権時代のわが国において，地方共同資金調達機関にはこれまで以上に大きな，そして創造的な役割が期待されるべきであるとの見解を結論として提起する。

第2章

地方共同資金調達機関とは何か

I はじめに

　本章では，地方債の共同発行に関して機能論的アプローチから捉えるべく，地方共同資金調達機関という新たな概念を提起する。これにより，先進諸国で多様な形を採りながらも，地方債の実質的な共同発行を可能とするという経済的機能を共有する制度インフラを包括的に捉える。と同時に，それらの比較考察を行う上で必要となる類型化の枠組みを示す。

　第Ⅱ節では，地方債を共同で発行することの経済的な意味について検討する。そもそも，地方債を共同で発行すればなぜ，地方政府の金融市場からの資金調達コストの軽減が期待できるのだろうか[1]。それは，複数の地方債の発行案件が一括されることで，規模・範囲の経済性の効果，およびリスクのプール化を通じた分散効果を追求し，地方債市場における金融取引の効率化を図ることができるからである。もっとも，こうした経済的な

---

1) 第2章では，単一制国家・連邦制国家の別を問わず一般的な財政システムを念頭に，主として理論的な考察を行う。それゆえ，単一制国家における中央政府と連邦制国家における連邦政府・州政府を指す用語として「上位政府」，単一制国家における地方自治体と連邦制国家における（連邦政府に対する）州政府・（州政府に対する）狭義の地方政府を指す用語として「地方政府」を，それぞれ用いることとする。第3章以降も，一般論について言及する際はこの用語法を用いる。

効果を実現する上で，地方債を発行する地方政府が形式的に連携する必要はない。要は，地方政府の認識はともかくとして，複数の地方債の発行案件を取りまとめる制度・機関を介して地方債が実質的に共同で発行され，金融取引コストの軽減効果が地方政府に還元されればよいのである。本節では，金融論の分野，とりわけ金融仲介理論の知見を踏まえて一連の内容を確認した上で，地方共同資金調達機関という概念を金融機能にもとづいて定義する。

　第Ⅲ節・第Ⅳ節では，地方共同資金調達機関に期待される政策的な役割と政府の関与のあり方を考察する。第１章で触れた通り，わが国では従来より，地方債の個別発行が難しい地方政府の金融市場からの資金調達コストを抑える手段として，地方債の共同発行の意義が主張されてきた。そこでは，地方債を共同で発行するための制度インフラは，上位政府が垂直的に，あるいは同一レベルの地方政府が水平的に，しかも無償で整備することが明確に，あるいは暗黙のうちに前提とされてきた。しかし，仮に地方債の実質的な共同発行を可能とする地方共同資金調達機関が創設・運営されるべきだとしても，果たしてこれに対して公的な関与は必要だろうか。仮に必要だとしても，具体的にどのような関与が望まれるのだろうか。こうした問いに答えるためには，そもそも地方債の発行そのものに対して，上位政府などが場合によっては経済的な負担を伴う形で支援することの妥当性が明らかにされる必要がある。第Ⅲ節では，地方財政論の既存の理論的蓄積，とりわけ政府間関係をめぐる議論（財政連邦主義），あるいは財政調整制度に関する研究の知見を活用し，その地方債分野への拡張を試みることで，こうした論点について考察する。第Ⅳ節では，地方共同資金調達機関に対する公的な関与のあり方には多様な選択肢が存在することを，先進諸国の事例を類型化し整理しながら示す。

　第Ⅴ節は，本章の小括となる。

Ⅱ 地方債の共同発行による資金調達の効率化

1. 金融市場からの資金調達に伴うコスト

　地方政府が地方債を共同で発行すると，何故に金融市場からの資金調達コストの軽減を期待できるのだろうか。この点を明らかにするためには，金融市場一般で金融取引コストを軽減するために行われている取り組みを，まずもって確認する必要がある[2]。

　そもそも，一般的に金融取引コストとは，資金余剰主体（最終的な貸し手），すなわち投資家と，資金不足主体（最終的な借り手），すなわち地方債など債権（debt）の取引では債務者，この両者の間で行われる資金の貸借取引におけるコストである[3]。これには大きく，狭義の取引コストとリスクに関連するコストがある。

　狭義の取引コストとは，金融取引の成立に直接的に要するコストである。例えば，債務者の資金調達需要を満たすのに十分な投資家の運用資金を発見したり，取引契約の条件を交渉・確定するのに要する人件費や事務的な経費などが，これにあたる。

　これに対してリスクに関連するコストとは，金融取引の契約が成立した時点ではその発生の有無や規模が確定していないコストである。債権（債券（bond）・債務証書（loan））取引における主なリスクとしては，投資家の流動性に関わるリスクと，債務者の信用に関わるリスクが挙げられる。

　投資家の流動性に関わるリスクとは，金融取引に際して投資家が流動性の高い運用資金を手放し，その代わりに流動性が相対的に低い債権を保有することに伴うリスクである。仮に金融取引を行う投資家が満期途中で流

2）以下，本節の内容については，金融仲介理論の分野における研究蓄積の知見を活用している。金融仲介理論については数多くの文献が存在するが，例えば，内田（2010），酒井・前多（2003），前多（2001）など参照。
3）本書における「投資家」と「機関投資家」の区別については，第1章注8参照。

動性不足に陥った場合，投資家は金融資産を有するにも関わらず，自らの流動性需要に対応できなくなってしまう可能性がある。というのも，債務者からの資金の返済は原則，満期日まで行われない。また，保有する債権を流通市場で手放そうとしても，いつでも速やかに公正価値で売却できるとは限らないからである。こうしたリスクの高さは，債権の満期年限や流通市場での売却の容易さによって一般的に規定される。

信用リスクは，満期が到来しても当初の契約通りに債務者から資金が返済されないかもしれない可能性である。その大きさは，債務者の財務状態の健全性や契約履行の意思の強さなどによって規定される。

なお，金融取引では，こうしたリスクの存在ゆえに，情報の非対称性や契約の不完備性といった課題が生じうる。これによって金融取引が非効率化すれば，金融取引コストはさらに上昇することとなる。

債権のリスク，特に信用リスクの評価に要する情報は通常，投資家よりも債務者の方がよく把握している。それゆえ，債務者には，こうした情報の非対称性を活かして自らの利益を追求しようとする動機付けが働く。例えば，投資家が債権のリスクを事前に把握することが難しい場合，債務者は債権のリスクを過少に投資家に伝え，自らにとってより有利な条件で契約を結ぼうとする可能性がある（逆選択問題）。また，金融取引の契約が成立した後，投資家が債務者の行動を十分に監視できない場合，債務者が自らの収益の拡大を図って，リスクの高い事業を事後的に選択しようとする可能性もある（モラル・ハザード問題）。

さらに，金融取引は異時点間の経済的資源の取引であり，契約が締結されてから債務が償還されて金融取引が完結するまでには，一般的に長い時間を要する。それゆえ，金融取引に際して交わされる契約の内容は不完備なものとならざるをえない。投資家から債務者に資金が貸し付けられた後に債務者の財務状態が深刻化して債務の返済が困難になるなど，当初は想定されていなかった事態が仮に起これば，投資家と債務者との間で再交渉を行う必要が生じる。再交渉にはそれ自体に直接的なコストがかかる。加えて，債務者が通常，投資家よりも強い交渉力をもつこととなるため，金

融取引が非効率化する可能性もある(ホールド・アップ問題)。

2. 金融仲介機関による金融取引コストの軽減

　こうした一連の金融取引コストを軽減するべく,金融取引ではしばしば投資家と債務者の間に金融仲介機関が介在する[4]。金融仲介機関は,債務者が発行する証券等(本源的証券),ないしそれが内包するリスクの一部を自己勘定で引き受け,その特性(取引単位・リスク)を変換した証券等(間接証券)を発行して,金融取引を仲介する。

　金融仲介機関は,数多くの案件を取り扱うことで金融取引コストの軽減を図る。まず,狭義の取引コストについては,金融取引の一過程・機能を集中的に担うことで規模の経済性を,また複数の過程・機能を担うことでシナジー効果を追求し,コストを削減することができる。リスクについても規模・範囲の経済性を追求できる。例えば,本源的証券のリスクを把握するための情報生産に要するコストは,金融仲介機関が集約的に情報を収集・分析することで軽減を図ることができる。また,金融仲介機関が複数の本源的証券を引き受け,より発行規模が大きく,商品性もより標準化された間接証券を発行すれば,投資家は流動性リスクに対応しやすくなる。さらに,情報の非対称性などに由来するインセンティブ問題にも,金融仲介機関が集約的に情報を生産することで[5],あるいは再交渉を一括して担ったり[6],専門性を活かして契約内容を適切化することで,より効率的に対応できる。

　リスクのプール化も,分散効果を通じた金融取引コストの低下に資する[7]。リスクどうしが完全な相関関係にない限り,二つ以上のリスクが一つのポートフォリオにプール化されれば,各リスクが個別的に顕在化する可能性は互いに相殺される。その効果は,ポートフォリオに組み入れられ

---

4) 金融仲介機関の定義については,Gurley & Shaw(1960)参照。
5) Besanko & Kanatas(1993), Boyd & Prescott(1986), Diamond(1984)・(1991)参照。
6) Gorton & Kahn(1993), Thakor & Wilson(1995)参照。
7) Sirri & Tufano(1995)参照。

るリスクが多いほど,またリスク相互の相関関係が低いほど高まり,究極的にはリスクの個別的な顕在化によってコスト負担が生じる可能性をほぼゼロとすることができる。それゆえ,リスクのプール化は,リスクそのものを削減するわけではないものの,プール化に参加する経済主体の間でリスクが分散されることで,個々の負担を軽減し,金融取引コストの抑制を図ることができる。具体的には,複数の債権の信用リスクが金融仲介機関の資産ポートフォリオでプール化されることで,間接証券を保有する投資家の負担は軽減される。また,投資家の流動性リスクについても,金融仲介機関の負債ポートフォリオでプール化されれば,投資家から短い年限の資金を調達しても,債務者にはより長い年限の資金を提供できる[8]（流動性保険）。

3. 地方債の実質的な共同発行を可能とする地方共同資金調達機関

（1）地方債の共同発行の経済的な機能・効果

　地方債の共同発行も,こうした金融仲介機関による金融取引の効率化と基本的に同様に捉えることができる。複数の地方政府は,それぞれの地方債の発行案件を持ち寄ってまとめることで,規模・範囲の経済性の効果,およびリスクのプール化を通じた分散効果を追求し,資金調達コストの軽減を図っているわけである。

　ただし,ここで期待されている経済的な効果を実現する上で,地方政府自らが地方債の発行案件を取りまとめる必要は必ずしもない。また,「他の政府と一緒になって投資家から資金を調達している」という地方政府の認識も主たる問題とはならない。ここでむしろ重要なことは,金融仲介機関と捉えうる制度・機関によって複数の地方債の発行過程が集約され,特

---

8) Bryant (1980), Diamond & Dybvig (1983) 参照。なお,金融仲介機関は通常,資産と負債の平均年限の不一致という ALM 上のリスクを抱える。これは,本文で述べた通り,投資家の流動性に関するリスクのプール化によってある程度は対応できる。それでもなお許容し難いリスクが残る場合,金融仲介機関は,デリバティブ取引によって他者にリスクを移転することを通じて,負担のさらなる軽減を図ることができる。

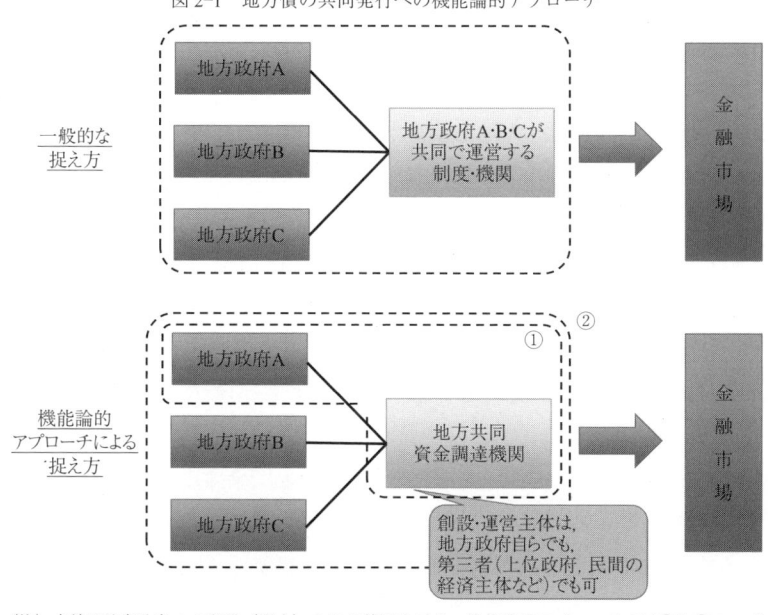

図2-1　地方債の共同発行への機能論的アプローチ

一般的な捉え方

地方政府A・B・Cが共同で運営する制度・機関 → 金融市場

機能論的アプローチによる捉え方

地方共同資金調達機関 → 金融市場

① ②

創設・運営主体は，地方政府自らでも，第三者（上位政府，民間の経済主体など）でも可

（注）点線は地方政府Aの認識（関心）の及ぶ範囲を示す。機能論的アプローチでは①と②のいずれでも可。
（出所）筆者作成

に地方政府の立場からみて，地方債が形式的に共同で発行される場合と実質的に同様の効果が実現されることである。

本書では，このような経済的な機能を果たす地方債市場の制度インフラを「地方共同資金調達機関」とよぶこととする。そして，この地方共同資金調達機関を介して地方政府が金融市場から資金を調達することをもって，地方債の実質的な共同発行と捉える（図2-1）。

地方共同資金調達機関が，地方債の実質的な共同発行を支える制度インフラとしての役割を果たすためには，次の三つの金融機能を担うことが求められる。その機能とは，地方政府への金融取引コストの軽減効果の還元，地方債市場における専門性の獲得，地方債のリスクの満期保有による金融取引の効率化，以上三つである。地方共同資金調達機関はこうした機能を担うことで，他の金融仲介機関とは異なる形で地方政府との間に直接

的・個別的（相対^{あいたい}）・長期的（継続的）な関係を構築し，独自の役割を地方債市場で果たそうと図っている。

（2）Peterson（2003）の地方債専門銀行の概念との相違

地方政府による金融市場からの資金調達に関して，本書のように機能論的アプローチから捉える先行研究としては，Peterson（2003）が挙げられる。Peterson（2003）は，銀行融資中心の地方債市場においては，リレーションシップ・バンキング，投資家から委託を受けた監視主体，サービスのバンドル化という三つの特徴を備えた「地方債専門銀行（the specialty municipal banks）」が大きな役割を果たすとしている。その上で，複数の国々の地方債市場の制度インフラを視野に入れた議論を展開している。

しかし，地方債専門銀行という概念は，例えば金融市場一般で事業を展開する商業銀行，特に地方銀行との区別が不明瞭である。また，地方政府による実質的な共同資金調達を実現する制度が狭く捉えられている。そのために，Peterson（2003）は，地方債専門銀行は金融市場が未成熟な段階に有効で，市場の発展につれてその役割は減退するとしている。しかし，先進諸国の現状をみれば，地方政府の実質的な共同資金調達を支える制度・機関が今日なお大きな役割を果たしている，ないし存在感を高めている事例は数多くある。

本書における地方共同資金調達機関の概念は，Peterson（2003）と関心を共有しつつ，こうした研究上の課題を克服し，先進諸国の地方債市場で普及している制度インフラをより的確に捉えようと提起したものである。

4．地方政府への金融サービスの提供

地方共同資金調達機関は第一に，自らが実現する金融取引コストの軽減効果を，地方債市場における債務者である地方政府に還元することを，主要な事業目的としている（図2-2）。すなわち，地方政府と直接的・個別的（相対）な取引関係をもち，地方債そのもの，またはそのリスクの一部を地方債市場で引き受け，地方政府の金利負担の抑制や安定的な起債，起債

第 2 章　地方共同資金調達機関とは何か

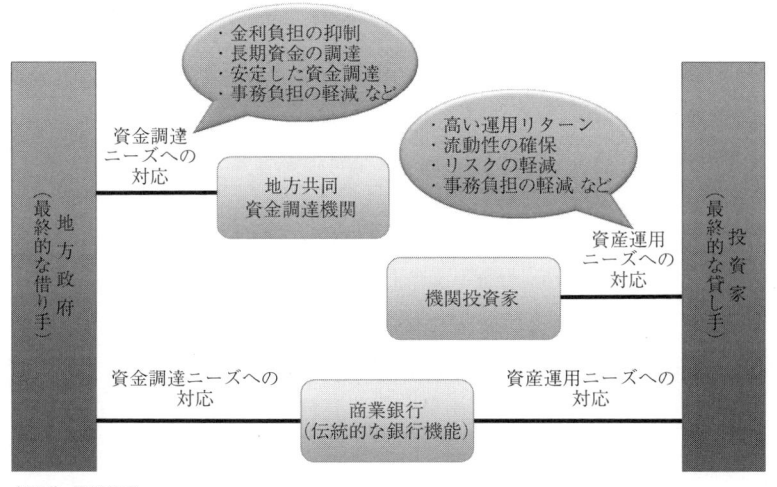

図 2-2　地方債市場で事業を展開する金融仲介機関

- 金利負担の抑制
- 長期資金の調達
- 安定した資金調達
- 事務負担の軽減 など

- 高い運用リターン
- 流動性の確保
- リスクの軽減
- 事務負担の軽減 など

地方政府（最終的な借り手）

資金調達ニーズへの対応 ── 地方共同資金調達機関

資産運用ニーズへの対応 ── 機関投資家

資金調達ニーズへの対応 ── 商業銀行（伝統的な銀行機能） ── 資産運用ニーズへの対応

投資家（最終的な貸し手）

（出所）筆者作成

事務・負債管理の効率化を支える。他方，投資家のリスク負担の軽減や期待リターンの向上は，地方共同資金調達機関の事業目的には含まれない。

これに対して，例えば保険会社や年金基金，投資信託（資産運用会社）などの機関投資家の場合には，地方共同資金調達機関とは逆に，地方債市場において直接的・個別的な取引関係をもって金融サービスを提供する相手は，原則として投資家に限られる。これにより，機関投資家は金融取引コストの軽減効果を投資家だけに還元する[9]。また，商業銀行は，地方共同資金調達機関と同様に債務者と直接的・個別的な接点をもつが，それと同時に投資家（預金者）とも接点があり，債務者と投資家の双方に金融サービスを提供する。それゆえ，地方債市場における金融サービスの提供先，言い換えれば金融取引コストの軽減効果の還元先を地方政府だけに限

9）機関投資家の存在によって金融取引が効率化され，地方債市場における金融取引コストが軽減されれば，結果として地方政府がその効果の一部を享受できる可能性もある。とはいえ，機関投資家は債務者と直接的・個別的な接点はなく，発行済みの証券を市場で購入し，運用ポートフォリオに組み入れる。それゆえ債務者は，機関投資家による金融取引コストの軽減効果を直接的に享受することはできない。

る点で，地方共同資金調達機関は機関投資家や商業銀行から区別される。

5. 地方債市場における専門性

（1）地方債市場への参入コスト

　地方共同資金調達機関は第二に，地方債市場での事業に集中的に経営資源を投入し，同市場に特有な参入コストを積極的に負担する。これにより，地方債市場における専門性を備え，他の金融仲介機関を上回る付加価値の高い金融サービスを提供するという金融機能を担っている。

　金融仲介機関にとって，地方債市場での事業は，社債の引き受けや企業向け融資といった民間企業の資金調達の分野における事業などと，例えば以下の点で性格が異なる。

　一つは，信用リスクを評価する上で重要となる情報の種類が大きく違う。これは主に，地方政府の財政運営を規定する制度が特有であることや，地方債の信用リスクを見極める際に，地方政府自身，あるいは上位政府の政策判断や主体的な意思が，特に重視すべき情報となることによる。

　後者についていえば，例えば地方債の一義的な元利償還財源は通常，地方税収や補助金収入などである。その水準は，地方政府の財政運営能力やそれを囲う経済環境もさることながら，地方政府が決定する課税政策や，上位政府の補助金政策などに相当程度依存する。また，仮に地方政府の財政状況が悪化した場合，上位政府が臨時的な救済措置を講じることも少なくない。他方で，地方政府が地域住民への公共サービスの提供の継続を優先し，意図的に債務を履行しない可能性もある。さらに，地方政府を対象とした倒産法制は欧州先進諸国やわが国では用意されておらず，地方政府の財政状況が悪化した際の債務調整の可能性や再交渉過程の行方に関する不透明性は比較的高いといえる[10]。こうした点を踏まえれば，債務者であ

---

10) 米国では，（狭義の）地方政府を対象とする倒産法制である連邦倒産法第9章が制定されている。これによって地方政府は，債権者の任意にもとづく債務調整だけでなく，司法手続きを通して債務調整を行うことも可能となっている。ただし，連邦倒産法第9章の適用を受けるためには，上位政府である州政府からの明示的な認可を得ることなど，いくつかの条件を満たすことが求められている。連邦倒産法第9章，および米国の事後的な地方財政再建について詳しくは，三宅（2014）など参照。

る地方政府，ないし上位政府の，地方債の元利償還に対する意志の強さは，民間債務の場合以上に，信用リスクを評価する際の重要な分析項目と考えられる[11]。

また，債務者から開示される情報が必ずしも多くない点も，地方債市場の特徴である。そもそも，特に欧州やわが国では，債券発行に際して目論見書を作成する義務が，地方政府には課されていない[12]。また，米国も含め先進諸国では一般的に，地方政府の財政運営の方針や現況は予算・決算という形で開示されている。しかし，それは地域住民への報告が一義的な目的である。しかも，そこで採用されている会計基準は民間企業でのそれと異なり，独特のものとなっている。そのため，地方債のリスクを評価する上で予算や決算が十分な内容を含んでいる，あるいは容易に利用できるというわけではない。さらに，上位政府が地方政府の財政状況に関して情報を生産していることもあるが，その内容は開示されない場合が少なくない。また，こうした上位政府によって生産されるものも含めて，財政情報の開示は通常1年単位で内容が更新され，適時開示の義務もない。

（2）地方債市場への集中的な経営資源の投入

このように，地方債の信用リスクの分析に必要となる情報の特殊性や開示情報の少なさを踏まえると，金融仲介機関にとって地方債市場への参入コストは必ずしも低いとはいえない。しかも，地方債のデフォルト率が歴史的に高くないこともあり，一般的に地方債の金利水準は比較的低く，金融仲介機関にとっての利ざやも薄い。それゆえ金融仲介機関としては，こうした地方債市場に特有の参入コストを極力負担せず，他で活用している経営資源を可能な限りそのまま援用するという選択もありうる[13]。

これに対して地方共同資金調達機関は，むしろ地方債市場に集中的に経

---

11) 米国で発行される地方債の約7割を占めるレベニュー債の場合，リスク分析は民間債に対するものと類似しうる。ただし，実際には事業の公共性に鑑みて，レベニュー債の償還原資とされる事業収益が不足する場合に，政府が元利償還財源を別途手当てする場合も少なくない。それゆえ，民間債の場合とは異なる情報収集が重要という点は変わらない。
12) 米国における情報開示については，第4章注10参照。

営資源を投入し,同市場での専門性を積極的に獲得しようとする[14]。そして,限られた収益機会の中でそのコストを賄うべく,できるだけ幅広い地方政府から継続的に案件を獲得し,1案件あたりのコストの軽減を追求する。この狙いが成功すれば,地方共同資金調達機関は,地方債市場における専門性を備えた希少な存在として,地方政府との個別的・長期的な関係をより容易に構築することができる。

地方共同資金調達機関が地方債市場における専門性を有することを示す具体的な事例としては,第5章で詳しく検討する北欧の地方共同資金調達機関が提供するアドバイザリー・サービスや,わが国の地方公共団体金融機構の地方支援業務が挙げられる。

6. リスクの満期保有による金融取引の効率化

地方共同資金調達機関は第三に,地方債そのもの,あるいはそのリスクの一部を原則的に満期までバランス・シート上で保有し,金融取引コストのいっそうの軽減を図るという金融機能を有している。

地方共同資金調達機関は複数の地方債のリスクを資産ポートフォリオに組み入れ,本源的証券である地方債とは異なる間接証券を独自に発行する。これにより,地方債のリスクはプール化され,地方共同資金調達機関の発行証券を保有する個々の投資家のリスク負担は,分散効果を通じて軽減される。

しかも,地方共同資金調達機関は,地方債のリスクを引き受けた後,原則的にこれを満期償還時点まで保有し続ける。これにより,事前・期中・

---

13) 米国ではAAA/Aaa格からBBB/Baa未満(ハイ・イールド債)まで様々な格付け水準の地方債が発行され,地方債間の利回り格差も大きい。この場合,民間金融仲介機関において地方債市場に特有のコストを負担することに対する動機付けは強まると考えられる。
14) 地方共同資金調達機関は,地方債市場での事業に集中的に経営資源を投入することが求められるのであって,同事業に専門特化する必要は必ずしもない。実際,第4章で取り上げる米国の金融保証(モノライン)保険会社のように,地方債市場での事業を中核としながら,証券化商品市場など他の事業分野にも進出した事例がある。事業分野の専門特化は,地方共同資金調達機関の運営にとって,ひいては同機関の金融サービスを利用する地方政府にとって,利点・課題の双方があると考えられる。この点については,第5章第Ⅲ節参照。

事後にわたる情報生産を積極的に行おうとする動機付けが働く。そうなれば，情報生産における規模・範囲の経済性の効果がいっそう追求されることが期待される。加えて，情報生産の成果を，そのコストを負担する地方共同資金調達機関自身が全面的に享受できるため，情報の外部性に伴うフリー・ライダー問題の緩和につながり，情報の非対称性などに由来する金融取引の非効率化の回避にも資する[15]。

こうしたリスクの満期保有による情報生産の促進は，地方債の発行規模が小さいなどの理由で，金融市場から資金を調達する際に情報の非対称性が大きくならざるをえない地方政府にとって，特に利点が大きいと考えられる。また，地方政府の個別的な資金調達需要に応じて，地方債の発行条件をより柔軟に設定しやすくなるという効果も期待される。

III 地方共同資金調達機関に対する公的関与の根拠

1. 地方債の発行に対する支援の妥当性

(1) 地方共同資金調達機関の制度設計の多様なあり方

地方債の実質的な共同発行を実現する制度インフラである地方共同資金調達機関をこのように定義すると，次に問われるべきはその制度設計である。とりわけ，ここでは地方共同資金調達機関の創設・運営主体や公的関

---

[15] 2007年後半以降のサブプライム・ローン問題に端を発する金融市場の混乱の一因として，証券化商品市場でのOTD（Originate to Distribute）モデルの問題が指摘されていることを踏まえれば，この効果は重視すべきであろう。OTDモデルとは，ローン債権の組成者自身はその債権を保有せず，証券化を通じて他の経済主体にローン債権を販売し，その仲介で利益を得るという金融ビジネス・モデルである。金融仲介者は債権のリスクに利害関係がないため，投資家の立場で行動する動機付けが弱まるどころか，不十分な情報生産や，投資家への不十分・不正確な情報伝達などを通じて，投資家の利益を犠牲にして自身の利益を追求しようとしかねない。こうしたOTDモデルの課題が，リスクの高い債権の大量の組成・販売を促したとされる。少なくとも現時点で，同様の問題は，先進諸国の地方債市場では特に見受けられない。その背景には，OTDモデルを採用しない地方共同資金調達機関の位置付けが高いことが大きいと考えられる。

与のあり方に注目して考えてみたい。

　地方共同資金調達機関という概念を提起する意義は，一般に地方債の「共同発行」という場合に期待されている経済的な効果を実現する上で，多様な方法が想定されることを容易に理解できる点にある。地方債を発行する地方政府が形式的に連携する必要が必ずしもないこと，言い換えれば地方共同資金調達機関の創設・運営主体は同機関を利用する地方政府だけに限られないことは，すでに述べた通りである。では，これ以外にどのような経済主体が創設・運営主体となりえるだろうか。

　こうした論点に関わって検討されるべきは，地方共同資金調達機関に対する公的な関与のあり方である[16]。つまり，中央政府など上位政府，あるいは地方共同資金調達機関を通じて資金調達を行わない地方政府が，地方共同資金調達機関とどのような経済的関係をもつべきかという点である。果たして，上位政府などは地方共同資金調達機関の創設・運営主体となるべきだろうか。あるいは，自ら創設・運営に直接的には携わらなくとも，その事業コストを一部でも負担する必要はあるのだろうか。

　こうした問いに取り組む上では，次の3点について順を追って考えていくことが適当であろう[17]。第一は，地方共同資金調達機関に対して上位政府などが期待できる政策目標は何か。第二に，その政策目標を実現する上で，具体的にどのような方策が考えられるか。第三に，その実施を市場の機能に委ねることは難しく，上位政府などによる地方共同資金調達機関への経済的な関与，事業コストの分担が不可欠か。不可欠だとすれば，地方共同資金調達機関に対する公的関与のあり方にはどのような選択肢があるのか。以下では，これらの論点を順次，検討する。

---

16) 翁（2010）は，一般的な政府関与を，①政府部門が直接事業に携わるという経済的関与，②補助金など，民間部門の活動に対して財政的な支援をするという財政的関与，③民間活動に規制を加えたりして政策的により望ましい方向に誘導するという規制的関与，④市場機能が発揮しやすいような制度を整備するという環境整備，以上四つに分類している。ここで考察している地方共同資金調達機関に対する上位政府などの関与は，このうち①と②に該当するものを想定している。

17) 金融市場一般における政府による経済的な関与の妥当性やあり方について詳しくは，Flannery（1993），池尾（1998），翁（2010）など参照。

（2）地方債発行に対する公的関与の2つの根拠

　まず，政策目標についてであるが，先行する議論では，地方債の共同発行を行う目的は，金融市場からの資金調達コストに関わる地方政府の負担を軽減することにあると，特に詳しい根拠も示されないまま一言で片付けられている場合がほとんどである。もっとも，地方債を発行する地方政府自身が負担を抑えようと努めることは，財政運営の効率化を図る中で当然に行われるべきことといえる。ここで意味していることは，地方政府自身の自助努力だけで地方債の発行コストを十分に引き下げられない場合に，よりいっそうの負担の軽減を，上位政府による垂直的な，あるいは同一レベルの地方政府による水平的な経済的負担によって図るということである。こうした政策目標を掲げることは，そもそも本当に妥当だろうか。仮にそうだとすれば，それはどのような場合に，どのような根拠をもって正当化されるのであろうか。

　こうした問いに対して，地方政府の財政規律の弛緩，モラル・ハザードの可能性を強調する立場からは否定的な答えが出てくるものと予想される。しかし，先進諸国の現実をみても，こうした支援の妥当性を否定することは難しいであろう。むしろ，地方財政論の分野における先行研究の知見を踏まえれば，こうした支援が適切とされる場合も十分にあると考えられる。本書では，特に次のような理論的な根拠を挙げる。すなわち，地方政府が金融市場から調達した資金を充当して行う財政運営に対する責任の共有と，金融市場へのアクセスに関する地方政府間の機会の公平性の確保という二つである。

（3）地方政府の財政運営に対する責任の共有

　第一の根拠についてみると，そもそも地方政府が金融市場から調達した資金を充てて行う事業は，インフラ事業・景気対策事業・経常的事業の三つに分けられる。

　地方政府が行うインフラ事業は，一般的な地方公共財と同様，他の政府にスピル・オーバー効果を及ぼすことがある。この時，上位政府や周辺の

地方政府は，自らが受ける便益の大きさにもとづいて，地方政府のインフラ事業のコストを分担する必要がある。そして，その負担には，金融市場からの資金調達に伴うコストも含まれることが適当と考えられる。なぜなら，インフラ事業の場合，便益と現金（キャッシュ）ベースでのコストの発生時期が一般的にずれるゆえ，これに対応するべく金融市場から資金を借り入れることは妥当といえるからである。言い換えれば，地方政府がインフラ事業を実施する上で，金融市場からの資金調達コストは必要経費の一部とみてよいからである。

　景気対策としての財政政策は，伝統的な財政連邦主義の考え方では上位政府，特に中央政府の役割とされる[18]。ただし，仮に景気後退期に地方政府が財政均衡に固執すれば，中央政府が講じる政策の効果が限定的となりかねない。それゆえ，中央政府が地方政府に減税や歳出の拡大といった景気対策への連動を要請し，それによって地方政府に生じるコストを中央政府が負担することは妥当性をもつ[19]。その場合，政策の趣旨を踏まえれば，地方政府が景気対策の実施に要する資金を金融市場から借り入れることは適当と考えられる。よってここでも，中央政府には金融市場からの資金調達コストを含めた負担が求められることとなる。

　経常的事業については，少なくとも財政規律の観点からは経常的な歳入でそのコストを賄うことが妥当と考えられる（黄金律（Golden Rule））。ただし，上位政府などの責任に帰せられるべき事情から，それゆえ地方政府としてはやむなく，金融市場から借り入れた資金が経常的事業の財源に充てられることもある。例えば，地方政府が供給責任を負う公共サービスを標準的な水準で実施するのに要するコストを，当該地方政府の自主財源からの標準的な収入だけで賄うことが難しい場合である。このような場合には，歳入・歳出の権限や責任の政府間配分を見直す，あるいは財政調整制度を拡充して地方政府の財源を厚くすることが，本来は求められる。しかし，実際には政治的な困難などから，適切な措置が十分かつ迅速に講じら

---

18) Musgrave（1959），Oates（1972）参照。
19) Rossi & Dafflon（2002）参照。

れるとは必ずしも限らない。それゆえに地方政府が金融市場からの借り入れを余儀なくされる場合，その資金調達コストは，地方政府の財政運営の基礎的条件を揃える責任をもつ上位政府などが負担すべきと考えられる。

さらに，以上のような個別の事業単位にとどまらず，地方政府の財政運営全般に対して上位政府などが責任を共有することもある。これは，中央集権的な財政制度が採られている場合もさることながら，地方分権化が進んでいる場合でも，例えば地方政府の財政状態が悪化した際に想定されることである。明示的な規定の有無に関わらず，地方政府の財政状況が深刻化すると，上位政府などが基礎的な地方公共サービスを提供する役割を引き継いだり，継承が期待されていることは少なくない[20]。そのコストは，当該地方政府の財源だけでは事実上賄えない以上，上位政府などが代わって，金融市場からの資金調達コストも含めて負担せざるをえない。財政運営が困難化した地方政府に対して，上位政府などがいわゆる「最後の貸し手（Lender of Last Resort）」となることも，こうした役割の一つと捉えることができる[21]。

このような場合，上位政府などが地方財政運営に対する責任の共有に伴う自らの負担を軽減しようと必要な措置を講じること，その一環として地方政府による金融市場からの資金調達を支援することは，理論的に正当化される。

（4）金融市場への標準的なアクセス機会の保障

地方政府による地方債の発行を上位政府などが支援することを正当化するもう一つの理論的根拠は，金融市場へのアクセスに関する標準的な機会を地方政府に遍く保障する必要性に求められる。

財政調整制度の分野で広く検討されている通り，地方政府間には一般的

---

20) 先進各国において地方政府に破産能力が認められていないことは，こうした期待を裏打ちする事実の一つとして挙げられる。
21) 上位政府などは，こうした事態を事前に回避するべく，地方政府の財政状態の健全性を維持するための仕組みを設けることがある。この点に関しては，第1章注12参照。

に財政運営の基礎的条件に差がある。つまり，自然的・経済的環境などによって，公共サービスに対する需要の大きさや，その単位あたりの供給コスト，標準的な税制のもとで得られる税収は異なる。これは，地域住民が受ける公共サービスの価値と税負担の差である純財政便益（net fiscal benefit）の格差として議論されることが多い[22]。そして，中央政府などがこうした格差を緩和し，各地方政府に標準的な財政運営の機会を保障することは，効率性・公平性の両観点から妥当性が認められる[23]。もっとも，地域住民一人一人の単位で純財政便益の格差を解消することは現実的に難しく，実際には地方政府単位での平均的な緩和が追求されることとなる。

　ここで本書の関心から注目すべきは，金融市場からの資金調達の容易さにも地方自治体間で潜在的な格差が存在する点である。例えば，身近に数多くの金融機関があれば，地方政府はその中から自らにとってよりよい条件を提示してくれる金融機関を選択することができる。地理的条件や知名度の面で有利な地方政府は，多額の運用資産をもつ投資家からの投資を引き付けやすく，資本市場の利用を含めて多様な選択肢から資金調達の方法を選びやすい。また，財政規模の大きい地方政府は，地方債の発行規模も自然と大きくなり，固定的な資金調達コストを抑えやすい。他方で，こうした条件に恵まれない地方政府においては，金融市場へのアクセスは相対的に難しい。こうした要因によって生じる地方債の発行コストの格差は，金融市場からの資金調達を要する事業の実施の容易さに違いを生み出す。

　こうしたことを踏まえれば，上位政府などが，各地方政府に標準的な財政運営を行う機会を保障する一環として，金融市場へのアクセスに関する機会の格差を緩和しようと適切な措置を講じることは妥当といえる。

2. 政策手段としての地方共同資金調達機関

　地方債の発行コストの負担を軽減するべく，地方債市場における金融取

---

22) Boadway（1998），Buchanan（1950），堀場（2006）など参照。
23) Boadway（1998），Boadway & Flatters（1982），Flatters, Henderson & Mieszkowski（1974），Mieszkowski & Musgrave（1998），池上（2003），持田（2004 a）など参照。

第 2 章　地方共同資金調達機関とは何か

引を効率化する努力は，一義的には地方債を発行する地方政府に期待されるべきものである。ただし，以上で明らかにしたように，地方政府が地方債を発行して行う事業に対して上位政府などが責任を共有する場合や，地方政府間で金融市場へのアクセスに関する機会の格差が存在する場合，上位政府などが経済的負担を負って地方債の発行を支援することは十分に正当化できる。

　こうした理論的根拠にもとづいて地方債の発行コストの軽減が上位政府などの政策目標とされる時，これを実現する上で地方共同資金調達機関の創設・運営は有効な方策と考えられる。なぜなら，前節でみた通り，地方共同資金調達機関を通じて地方債が実質的に共同で発行されれば，必ずしも上位政府などがネット・ベースでの経済的負担を負わずとも，地方債市場における金融取引が効率化され，地方政府の資金調達コストの抑制を期待できるからである。

　この点に関して，特に金融市場への標準的なアクセス機会を保障する観点から地方債の発行を支援する場合に関して，やや詳しくみる。

　地方債の発行に伴う一連のコスト，とりわけ地方債の発行手続きに関わる事務的なコスト（狭義の金融取引コスト），あるいは流通市場における地方債の売買の容易さを反映する流動性リスク・プレミアムなどは，財政規模（地方債の発行規模）や地理的条件，知名度など，個々の地方政府にとっては外生的といえる要因に，その水準が大きく左右される。しかし，地方共同資金調達機関によって地方債の発行案件が取りまとめられれば，規模・範囲の経済性の効果を追求することができ，こうした金融取引コストの負担を軽減することが可能となる。

　また，地方共同資金調達機関を通じて地方債が発行されれば，地方債の信用リスク・プレミアムの部分についても地方政府の負担の軽減を図れる。そもそも，地方債の利回りの一部である信用リスク・プレミアムに地方政府間の財政運営上の機会の格差が反映されていると考えるか否かは，見解が分かれるところであろう[24]。ただし，仮にこれに肯定的な立場を採るとすれば，必要な政策を講じて格差をある程度緩和すべきということに

なる。これに関して、地方共同資金調達機関は、複数の地方債の信用リスクを一つのポートフォリオに組み入れ、各リスクが個別的に顕在化するリスクを互いに相殺し、究極的にはほぼゼロとする。それゆえ、地方共同資金調達機関は、こうした分散効果を通じて、地方政府の信用リスク・プレミアムに関する負担の軽減を図ることもできる[25]。

こうした効果が期待できるとすれば、地方共同資金調達機関の創設・運営によって、例えば中小規模の地方政府や、金融サービス産業の中心から離れた地域の地方政府も、金融市場へのアクセスがより容易となるであろう[26]。

---

24) 大手格付機関の格付け手法を参考とすると（Fitch Ratings（2010）、S&P（2010））、地方債の信用リスクの主な規定要因には①地方財政制度の内容、②地域経済、③財政状態の健全性、④財政・行政の運営能力や方針がある。このうち、特に①〜③には確かに地方政府間に潜在的な格差があり、各地方政府の財政状態、ひいては各地方債の信用リスクの水準への影響も小さくないと考えられる。これに対しては本来、財政調整制度の運用や、財源や歳出権限の政府間配分の適切化など、財政措置を通じて対処されるべきと考えられる。そして、こうした措置が十分に採られているとすれば、その上でさらに生じる地方債の信用リスクの格差は、各地方政府の財政運営の巧拙に起因するものと捉えることもできる。しかし、財政措置の十分性を議論の前提とできるかは、慎重な検討を要するものといえよう。また、財政調整制度などへの依存の大きさが地方債の信用リスク・プレミアムの水準に与える影響も考慮する必要がある。仮に地方政府間で純財政便益の格差が解消されているとしても、地方税だけで財政運営に要する資金を全額賄える地方政府と、地方税収が乏しく、不足する財源を財政調整制度からの給付で補っている地方政府とでは、発行する地方債の安全性に対する市場の評価に差が生じる可能性がある。というのも、後者は、財政調整制度の改革や運用方針の変更などによって、財政運営に支障を来すリスクにさらされているとの見方も成り立ちうるからである。それゆえ、地域間の純財政便益の格差を解消する財政措置が仮に十分に講じられているとしても、その措置の持続可能性に対する信頼が市場で共有されていなければ、やはり地方債の信用リスク・プレミアムには、地方政府間の財政運営上の機会の格差が反映される余地がある。このように考えることもできる。
25) 地方債の信用リスク・プレミアムの格差は、各地方政府の自己責任に帰せられるべきもので、地方政府間の機会の格差を反映したものではないという立場を採った場合、上位政府などが同格差の緩和に向けた措置を採ることは不要となる。ただし、それはあくまで、政策目標として掲げられる必要がないというだけである。上位政府などが経済的な負担を負うことなく、地方共同資金調達機関、あるいはより広く金融仲介機関の事業活動によって、地方債の信用リスク・プレミアムに関する地方政府間の格差がパレート改善という形で緩和されることは望ましいことといえる。これを、地方政府の財政運営の規律付けという観点から制限する必要は、特にない。
26) 一般的に、財政調整制度の機能には財源保障機能と財政調整機能の二つがあるとされる。この考え方にならえば、本書では詳述を行わないものの、各地方自治体に金融市場への標準的なアクセス機会を保障することと、地方自治体間にある金融市場へのアクセスに関する格差を緩和することとは、厳密には区別して論じる必要がある。

一般的に，財政運営上の機会の公平性を確保する手段としては財政調整制度が有効とされる。しかし，金融市場へのアクセス機会の格差を緩和する上では，財政調整制度よりも地方共同資金調達機関の運営によって対処する方が，特に以下の2点で優れているといえる。

　まず，財政調整制度を通じて格差を縮小しようとする場合，現実に存在する地方債の発行コストの格差のうち，是正すべき部分を算定する必要がある。しかし，これを合理的な根拠にもとづいて数値という形で確定することは，現実的に困難と考えられる。こうした作業は，地方共同資金調達機関を通して対処する場合には，必ずしも必須というわけではない[27]。

　また，地方債の発行コストの軽減，ないし地方政府間の格差の緩和をパレート改善によって実現する点にも，地方共同資金調達機関という政策手段には優位性を認められる。仮に財政調整制度を通じて地方政府の起債コストを軽減しようとすれば，これは上位政府などの同額の負担によって実現されることとなり，政府全体でみればコスト負担は変わらない。これに対して地方共同資金調達機関の場合には，地方債の発行コストそのものの軽減が図られており，同額のコストが上位政府などに転嫁されるわけではない。かといって，もちろん投資家などに追加的な負担が生じているわけでもなく，社会的にみてより効率的な手法といえる。

Ⅳ　地方共同資金調達機関の類型化

1. 公的支援重視モデル

　地方債の発行コストの軽減を政策目標に設定し，これを実現する上で地方共同資金調達機関の創設・運営が有効だとした時，第三に問われるべきは地方共同資金調達機関に対する公的な関与の具体的な方法である。

---

[27] もっとも，地方共同資金調達機関の創設・運営は，金融市場へのアクセス機会に関する地方政府間の格差の緩和に資する可能性があるものの，緩和の十分性は必ずしも保証されていない。それゆえ，事後的な評価は何らかの形で行われる必要があると考えられる。

地方共同資金調達機関の制度設計，特に公的な関与のあり方には，その有無も含めていくつかの選択肢が想定される。仮に，地方共同資金調達機関が民間金融機関として運営され，それによって地方政府の負担が政策目標に照らして十分に軽減されるのであれば，あえて上位政府などが地方共同資金調達機関を別途創設する必要はない。また，たとえ公的な制度インフラとして創設されるとしても，その事業コストを上位政府などがどのような形で負担するかについては，複数の方法が考えられる。

　地方共同資金調達機関に対する公的な関与としてすぐに想起されるのは，上位政府などが自ら創設・運営するという形であろう。より正確を期していえば，上位政府などが地方共同資金調達機関に出資し，場合によっては債務の保証主体も兼ねて，同機関の事業コストを無償で負担する形である。

　先進諸国の事例をみると，こうした「政府系金融機関型」とよびうる地方共同資金調達機関，とりわけ上位政府が出資主体となる垂直型のものは，比較的早くに事業を開始したものに多く見受けられる（表2-1）。例えば，先進諸国の地方共同資金調達機関の中で最も長い歴史をもつ英国のPWLB（Public Works Loan Board）は1817年に創設された。これは，国債を発行して調達した資金を地方自治体に融資する制度で，今日に至るまで英国の地方債市場で高い位置付けを維持している。直近（2012年3月末時点）のPWLBの市場シェアは74.6％に達する[28]。第3章では，政府系金融機関型の具体事例としてこのPWLBを取り上げる。このほか，フランスで2000年代半ばまで第一の地方債保有主体であったデクシア（Dexia SA）の前身で1966年創設の地方公共設備投資援助公庫（Caisse d'Aide à l'Equipement des Collectivités Locale, CAECL），米国でいくつかの州政府が各州内の地方政府のために創設・運営する地方債銀行（Municipal Bond Bank, State Bond Bank），わが国では現在約4割の地方債を保有する財政投融資制度や1957年創設の旧公営企業金融公庫なども，垂直型の政府系金融機関型に分

28）Department for Communities and Local Government 資料参照。

第2章 地方共同資金調達機関とは何か

表 2-1 地方共同資金調達機関の類型化と先進諸国の主な事例

		公的支援重視モデル			市場競争重視モデル		民間金融機関型
		政府系金融機関型		補助金給付型	競争創出型		
		垂直型	水平型		政府後援企業型	相互会社型	
公的な関与（事業コストの負担）	有無	○	○	○	○	○	×
	経済的な優遇措置（明示的なものに限る）	○（無償で創設・運営主体へ）	○（無償で創設・運営主体へ）	○（補助金給付、税制優遇など）	×（リスク負担相当の配当受け取りなど）	×（利用に応じた事業コストの負担）	×
	創設・運営主体	上位政府	同一レベルの地方政府	様々	・上位政府 ・地方政府（利用の有無と無関係）	地方政府（利用者）	民間
形態	ノンバンク型	導管体型				・レンダー・ジャンボ債（独） ・共同発行市場公募債（日本）		
		機関型	・PWLB（英） ・財政投融資制度（日本） ・地方債銀行（米） ※CAECL（仏） ※公営企業金融公庫（日本）	・地方公共団体金融機構（日本） ※地方公営企業等金融機構（日本）		KBN（ノルウェー）	・コミュニインベスト（スウェーデン） ・デンマーク地方金融公庫（デンマーク）	※デクシア（仏）
	保険型					BAM（米）		アシュアード・ギャランティなど（米）

(注) 1. ※印は，現在は地方債市場での事業を終えていることを示す。
　　 2. 主に欧州で発行されているカバード・ボンドは，その組成主体が多様なため，本表の横の分類において複数に跨がることから，本表中には記載していない。
(出所) 筆者作成

類される。

　一方，政府系金融機関型の地方共同資金調達機関が地方政府によって整備される場合もある（水平型）。この類型では，一部の地方政府の地方債の発行コストを軽減するために，これと同一レベルにある他の地方政府が水平的に事業コストをネット・ベースで負担して創設・運営するという制度設計が採られる[29]。こうした水平型の事例としては，わが国には地方公共団体金融機構と，その前身である旧地方公営企業等金融機構がある。一方，欧米先進諸国では現状，こうした事例は見当たらない。その意味で，

わが国の状況は世界的にみても希有なものといえる[30]。

このほか，上位政府などが地方共同資金調達機関の事業コストを無償で負担して経済的な優遇措置を講じる方法としては，第三者が創設・運営する地方共同資金調達機関に対する補助金の給付が考えられる。ここでいう「補助金の給付」とは，経常的・臨時的な資金の提供だけでなく，政府保証の無償提供，税負担の減免，事業運営の規制・監督上の特別な優遇措置などを含むものである。もっとも，こうした「補助金給付型」の地方共同資金調達機関は，先進諸国では特に見当たらない。

このように，上位政府などが地方共同資金調達機関を政策手段と明確に位置付け，政策目標を達成するためにその事業コストをネット・ベースで負担し，経済的な優遇措置を講じている類型を，本書では「公的支援重視モデル」と総称する。

2. 市場競争重視モデル

地方共同資金調達機関に対する公的な関与のあり方には，公的支援重視モデル以外の形も考えられる。それは一言でいえば，地方債市場で金融サービスを提供する他の民間金融機関と基本的に同等の競争条件のもとに置くことを前提とした関与である。

例えば，上位政府や同一レベルの地方政府が地方共同資金調達機関の出資主体となるにしても，これに伴って生じる事業コスト（リスク）の負担に対して，地方共同資金調達機関から相応の対価が支払われる形態が考えられる。また，民間の経済主体が地方共同資金調達機関の創設・運営主体となり，上位政府などが地方共同資金調達機関とそもそも経済的な関係をもたないというのも，一つの公的な関与のあり方といえる。

---

29) 米国の地方債銀行は，州政府が州内の（狭義の）地方政府の金融市場からの資金調達を支援する目的で創設・運営している地方共同資金調達機関である。それゆえ，地方共同資金調達機関を利用する地方政府と同一レベルの地方政府が創設・運営主体となっているわけではないので，政府系金融機関型の中でも水平型ではなく垂直型に分類される。

30) 地方公共団体金融機構などが，旧公営企業金融公庫時代より受け継いだ資産，特に金利変動準備金などについて，これを中央政府が無償で提供している資金拠出と捉えれば，政府系金融機関型（垂直型）の性格を有しているともいえる。詳しくは第6章第Ⅱ節参照。

こうした制度設計が採られる場合，地方共同資金調達機関は，地方債市場における案件の獲得をめぐって他の金融機関と競争を展開することになる。この競争が健全な形で行われる中で，上位政府などが掲げる政策目標は戦略的に，あるいは全く意図せざる形で結果的に達成されるものと期待される。このような類型を，本書では「市場競争重視モデル」とよぶ。

市場競争重視モデルの典型例は，地方共同資金調達機関を通じて金融市場から資金を調達したいと希望する地方政府が互いに連携し，利用に応じて同機関の事業コストを負担するという形態である。すなわち，地方政府が地方共同資金調達機関の利用者と出資主体の双方を兼ねるという「相互会社型」である[31]。出資主体が地方政府であるという点では，先にみた水平的な政府系金融機関型と共通する。しかし，相互会社型では，地方政府があくまで自発的に地方共同資金調達機関と経済的な関係をもち，利用ベースで事業コストを負担している。地方政府は，地方共同資金調達機関の提供する金融サービスを利用する権利を対価として，出資を行っていると捉えてもよい。この場合，地方政府の出資は，政策目標を実現する責務をもつ政府としてではなく，金融サービスの利用主体として行われている。それゆえ，地方共同資金調達機関から資金を借り入れない地方政府は，同機関の事業コストを負担しない。この点が，水平的な政府系金融機関型との決定的な差異となる[32]。

先進諸国の事例をみると，比較的新たに組織される地方共同資金調達機関では，この相互会社型に属すものが多くみられる[33]。例えば，スウェー

---

[31] わが国では，「相互会社」という用語は保険業を念頭に置いて用いられ，その他の金融業では「協同組織」「協同組合」といった用語が用いられる場合が一般的である。ただし，本書では欧米事例も含めて議論を行うことから，記述の煩雑さを回避し，理解をより容易とするべく，金融業一般に関して本文の意で「相互会社（mutual company）」という用語を用いることとする。

[32] ここで重要な点は，地方共同資金調達機関に出資するなどして経済的な関係を有している地方政府の認識や意図ではなく，事業コストの負担のあり方，地方政府間での分担の実態である。このことは，本書で地方公共団体金融機構を相互会社型ではなく，政府系金融機関型（水平型）と捉える一つの根拠でもある。

[33] 第5章で取り上げるデンマークのデンマーク地方金融公庫（KommuneKredit）は，創設年が1899年と百年以上の歴史を有し，相互会社型の機関としては特異，ないし先駆的な存在である。

デンのコミュンインベスト（Kommuninvest I Sverige AB）がそうである。同社は1986年にエーレブルー地域の地方自治体が自発的に集まって創設された。その後、1993年に事業範囲を国内全域に広げると、順調に国内の地方債市場で保有シェアを伸ばし、直近の2012年末時点では民間商業銀行の合計を超える43.0%となっている[34]。コミュンインベストの出資者は、同社からの融資を希望する国内の地方自治体であり、全ての地方自治体に強制的な出資義務が課せられているわけではない。それゆえ、コミュンインベストの金融サービスを利用していないストックホルム市など一部の地方自治体は、依然として同社に対して出資を行っていない。また、中央政府からの補助金や債務保証は一切受けておらず、独立採算ベースで運営されている。

　1996年より発行が開始されたドイツのレンダー・ジャンボ債や、2003年より発行されているわが国の共同発行市場公募債も、相互会社型の地方共同資金調達機関の一種とみなすことができる。特に共同発行市場公募債は現在、市場公募債の中で最大の発行銘柄となっている。これまでに言及した地方共同資金調達機関に対して（「機関型」）、レンダー・ジャンボ債や共同発行市場公募債は、いわば「導管体型」とでもいいうる形態を採っている。機関型は、独自の人材の採用や一定の自己資本の積み立てなどを通じて高度なリスク管理を行う体制を整えて、多様な発行条件・リスクの地方債を引き受ける形態である。一方の導管体型は、満期や信用リスクといった商品性がほぼ同じ地方債のみを引き受ける、いわば地方債の証券化機能のみを有するものである。導管体型の場合、地方共同資金調達機関の運営経費（債券の組成に要する事務コストなど）を相対的に抑制できる一方、引き受けることのできる地方債が限られ、またその分、規模の経済性の効果などを通じた金融取引コストの軽減効果は小さくなる。

　市場競争重視モデルに分類される二つめの類型は「政府後援企業型」である。これは、地方共同資金調達機関に政策的な役割を期待する上位政府

---

34) スウェーデン統計局資料・コミュンインベスト年次報告書より算出。

や同一レベルの地方政府が，同機関の金融サービスの利用の有無に関わらず出資を行い，その対価として相応の配当を受け取る形態を指す。この類型でも，出資主体は政府系金融機関型（垂直型・水平型）の場合と一致する。しかし，上位政府などによる地方共同資金調達機関への出資は，一般企業に対して民間の投資家が出資するのと，基本的には同様の形で行われている。政府後援企業型の地方共同資金調達機関の具体例としては，1999年に組織改編が実施され，性格を新たにしてノルウェーの地方債市場で事業を開始したノルウェー地方金融公社（Kommunalbanken Norway, KBN）が挙げられる。

　相互会社型にしろ，政府後援企業型にしろ，政府から出資を受けているという点で民間金融機関ではない。とはいえ，政府による出資主体としての事業コストの負担に対しては，相応の対価が支払われている。相互会社型の場合には金融サービスを利用する権限が，政府後援企業型の場合には配当が，この主たる対価にあたる。それゆえ，政府がネット・ベースで地方共同資金調達機関の事業コストを負担しているわけではない。このように，経済的な優遇措置の提供ではない形で公的な関与が存在する地方共同資金調達機関の類型を，本書では「競争創出型」とよぶこととする。競争創出型については，特に北欧の事例を取り上げて，第5章で詳しい考察を行う。

　市場競争重視モデルにはこのほか，公的な関与が一切行われていない「民間金融機関型」がある。フランスのデクシア，および米国の金融保証（モノライン）保険などがそうである[35]。確かに，2007年後半以降の一連の

---

35) 地方債そのものではなく，地方債の信用リスクのみを引き受ける金融保証保険を，これまでに挙げてきた地方共同資金調達機関の事例と本質的に同等のものと捉えることには違和感があるかもしれない。しかし，第Ⅱ節でみた地方共同資金調達機関が果たすべき三つの金融機能は金融保証保険も担っており，本質的には地方債の実質的な共同発行を支える地方債市場の制度インフラと捉えることができる。この点については，第4章第Ⅱ節で改めて詳しく述べる。なお，Merton & Bodie（1995）も，金融保証保険の金融機能に注目すれば，形式・外見上は保険と大きく異なる金融取引・商品も（Merton & Bodie（1995）の例では上場プット・オプション），本質的には全く同様の役割を果たしている，ないしその可能性があることを指摘し，機能論的アプローチによる金融分析の有効性・重要性を主張する一事例としている。

金融危機を受けて，この両者は共に壊滅的な影響を被った。とはいえ，その背景を丁寧にみると，決して地方債市場での事業の失敗が主因であったわけではない。また，少なくとも2000年代半ばまで，両者が国内の地方債市場で長きにわたって高い位置付けを占めてきたことも確かである。それゆえ，決して軽視することのできない地方共同資金調達機関の一類型であるといえよう。第4章では，特に金融保証保険会社の事例を取り上げて，民間金融機関型の地方共同資金調達機関について検討する。

V 小括

　本章では，複数の地方政府が実質的に共同で金融市場から資金を調達することを可能にする地方債市場の制度インフラを地方共同資金調達機関とし，三つの金融機能を果たす金融仲介機関として定義した（第Ⅱ節）。その機能とはすなわち，地方政府への金融取引コストの軽減効果の還元，地方債市場における専門性の獲得，地方債のリスクの満期保有による金融取引の効率化である。

　その上で，地方共同資金調達機関に対する公的な関与の是非，およびそのあり方について検討を行った（第Ⅲ節）。まず，そもそも地方政府による金融市場からの資金調達を，上位政府などが経済的な負担を負って支援することは，地方財政運営に対して責任を共有する場合，もしくは地方政府間で金融市場へのアクセスに機会の格差が存在する場合に，理論的に正当化されると指摘した。その上で，こうした根拠から地方債の発行を支援しようとするのであれば，地方共同資金調達機関はその有効な政策手段となりうることを明らかにした。

　もっとも，このことは，政策目標を掲げる上位政府などが自ら地方共同資金調達機関を創設・運営しなくてはならないということを必ずしも意味しない。地方共同資金調達機関に対する公的な関与のあり方には，多様な類型が想定される。この点を踏まえて，先進諸国の実例を踏まえながら，地方共同資金調達機関を類型化する視点・枠組みを示した（第Ⅳ節）。地

方共同資金調達機関は，上位政府などがネット・ベースでその事業コストを負担し，経済的な優遇措置を提供しているか否かで，大きく公的支援重視モデルと市場競争重視モデルに分けることができる。公的支援重視モデルには，上位政府などが自ら無償で事業コストを負担して創設・運営するという政府系金融機関型（垂直型・水平型）と，第三者が運営する制度・機関に各種の優遇措置を提供するという補助金給付型がある。市場競争重視モデルには，上位政府などが創設・運営に携わりながらも，少なくとも明示的には事業コストをネット・ベースで負担しているわけではなく，相応の経済的な対価を受け取っている競争創出型と，一切の公的関与を排した民間金融機関型がある。

　地方共同資金調達機関の創設・運営に対して，上位政府などがどのような関与を行うべきか，言い換えれば上記の各類型のうちでいずれが望ましいものか，この論点に関して一義的な解を導出することは容易でない。というのも，地方財政制度のあり方や地方政府の財政運営の現状，金融市場の発展状況などによって，解は異なりうると考えられるからである。とはいえ，先進諸国の地方共同資金調達機関の実例を検討し，空間的・歴史的に多様な事例を視野に入れて比較考察を行うことは，各類型の利点と課題を明確にしたり，国際的な潮流を確認したり，ひいてはわが国への示唆を導出する上で有益と考えられる。次の第3章より，こうした検討課題に取り組んでいくこととする。

第3章

200年の伝統を誇る公的支援重視モデル
英国PWLBの事例を中心に

I はじめに

　本章では，公的支援重視モデルの地方共同資金調達機関について検討を行う。主たる具体事例として取り上げるのは，先進諸国の中で最も長い歴史をもち，また公的支援重視モデルの地方共同資金調達機関としては珍しく，今日もなお国内の地方債市場で圧倒的なシェアを維持している英国のPWLB（Public Works Loan Board）である。

　PWLBは現在，国債の発行を通じて金融市場から調達した資金を国内の地方自治体に貸し付ける機関として運営されている[1]。その創設・運営には中央政府が直接的に携わっており，金利負担などを通じた地方自治体からの支払いだけで賄いきれない事業コスト（リスク）は，中央政府によって無償で負担されている。すなわち，PWLBは公的支援重視モデルの中でも特に政府系金融機関型（垂直型）に分類される地方共同資金調達機関である。すぐに想起されるように，わが国の財政投融資制度を通じた地方自治体向け融資と概ね同様の制度設計のものと考えてよい。第Ⅱ節で

---

[1] こうした制度設計となったのは，本章で考察の重きを置いている第二次世界大戦後のことである。それ以前には，PWLBの融資事業が中央政府の特別会計で管理され，同会計から独自の債券を発行して，地方自治体などに貸し付ける資金が確保されていた時期もあった。

は，PWLBの歴史的な沿革を，特に第二次世界大戦後の期間を中心にみていく。その上で，PWLBが政府系金融機関型の地方共同資金調達機関として英国の地方債市場で果たしてきた役割を考察する。

　第Ⅲ節では，国際比較の観点からみると，英国の現状は稀なものであり，他の先進諸国では公的支援重視モデルに属す地方共同資金調達機関の位置付けが次第に低下しつつあることを指摘する。

Ⅱ　英国地方債市場で存在感を高めた過程・背景

1. PWLBの創設から第二次世界大戦まで

　PWLBは，そもそもは1793年に中央政府が創設した，民間の製造業者や貿易業者などに優遇金利で資金を貸し付ける政策金融制度に源流をもつ[2)3)]。この融資制度そのものの運用はすぐに終了したものの，それ以降も同様の趣旨の制度が断続的につくられた。そして1817年，ナポレオン戦争終結後の景気低迷を受け，労働者階級の雇傭を増やすことを目的に創設されたのがPWLBであった[4)]。

　運用開始当初より，PWLBに対しては様々な産業分野から融資を受けたいという希望が寄せられた。最初の1年間で205件，計202.2万ポンドの融資申請があった。これは，中央政府がPWLBに当初認めていた融資上限額である150万ポンドを大きく上回る水準であった。PWLBはこの中から案件を厳選し，最初の1年間は合計33.8万ポンドの融資を行った。

　こうした応募状況の背景には，優遇金利で資金を借りられるという利点もさることながら，PWLBの当初の融資対象が地方自治体だけに限られ

---

2) PWLBの沿革については，PWLB年次報告書，Page（1985），Sage（1978）参照。
3) PWLBはイングランド以外の地域でも事業を行っているが，以下の定性面の記述は原則，イングランド内での事業を念頭に置いている。
4) 創設当初，この制度に正式名称は特になく，慣習的に大蔵省融資委員会（Exchequer Loan Commissioners）などとよばれていた。法令などでPWLB，またはPWLC（Public Works Loan Commissioners）といった名称が正式に採用されたのは1842年以降である。

ていたわけではなかったことも，大きな要因として挙げられる。当時のPWLBの融資対象は，公共性を有する事業，政府当局のもとで行われている事業，あるいは漁業や鉱業などの振興に資する事業などに携わる個人・法人とされていた。そして，PWLBに寄せられた利用申請の中から委員会の審査を経て，融資の可否が判断される仕組みとなっていた。実際，PWLBが実施した初の案件は，スタッフォードなどの炭鉱事業を継続するため，その経営者に3.5万ポンドを貸し付けるというもので，地方自治体向けの融資ではなかった。

その後，PWLBの制度内容には数度にわたって変更が加えられ，機能の拡充も図られた。例えば，融資期間に注目すると，1817年の運用開始当初は比較的短い年限の資金の貸し付けが中心を占め，最長の融資期間は20年とされていた。これが次第に引き上げられ，1844年に30年，1861年に50年，さらに1907年には80年へと延長された。もっとも，当時はPWLBを利用する個人・法人が資金の借入期間を自由に選択できる仕組みではなかった。PWLBの融資期間は，あらかじめ借入資金の使途事業ごとに耐用年数を考慮して設定されている年数が一律に適用され，PWLBの利用者にはその間，定期的に（1年・半年単位）一定の元本を，金利の支払いとともに返済していくことが求められた（定時償還（均等償還）方式）。

2. 最後の貸し手機能への特化

(1) 第二次世界大戦直後の臨時措置とその後の自由化

PWLBが今日のような形で地方自治体向けの融資に注力するようになったのは20世紀半ば頃からである。その後もPWLBが住宅事業や港湾事業，輸送事業など向けに融資を行うことは法的には可能とされていたものの，少なくとも第二次世界大戦後，PWLBの新規融資の対象は地方自治体に概ね限られるようになった。

とはいえ，英国の地方債市場におけるPWLBの位置付けは，その後も一貫していたわけでは決してなく，運用方針の大幅な変更を何度か経験することとなった。

表 3-1 PWLB の沿革（1945～1975年）

	地方債制度の改革，改革に向けた提言など	PWLB			
		運用方針の主な変更	最低割当額	融資枠の算定方法（主な指標・数値）	
				フロー指標	ストック指標
1945	1945年地方自治体借入法。地方自治体がPWLB以外から資金を借り入れることを原則として禁止。当初の1950年終了予定から2年延長され，1952年まで。				
1947		融資財源の調達方法を変更。国家統合基金への事実上の吸収。			
1955		最後の貸し手としての融資に限定化			
1959	ラドクリフ委員会報告（Report of the Committee on the Working of the Monetary System）				
1963	白書「地方自治体の借り入れ（Local Authority Borrowing）」。PWLBの融資機能の拡充など。				
1964		・通常の地方債を引き受ける方針を改めて採用。各地方自治体に融資枠を設定。 ・満期一括償還方式が可能に ・最短融資期間が7年から10年へ	10万ポンド	20%	
1965		融資枠の設定方法を変更。割当比率を2種類設定する方式へ。	10万ポンド	30%(40%)	
66			10万ポンド	30%(40%)	
67		一時借入金の抑制に努める地方自治体に融資枠の割当を増額。翌年度まで。	10万ポンド	34%(44%)	
68			10万ポンド	30%(40%)	
69			25万ポンド	33%(43%)	
1970	起債許可制度の運用方針の変更。地方債を発行して調達した資金の使途事業を3つに分け，起債許可方式を分野ごとに設定。		40万ポンド	40%(50%)	
71			40万ポンド	40%(50%)	
72			50万ポンド	40%(50%)	
73			50万ポンド	40%(50%)	
74		融資枠の設定方法を変更。ストック指標を導入。	50万ポンド	30%(40%)	3 1/3%(4%)
1975		最後の貸し手としての融資機能を拡充。民間の金融機関などからの借り入れの困難さに関わらず，通常より高い金利負担を条件に，融資枠を超える額の資金の借り入れを地方自治体に認める。	50万ポンド	30%(40%)	3 1/3%(4%)

（注）　融資枠の算定方法に記した数値は，財政年度の開始時点。年度中に引き上げられることもあった。また，カッコ内は非富裕地域に適用された値。
（出所）　PWLB年次報告書，Page（1985），Sage（1978）などより，作成

第3章　200年の伝統を誇る公的支援重視モデル

　第二次世界大戦直後，中央政府は地方自治体に対して，PWLB以外からの資金の借り入れを原則的に禁じた[5]（表3-1）。これは，戦後復興を円滑に進めるべく国内の金融市場で資金調達をめぐって過度な競争が生じることを回避するために，中央政府が地方債の発行を統制する必要があるとの判断から行われたものであった。

　こうした措置は，当初は1950年までの臨時的な対応とされていたが，実際には2年延長され，1952年に終了した。その後，地方自治体は中央政府から起債許可を得れば，民間金融機関から融資を受けたり，資本市場で債券を発行することも自由に行えるようになった[6]。

　この時期のPWLBは，地方自治体から融資の要請があれば，これに全面的に応えるという基本方針を採っていた。その際の貸出金利は，同年限の国債の市場利回りの水準を参照して決められた。ただし，当時は市場の動向にあわせてPWLBの貸出金利が日々調整されるというわけではなかった[7]。また，その他の貸出条件についても，地方自治体の要望にあわせて柔軟に設定されていたわけでは必ずしもなかった。融資期間についていえば，使途事業ごとに満期が一律に設定される仕組みは1954年より緩和され，PWLBがあらかじめ定めるのはあくまで融資期間の上限とされ，地方自治体がそれ以下の年数を選択することも可能となった（1955年に完全自由化）。ただし，融資期間の最短年限は7年と規定され，地方自治体はこれより短い年限でPWLBから資金を借り入れることはできなかった[8]。また，資金の返済方法についても，満期一括償還方式はなお用意されず，地方自治体は引き続き定時償還（均等償還）方式を選択せざるをえ

5）例外としては，各地方自治体が積み立てている公金の活用のほか，戦間期（1939～1945年）の発行残高を上限とした，抵当付借り入れ（Mortgage）・債券（Bond）の発行を通じた資金の借り入れなどがあった。

6）公募形式での債券発行などに際しては，地方自治体はイングランド銀行と発行条件や時期などを協議し，別途許可を得る必要があった。

7）大蔵省は1944年に，PWLBの貸出金利を同一年限の国債の市場金利を基準に設定する方針を示した。とはいえ，PWLBの貸出金利が実際に調整されたのは，1945～1952年の7年間で5回，1953年以降も年に数回の頻度にとどまった。月に複数回の頻度で調整が行われるようになったのは1970年以降のことである。

8）PWLBの融資年限に下限が設けられたのは1942年のことである。

なかった。

それゆえ，地方自治体の中には，国債の市場利回りに近い金利で融資を受けられるPWLBをあえて利用せず，より短い年限の資金を調達するべく，あるいはより柔軟な借入条件を設定するべく，民間金融機関を活用するところもあった。実際，地方債の発行額（フロー・ベース）全体に占めるPWLBからの借り入れの割合は，1952年度の77％から1953年度には55％へと減少した[9]。

（2）1955年の制度改革による機能の絞り込み

しかし，第二次世界大戦直後の臨時措置が終了して数年しか経たないうちに，PWLBの運用方針は大幅に変更された。1955年より，PWLBの役割は地方自治体に対する最後の貸し手機能に限定されることになったのである。その結果，地方自治体が地方債を発行する際には，原則として民間金融機関や投資家などから直接的に資金を借り入れることとされ，PWLBの利用はこうした資金調達が困難な地方自治体に限って認められるようになった。同時にPWLBの貸出金利の水準も引き上げられ，財政状態が健全な大規模団体が民間の金融機関から同年限の資金を借り入れる際に要求されると見込まれる水準とされた。こうした措置は，地方自治体が行う投資的事業の規模が過度なものとならないようにすることや，地方債の発行額の増加によって金融政策に負の影響が及ばないようにすることを，主たる目的としていた。

こうした方針変更には批判も相次いだ。例えば，1959年のラドクリフ委員会（Radcriff Committee）の報告書は，英国の金融制度・政策に関して包括的な提言を行う中で，地方債市場にも触れた[10]。そこでは，PWLBの運用方針を元に戻し，地方自治体の借り入れ需要に対して従来通り国債金利

---

9) イングランドとウェールズの数値。借換債を除く。また，英国の地方債の発行額には各地方自治体が積み立てている公金の取り崩しが含まれる。IMTA（1962）参照。なお，1954年度は69％と，前年度比では上昇したが，とはいえ1952年度よりは依然として低い水準にとどまった。

10) Radcriff Committee（1959）参照。

第3章 200年の伝統を誇る公的支援重視モデル

に近い水準で全面的に応えるようにするべきとされた。同報告はその一つの根拠として，地方自治体が行う投資的事業に対して中央政府が厳しい規制を課している以上，地方自治体がそれに要する資金を国債の発行金利を上回る利払い負担で調達することは妥当性を欠くとの理由を挙げた。

地方自治体の側からも反発の声があった。現在の勅許公共財務会計協会（Chartered Institute of Public Finance and Accountancy, CIPFA）の前身である地方財務・会計委員会（Institute of Municipal Treasurers and Accountants, IMTA）が行った地方債制度に関する調査の報告書でも，ラドクリフ委員会報告と類似した趣旨の批判が，より詳しい根拠付けをもってなされた[11]。すなわち，地方自治体の投資的事業は中央政府が決定する政策のもとで行われており，また中央政府も補助金の給付を通じてこれに利害関係を有している。にも関わらず，PWLBを介した地方債の発行が認められないため，地方自治体は金融市場からの資金調達に関して，中央政府はおろか国有企業よりも不利な状況に置かれている。また，数多くの地方自治体が地方債の発行に際して相互に競争的な関係にあることも，地方債の発行コストの上昇につながっている。さらに，地方債の発行手続きが個別的に行われることで，発行条件の交渉などが非効率的なものとなり，特に財政規模の小さい地方自治体で負担が大きくなっている。このような批判が展開された。

IMTAの報告書では改善策として，大蔵省から独立した地方共同資金調達機関の新設が提言された。その上で，もしこれが難しいようであれば，代替案としてPWLBの融資機能を改めて拡充するべきという考えもあわせて示された。

だが，ラドクリフ委員会やIMTAなどの反発にも関わらず，中央政府はPWLBの役割を約十年にわたって最後の貸し手としての機能に限定した。その結果，地方債市場におけるPWLBのシェア（ストック・ベース）は，1953年の64.4％から1963年には34.6％に急落した（図3-1）。また，フ

---

11) 注9参照資料。

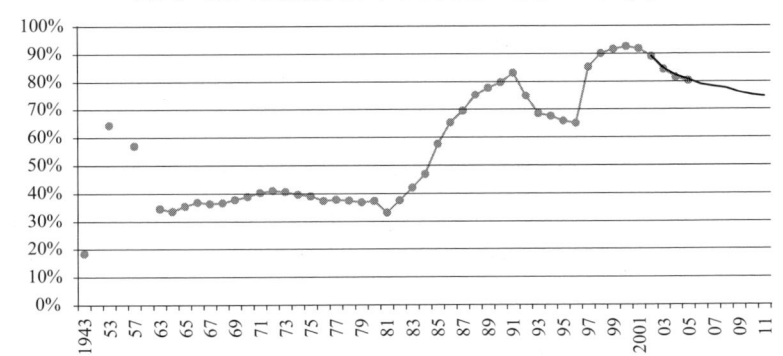

図 3-1 英国の地方債市場における PWLB の保有シェアの推移

(注) 1. 英国全体でのシェア（2005年度まで）とイングランドでのシェア（2002年度～11年度）。1963年度以前のデータは毎年度の数値が取得できず，数年おきとなっている。
2. 1997年度，本数値の分母にあたる地方債の発行残高に関してデータの改訂が行われた。そのため，この前後でデータは非連続となっている。
(出所) PWLB 年次報告書・英国統計局資料より，作成

ロー・ベースでは PWLB のシェアの落ち込みがより顕著に表れることとなった。先に触れた新規の地方債発行額に占める PWLB のシェアは，1955年度まで 5 割以上の水準を維持したものの，1956年度には22％，翌1957年度も22％，さらに1958年度・翌1959年度には 8 ％へと急落した[12]。

3. 融資機能の再拡充

（1） 1964年の制度改革による通常融資の再開

1960年代に入ると，中央政府は地方債制度・市場のあり方について再考を余儀なくされた。というのも，地方債の発行において，民間金融機関からの直接的な借り入れや債券発行の比重が高まったため，地方自治体が負担する地方債の発行コストが従前に比して上昇した。すると，こうした事態に対処するべく，調達資金の年限を短くして当面の金利負担を軽減しようとする動きが地方自治体の間で広まったのである。地方債の発行年限が短期化すると，地方自治体の資産の年限（調達資金の使途事業が便益をもた

12）注 9 参照資料。

らす期間，事業コストの償却期間）と負債の年限（地方債の満期までの期間）にずれが生じる，あるいはそのずれが大きくなる。これは，地方自治体の財政運営が金利変動リスクに対して脆弱性を高めることを意味する。中央政府は，こうした状況に憂慮の念を深め，対応の検討を進めた。

　PWLB の運用方針が改めて大きく変更されたのは1964年であった（前掲表3-1）。この年，地方自治体の負債全体に占める一時借入金（満期1年未満の借り入れ）の割合を1968年までに20％以内に抑えるよう取り組みを進める方針が決定された。そして，その実現に向けて PWLB の融資機能を拡充し，地方自治体の負債構成の長期化を支援することとされたのである。

　具体的にはまず，最後の貸し手としての貸し付けだけにとどまらず，地方自治体の通常の資金調達需要に応える融資制度が新たに導入された。これは融資枠割当制度（quota system）とよばれるもので，民間金融市場への直接的なアクセスが容易か否かに関わらず，全ての地方自治体に毎年度一定の融資枠を割り当てるものであった。その大きさは，各地方自治体の地方債の発行見込額の一定割合という形で算定された。当初はフロー指標が用いられ，1964年度は各地方自治体一律に地方債発行予定額の20％，翌1965年度は，スコットランドやウェールズ，イングランド北部・北西部の地方自治体については同40％，それ以外の富裕地域は同30％とされた[13]。1966年度以降は，当該年度に行われる投資的事業のネット・ベースの経費の一定割合として，融資枠は算出された。また，最低割当額も設定され，1964年度から1968年度までは各地方自治体に10万ポンド以上の融資枠が保障された。これによって各地方自治体は，毎年度算出される融資枠の範囲内で，国債金利相当の利払い負担で PWLB から資金を借り入れることが可能となった[14]。

13）富裕地域・非富裕地域の区分は，1980年度に区分そのものが廃止されるまで，数回にわたって変更が加えられた。
14）正確には，地方自治体はこのほか，融資を受ける際に別途，手数料を支払う必要があった。これは融資の審査，口座の開設・維持などの事務経費を賄うことを目的に徴収されるもので，1964年当時の水準は融資額100ポンド毎に2シリング6ペンス（0.125％），最低1ポンドであった。

貸付条件の多様化も図られた。特に元本の返済方法に関しては，従来から用意されていた定時償還（均等償還）方式に加えて，長年地方自治体から要望のあった満期一括償還方式も新たに認められた。ただし，その一方で，地方自治体の負債構成を長期化するための制度変更という趣旨も踏まえ，融資期間の最短年限は7年から10年に引き上げられた。

　最後の貸し手としての融資も継続された。これについては，対象を民間金融機関などから資金を借り入れることが困難と認められる地方自治体に限ることや，貸出金利の水準の設定方法などは，従来から特に変更はなかった。ただし，融資枠割当制度が導入されたことを受けて，同制度で割り当てられる融資枠を超えてさらなる資金をPWLBから貸し付けるという形で実施されることとなった。

　PWLBの最後の貸し手としての融資には，1964年度だけに限ると地方自治体からの利用申請が相次いだ。これは，国外の投資家が英国の短期金融市場から資金を引き上げたことを主因とするものであった。1964年度中，3,860万ポンドの融資の希望が寄せられ，このうち1,186万ポンドの融資が実施された[15]。しかし，翌1965年度以降は地方自治体からの申請が大幅に減り，1974年度までの10年間で合計103件・3,920万ポンドにとどまった。受理されたのは，このうち44件・170万ポンド分であった。

（2）1970年代半ばの制度改革による機能強化

　それから10年を経た1970年代半ば，融資枠割当制度を通じて地方自治体に貸し付けられていた資金の返済が始まり，PWLBの融資余力にもゆとりが生じるようになった。さらに，マクロ経済環境の低迷などといった状況も踏まえ，中央政府はPWLBの融資機能をさらに拡充しようと，制度改革を行った。

　融資枠割当制度については，地方自治体の金融市場からの資金調達の必要をより的確に把握するべく，融資枠の算定方法に修正が加えられた。

---

15) PWLB年次報告書（1964年版）参照。

1974年度より，地方債の発行額を把握する指標としてストック・ベースのものが追加された。これにより，同年度の融資枠は各地方自治体の投資的事業の経費の30%（非富裕地域は40%）に，前年度末時点の地方債発行残高の3 1/3%（同4%）を加えて算出された（最低割当額は50万ポンド）。確かに，フロー指標での融資枠の算定分に関しては，比率が前年度より10%ポイント引き下げられた。しかし，借換債の発行規模の把握を目的としてストック指標が追加されたことで，結果的に各地方自治体に割り当てられる融資枠は，概ね前年度より増額となった。

もっとも，この時期の制度改革としてより注目されるのは，最後の貸し手機能の拡充である。1975年度に新たな方式が導入され，従来通りの方式（非割当融資A制度（non-quota A system））に加え，自ら金融市場に直接的にアクセスして資金を調達することが困難か否かに関わらず，全地方自治体に対して融資枠を超えてPWLBから資金を借り入れることが認められるようになったのである[16]（非割当融資B制度（non-quota B system））。そこで適用される貸出金利は，融資枠割当制度での金利より高いのはもちろんのこと，非割当融資A制度と比べても100 bp（basis point, 1 bp = 0.01%）上乗せされた水準に設定された。

(3) 1970年代までの市場シェアの伸び悩み

しかし，こうした一連の運用方針の変更，融資機能の拡充にも関わらず，地方債市場におけるPWLBのシェアに大きな変化はみられなかった。同比率は，1963年度末時点の34.6%から，数年間はわずかながら増加傾向をたどり，1972年度末には41.0%となった（前掲図3-1）。だが，その後はほぼ横ばい，または若干の減少傾向もみられ，概ね3割台後半で推移した。結局，地方自治体は中央政府の企図に反して，民間銀行などからの借り入れを通じた比較的年限の短い資金の調達に依存する状況を大きくは

---

16) 非割当融資制度を通じて資金を借り入れる場合には，融資枠割当制度を利用する場合と同じく，一時借入金を債務残高の20%以内に抑えるなど，地方自治体一般を対象とした規定の遵守が条件とされていた。

図 3-2 PWLB の貸出金利の推移（1970～1985年）

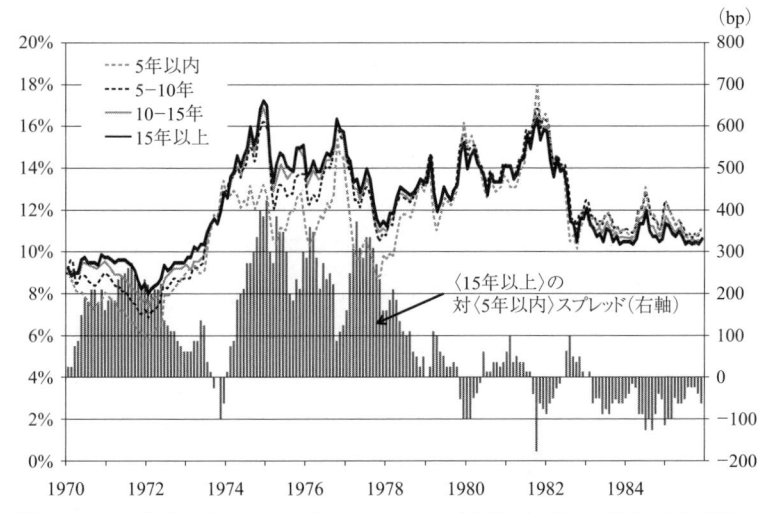

(注) 記している年（上限）に最も近い年限に適用される融資枠割当制度での貸出金利を採用している。
(出所) PWLB 年次報告書より，作成

変えなかったのである。

　これは，1970年代頃よりスタグフレーションが進行する中で金利が高水準で推移し，さらにイールド・カーブがスティープ化したことに主として起因するものと考えられる（図3-2）。それゆえ，地方自治体の財政運営が金利変動リスクに対して脆弱な状況に顕著な改善はみられず，中央政府の懸念は依然として払拭されなかった。

　こうした状況に対処しようと，地方自治体連合は1977年，地方自治体の行動規範（code of practice for the regulation of borrowing）を決定した（表3-2）。これは地方自治体の負債構成の改善に向けた具体的な数値目標を設定したもので，新規の借入資金の平均年限を1977年度には4年以上，翌1978年度は5年以上へと，1年度につき1年ずつ引き上げ，最終的に7年以上に維持するとされた[17]。

　中央政府はこうした取り組みを支援しようと，1977年度の年度途中にPWLBの融資機能を追加的に拡充した。融資枠の算定では，投資的事業

第3章　200年の伝統を誇る公的支援重視モデル

表3-2　PWLBの沿革（1976～1989年）

	地方債制度の改革，改革に向けた提言など	PWLB			
		運用方針の主な変更	融資枠の算定方法（主な指標・数値）		
			最低割当額	フロー指標	ストック指標
1976	レイフィールド委員会報告（Local Government Finance）		50万ポンド	30％(40％)	3 1/3％(4％)
77	地方自治体連合，地方債の発行年限に関する行動規範（code of practice）を決定		50万ポンド	30％(40％)	3 1/3％(4％)
78			50万ポンド	35％(45％)	3 1/3％(4％)
79			100万ポンド	35％(45％)	3 1/3％(4％)
1980	・中期財政金融戦略の作成，開始 ・1980年地方行政・計画・土地法。地方投資的事業の歳出総額に上限を設定。	・融資枠の算定方法を変更。割当比率を2種類設定する方式を廃止。 ・最低割当額を大幅に引き上げ	500万ポンド	50％	4％
81			500万ポンド	50％	4％
82		・変動金利での融資も可能に ・個別事情を勘案した融資枠の臨時的引き上げも可能に	500万ポンド	50％	4％
83		年度内における融資枠からの資金の引き出しに関する規制を廃止	1,000万ポンド	75％	6％
84		返済期日の遅れへの対応	1,000万ポンド	75％	10％
1985			1,000万ポンド	75％	10％
86			1,000万ポンド	75％	10％
87			1,000万ポンド	75％	10％
88			1,000万ポンド	75％	10％
89	1989年地方自治体・住宅法。地方投資的事業に対する規制を，地方債の発行額に対して規制を課す方式に戻す。		1,000万ポンド	75％	10％

（注）融資枠の算定方法に記した数値は，財政年度の開始時点。年度中に引き上げられることもあった。また，カッコ内は非富裕地域に適用された値。
（出所）PWLB年次報告書，Page（1985）などより，作成

の経費に乗じられる比率（フロー指標）が5％ポイント引き上げられた。満期一括償還方式での融資に関しても，融資期間の最短年限が10年から5年に引き下げられた。融資枠割当制度における最低割当額の増額はやや遅れ，1979年度に50万ポンドから100万ポンドへと倍増，翌1980年度に500

17）その後，目標の達成が困難となったことから，最終的に7年以上とする方針は不変とされながらも，1979年度の目標を当初の6年以上から5年以上に引き下げ，翌年度以降の目標も1年ずつ引き下げられた。

万ポンドへとさらに5倍，結局2年間で10倍に引き上げられた。

4. 地方債発行の全額引き受けへ

(1) サッチャー保守党政権下での改革

　このように1960年代より様々な取り組みがなされたものの，PWLBの市場シェアの上昇基調への変化，そして今日まで続く圧倒的な位置付けの獲得は，1980年代の改革を待たなくてはならなかった。これは，1979年に発足したサッチャー保守党政権下で実施されたものである。

　それまでの政権下では，地方自治体による民間金融市場への直接的なアクセスとPWLBの利用のバランス，棲み分けに一定の配慮が行われていた。1960年代よりPWLBの融資機能は確かに拡充されてきたものの，PWLBの役割は一貫して，比較的長期の資金を地方自治体に低い金利負担で提供することとされてきた。他方で，比較的年限の短い資金の調達については民間金融機関からの借り入れ，あるいは資本市場での債券発行などに基本的には委ねられてきたのである。しかし，サッチャー保守党政権はこうした方針を見直し，PWLBを通じて地方自治体の資金需要をほぼ全面的に満たそうと，PWLBの融資機能をこれまで以上に大幅に拡充した。

　まず，融資枠割当制度の規模に注目すると，1982年度の年度途中，各地方自治体に割り当てられる融資枠の算定式が変更され，投資的事業の経費の75％（前年は50％）に債務残高の6％（同4％）を加えた水準とされた。また，融資枠の最低割当額も1,000万ポンドに引き上げられた。翌1983年度にはさらに，融資枠の算定式におけるストック指標に乗じられる比率が6％から10％に引き上げられた。これによって，PWLBの融資枠は毎年度の地方債の発行額にほぼ匹敵する規模となった[18]。

　また，各地方自治体の個別的な事情を勘案して，融資枠を一般的な算定式で算出される規模よりさらに一時的に増額する措置も講じられた。これ

---

18) Page (1985) 参照。

第3章　200年の伝統を誇る公的支援重視モデル

は，地方自治体の負債構成の適切化を支援するという趣旨もさることながら，民間の金融機関から借り入れている資金を返済し，PWLBの利用に振り替えるよう地方自治体に促したいとの思惑もあった[19]。こうした対応は，表向きは1990年度に終了とされたが，その後も例外的に融資枠を引き上げることもありうるとされ，実施例も少なからずあった。

　さらに，融資枠割当制度の規模を大きくするだけでなく，多様な融資条件の選択肢を用意するという質的な改革も行われた。例えば，1982年より融資期間の最短年限は大幅に引き下げられ，満期一括償還方式での貸し付けの場合には5年から3年，定時償還（均等償還）方式では10年から5年とされた。1984年にはさらに，各々3年から1年，5年から2年に引き下げられた。また，金利の設定方式に関しては，1982年より変動金利での融資も可能とされた。

　以上のような改革によって，地方自治体はPWLBの利用を通じて，国債の発行金利に近い水準の利払い負担で，かつ柔軟な借り入れ条件の設定によって，自らの資金需要を概ね満たすことができるようになった。これにより，民間金融機関などから資金を借り入れる必要は大きく低下した。しかも，1980年代に入るとイールド・カーブがフラット化，さらには逆イールドの状況となり[20]，地方自治体は地方債の満期の長期化を図る動きを自然に強めた[21]。こうした環境の変化にも後押しされて，PWLBの市場シェアは1981年の33.2％から急激に上昇し，1991年には80％の大台を突破した（前掲図3-1）。

19）融資枠の一時的な引き上げについて内訳が示されている1987年度の場合についてみると，同年度には48の地方自治体から合計10.4億ポンドの増額申請が寄せられた。このうち，発行済み地方債の条件変更を目的としたものが4.7億ポンド，借入先の変更を目的としたものが3.2億ポンドなどとなっている。これら一連の申請は全て受理された。なお，同年度にPWLBが地方自治体に貸し付けた資金は63.4億ポンドで，融資枠の臨時引き上げによる融資10.4億ポンドはその16.3％を占めた。PWLB年次報告書（1987年版）参照。

20）市場金利を反映して設定されているPWLBの貸出金利の推移をみても，融資期間15～25年の金利が同5年未満の金利を下回る状況が，1980年代に入って続いた（前掲図3-2）。

21）PWLBの融資期間は，各年度の新規融資分の平均で，1980年度の9.3年から1983年度には20.3年となった。その後はやや短期化したとはいえ，1980年代は概ね十数年で推移した。

(2) 改革の背景

　こうしたサッチャー保守党政権下における制度改革は，主として金融政策上の観点から講じられた措置であった。同政権は折からの高インフレの状況にマネタリズム的な金融政策によって対処しようと，貨幣供給量の増加率の抑制を図った[22]。その中で，PWLBの融資機能を拡充し，地方自治体の資金の借入先を民間銀行からPWLBにシフトさせることが提案された。こうすれば，民間銀行の融資規模がその分減少する。また，地方自治体の利払い負担も低下し，公的セクター全体としての資金の借り入れ（Public Sector Borrowing Requirement, PSBR）の規模も抑えられる。そうなれば，金融政策において政策目標とされたポンド建てM3の増加率の抑制につながると期待されたのである。

　それゆえ，少なくとも中央政府の意図としては，1980年代前半のPWLBをめぐる改革は，地方自治体に対する支援の拡充を主眼とした措置ではなかった。そもそも，サッチャー保守党政権が，投資的事業や起債制度の分野も含め，中央集権的な性格を強化する方向で地方財政制度の包括的かつ抜本的な改革を断行したことは周知の通りである[23]。ただし，PWLBの運用方針の変更に関しては，地方債の発行に際して地方自治体に生じる負担を，中央政府への転嫁を通じて軽減する政策が，結果的に強化されたのである。

　この点は，サッチャー保守党政権下の地方財政政策の一面という点で，きわめて重要と思われる。つまり，サッチャー保守党政権は，国有企業の民営化といった手法も用いながら，公的部門の大幅な縮減を推し進めようとした。しかし，地方債の分野に限っていえば，地方自治体の財政運営を金融市場の評価にさらし，いわゆる「市場による規律」によって財政健全化を地方自治体に促し，財政規模の圧縮を推し進めるといった措置は採ら

---

22) サッチャー保守党政権下で推し進められた金融政策については，数多くの研究蓄積が存在する。例えば，Browning（1986），Pliatzky（1989）など参照。
23) サッチャー政権下の地方財政改革については，北村（1998），君村・北村編（1993），小林（2004）など，特に地方債制度関連について詳しくは，Jackman（1982），Watt（1982），小林（1990），高橋（1981）など参照。

なかった。むしろ，少なくとも結果としては，中央政府が地方自治体に代わって金融市場から資金調達を行うことで，地方自治体を市場からの直接的な評価から遠ざけたのである。このことは，わが国への示唆という点でも注目に値しよう。

（3）1990年代以降の制度改革と融資機能の維持

PWLBが地方債を全面的に引き受けるという運用方針は，サッチャー保守党政権以降も基本的に堅持されたとみてよい。

確かに，1990年度には融資枠割当制度の導入以来はじめて，融資枠を縮小させる方向で算定式が変更された（表3-3）。ストック指標である地方債の発行残高に乗じられる比率が10％から4％に引き下げられ，最低割当額の設定も廃止されたのである。また，1992年度からは，各地方自治体が将来の地方債の元利償還のために用意している減債基金の積み立ての一部を割当額から差し引くこととされた。これにより，PWLBのシェアも一時的に低下した。

とはいえ，融資枠の算定方法においてフロー指標に関する変更はなされなかった[24]。また，減債基金の考慮は，地方自治体が内部で保有する資金を債務の返済に充てることで，資産の有効活用を図ろうとした措置であった。さらに，1994年度からはPWLBの運用方針が再度改められ，当該年度の起債許可額とPWLBへの元本返済額を合計した全額を，PWLBの融資枠として割り当てるという算定式の変更が打ち出された。こうした一連のことを踏まえれば，1990年代に入っても，発行される地方債のほぼ全額を引き受けるという基本方針は変わらなかったと評価できよう。

こうした方向性は，サッチャー・メージャー保守党政権の後を受けたブレア労働党政権下でも維持された。1997年に誕生したブレア労働党政権は，発足直後から地方分権改革に向けた検討を進めた。地方債制度もその

24）ストック指標は，先述の通り地方自治体の借換債の発行需要の把握を目的としていた。負債構成の長期化が進むと，借換債の発行の必要性は低下するので，こうした算定式の変更は実際のところ，地方自治体によるPWLBの利用の制限にはつながりにくかったと考えられる。

表 3-3　PWLB の沿革（1990年以降）

	地方債制度の改革，改革に向けた提言など	PWLB			
		運用方針の主な変更	融資枠の算定方法（主な指標・数値）		
			最低割当額	フロー指標	ストック指標
1990		・融資枠を縮減 ・融資枠の算定方法を変更。最低割当額を廃止。		75%	4%
91				75%	4%
92		融資枠の算定方法を変更。右の2つの合計から，前年度末時点の減債基金の積み立ての15%を控除して，融資枠を算出。		75%	4%
93	・マーストリヒト条約，発効。英国は統合参加の意思決定を留保して，基準達成に向けた努力を開始。 ・コントロール・トータル，導入	減債基金の積み立ての一部を控除する措置を継続。比率は15%から50%に引き上げ。		75%	4%
94		・融資枠の算定方法を大幅に変更 ・2段階の金利を設定	基本起債許可額 +補助起債許可額 +年度中のPWLBへの元本返済所要額 うち， ・融資枠から減債基金の積み立て分を控除した額までは，国債金利相当の金利水準で融資 ・これを超える融資については，市場金利をわずかに下回る金利水準を適用		
1995					
96					
97	ブレア労働党政権下での予算編成・財政運営ルールの基本戦略，表明。ゴールデン・ルールと公的債務の抑制方針の採用。				
98	・歳出レビュー（Spending Review）の作成，開始 ・白書「地方自治体の現代化 —資本財政（Modernising Local Government-Capital Finance-）」				
99					
2000	緑書「地方財政の現代化（Modernising Local Government Finance）」				
01	白書「地域リーダーシップの強化と公共サービスの高品質化（Strong Local Leadership-Quality Public Services）」				
02		PWLB, DMO と事業を統合			
03	2003年地方自治法。地方債の許可制度を廃止。				
04		同年度から施行された新しい地方債の発行制度に合わせて，発行される地方債を全額引き受ける用意をする方針へ			
2010		貸付金利，引き上げ。同年限の国債の発行金利に平均1%上乗せ。			

（出所）PWLB 年次報告書などより，作成

例外ではなく，起債自主権の拡充を図る議論が行われた。当初は，起債許可制度を基本的に維持しつつ，その枠内で地方自治体の裁量の余地を広げる方向で検討がなされていた[25]。だが，最終的には，中央政府の許可そのものを不要とし，地方自治体が原則的に自由に地方債を発行することを認めるという，より分権的な制度が2003年地方自治法（Local Government Act 2003）の成立によって実現し，2004年度より施行された。

しかし，こうした中でもPWLBの基本的な運用方針は変わらなかった。地方債の発行が原則自由化された2004年度以降も，地方自治体が健全な財政状況を維持することを条件として，発行される地方債を基本的には全額引き受けるという姿勢が堅持されたのである[26]。

（4）地方自治体の反応・評価

こうした1980年代より今日に至るまでのPWLBの運用状況は，一連の制度改革に少し先立つ1976年に公表されたレイフィールド委員会（Layfield Committee）の報告書の内容に沿ったものとはおよそ言い難い[27]。

レイフィールド委員会の報告書はよく知られている通り，英国における地方財政のあり方に関して包括的な提言を行ったものである。その第8章「投資的事業に関わる財政運営（Capital Finance）」は，地方自治体が行う投資的事業，および同事業に要する資金を調達するための地方債の発行のあり方を取り上げている。

レイフィールド委員会はまず，地方自治体による投資的事業の実施や地方債の発行に対して，中央政府が一定の関与を行うことは妥当としている。その根拠としては，地方債の発行が貨幣供給量や金融市場の安定性，対外的な信用の確保といった金融政策に与える影響の大きさ，あるいは地方自治体が実施する投資的事業がマクロ経済全体での消費と投資の比率に

---

25) DETR（1998）・（2000）など参照。
26) PWLB自身は，個々の地方自治体の財政状況に関して情報を独自に収集・分析することは特に行っていない。地方財政の健全性の確認は，当該地方自治体から提供される情報にもとづいて簡単に行っているだけである。
27) Layfield Committee（1976）参照。

与える影響の大きさなどを挙げている。

　一方で，地方自治体の財政状態の健全性を維持することを目的に，地方自治体の投資的事業に対する中央政府の管理・統制を強化するべきという一部の見解に対して，レイフィールド委員会は否定的であった。確かに，当時の起債許可制度のもとでは，中央政府が認めなければ地方自治体が投資的事業の実施を目的として資金を借り入れることは不可能である。しかし，こうした制度下にあっても，そもそも投資的事業を行うという提案は地方自治体の側からまず示されるものであり，この点で地方自治体は自らの財政運営に関する意思表示を行っているといえる。地方自治体がこうした判断を行うこと，そしてその判断に責任をもつことが重要であり，中央政府の管理・統制の強化はこうした方針に一致しないと考えられる。このような主張がなされた。

　次に，地方自治体による金融市場からの資金調達に対する中央政府の支援に関する見解をみると，レイフィールド委員会は，地方自治体の借入需要を中央政府が一定程度満たすことには利点を認めている。その根拠としては，金融政策の実施の容易化，地方自治体の負債構成の適切化，そして中小規模の地方自治体の事務コストの軽減などが挙げられている。

　しかしながら，レイフィールド委員会は，中央政府が地方自治体の投資的事業を統制している以上，地方自治体が中央政府以上に高い金利を負担することは好ましくないという立場を採っているわけでもない。それゆえ，中央政府が地方自治体に代わって金融市場から資金を調達するべき，あるいは地方債に政府保証を提供するべきといった一部の提言には，賛意を示していない。レイフィールド委員会はその理由として，中央政府とは別に地方自治体が存在し，その地方自治体が地方債を発行することで，公的セクター全体として資金調達手段が多様化し，より多くの資金を引き付けることが可能となっている。また，銀行が民間向けに行う融資額を左右する流動性準備資産に，地方債は国債と違って算入されないので，地方債の発行は直接的には市場に流通する貨幣量の増加に結び付かない。さらに，中央政府が地方自治体に代わって金融市場からの資金調達を行うよう

になれば，地方自治体が行う投資的事業に対する中央政府の影響力が強くなり，事業規模の決定に対して金融市場の動向が反映されにくくなる。こうした根拠を挙げた。

　以上を踏まえて，レイフィールド委員会の報告書では，地方自治体は少なくとも一定の資金を民間金融市場から調達するようにするべきとされた。そして，地方債市場における PWLB の位置付けは一義的に決定されるべきものではなく，民間の金融機関や資本市場への地方自治体の直接的なアクセスとのバランスが，その時々の状況に応じて適切にとられるべきであると提言した。

　しかし，先にみた通り，その後のサッチャー保守党政権下における改革は，地方税制度や補助金制度などと同様，地方債の分野でもレイフィールド委員会の提言とは異なる方向で進められた。確かに，同改革は金融政策上の措置として行われたものであり，地方自治体に対する規制・監督の強化，あるいはその裏返しとしての地方財政運営に対する支援を主たる目的としたものではなかった。とはいえ，結果的には分権的な地方財政制度を志向するレイフィールド委員会の報告書の内容に反し，地方自治体がほぼ全面的に PWLB からの借り入れに依存するという状況が，報告から十年も経ないうちに作り出されたのである。

　もっとも，こうした状況に対して地方自治体の側から特に強い反発が示されたという事実は，特段見受けられない。先に触れたブレア労働党政権下で活発に行われた一連の分権化に向けた議論の中でも，PWLB の運用方針の変更は主たる議題とはならなかった。それ以外の時期も含め，地方自治体の起債自主権の拡充にあわせて PWLB の役割を縮小し，地方自治体が民間の金融機関や投資家から直接的に資金を調達する割合を引き上げるべきといった見解は，今日に至るまで特に強くは主張されていない[28]。

---

28) 2010年に，PWLB の貸付金利が，同年限の国債の発行金利相当に1％上乗せした水準に引き上げられた。これは，中央政府の財政状況の悪化に伴って講じられた措置である。これが結果として，地方自治体の PWLB 離れ，そして民間銀行や民間投資家からの借り入れへのシフトを促すこととなるのか，注目される。

また，1980年代のPWLBの市場シェアの急上昇，および直近に至るまでの高水準での推移は，第二次世界大戦直後のようにPWLBの利用が義務付けられていたからというわけではない。これはあくまで，各地方自治体の判断・選択の結果である。このことは，国債の発行金利にほぼ相当する水準で自らの資金需要をほぼ全面的に満たせるようになったことを，地方自治体側が肯定的に捉えていることを示すものといってよい。

5．PWLBに期待されてきた政策的な役割

　英国ではこのように，PWLBの創設・運営を通して，中央政府が地方自治体の金融市場からの資金調達を今日まで支援し続けている。PWLBを地方共同資金調達機関という金融仲介機関としての役割を果たす制度と捉えれば，中央政府はその出資・債務保証主体を兼ねる形で，決して小さくないPWLBの事業コスト（リスク）を無償で負担してきた。しかも，PWLBの融資機能はここ50年近くにわたってほぼ一貫して拡充され続けており，中央政府のコスト（リスク）負担もこれに応じて増加してきた。

　この背景には，中央政府のどのような考え・意図があったのだろうか。言い換えれば，中央政府はPWLBに対してどのような政策的な役割を期待してきたのであろうか。第2章で行った理論的な検討の内容を踏まえれば，英国の中央政府は地方財政全般に責任を共有する，あるいは最終的に責任を引き受ける立場からPWLBを創設・運用してきたと考えられる。

　英国の地方自治体は，投資的事業の実施やその事業コストを賄うための地方債の発行の可否に関して，中央政府から伝統的に強い統制を受けてきた。ただし，2003年度以前の時期においても，いったん起債許可を得れば，その後の地方債の発行先や発行条件などの交渉・決定に関しては，基本的に各地方自治体の自由とされていた。こうした裁量のもと，地方自治体は金融市場の動向や金利情勢などを踏まえ，発行する地方債の年限を短くして当面の金利負担を抑えようとした。

　中央政府は，地方自治体のこうした動きに対して，金利リスクが顕在化して地方財政の運営が行き詰まり，ひいては自らに偶発債務が生じる可能

性を懸念した。そこで，こうしたリスクに事前に備えるべく，中央政府は自ら経済的な負担を負ってPWLBを運営し，またその機能を拡充して，地方自治体の長期資金の調達を支援し，地方自治体の債務構成の適切化を図った。こうした中央政府の政策的な意図が，とりわけ1960年代から1970年代にかけてのPWLB改革の背景にあった最たるものであった。

確かに，サッチャー保守党政権下で行われたPWLBの融資機能の拡充は，先述の通り金融政策の一環として実施されたものであり，地方自治体による地方債の発行に対する支援を主眼としたものではなかった。それゆえ，この時期の融資機能の拡充の背景は，1970年代までのそれとは異なる。とはいえ，これは逆にいえば，1980年代の制度改革によって財政運営上の観点からみたPWLBの政策的な位置付けが根本的に変わったわけではないということでもある。むしろ，金融市場から資金を調達する際に地方自治体に生じるコスト負担が軽減されたことで，中央政府に偶発債務が生じるリスクの低下，言い換えれば地方財政の悪化に事前に備える政策手段としての性格の強化に，少なくとも結果としてつながったと捉えることもできる。

英国の中央政府はまた，地方自治体の財政状態の深刻化に対して事後的に対処するための政策手段としてもPWLBを活用してきた。このことは，地方債の全面的な引き受け，あるいは非割当融資制度の導入といったように形を変えながらも，PWLBが一貫して地方債市場における最後の貸し手としての役割を担ってきたことからも明らかである[29]。それゆえ，地方自治体は，仮に財政運営上のリスクが顕在化して，あるいはその懸念が高まって，民間金融機関などからの資金調達に窮したとしても，中央政府が代わってPWLBを通じて必要な資金を確保してくれるので，最低限の公共サービスの提供は継続できると期待できた。

---

29) PWLBの非割当融資制度の利用事例は必ずしも多くなかった。特に，1980年代には毎年度発行される地方債が融資枠割当制度のもとでほぼ全面的に引き受けられる方針とされると，非割当融資制度の存在は地方自治体にとって実質的にほとんど意味をもたなくなった。その結果，非割当融資制度は，1975年に3件の申請・融資の実施があったのを最後に，同制度が2003年度に廃止されるまでの間，全く利用されなかった。ただし，これは見方を変えれば，

以上を踏まえれば，英国の中央政府は，自らが地方財政に対して責任を共有する立場から，地方自治体の財政状態の悪化を事前に回避する，あるいは事後的に対処するために PWLB を創設・運営してきた，このように捉えることが妥当と考えられる。

III 先進諸国における公的支援重視モデルの現在

　公的支援重視モデルの地方共同資金調達機関，特に上位政府が自ら無償で創設・運営する垂直的な政府系金融機関型のものは，英国以外の先進諸国にもかねてより存在する。そこでは大方，英国の場合と同様に，上位政府が地方財政運営に責任を共有する立場から，金融市場からの資金調達を支援するための政策手段とされてきたと考えてよい。しかし，地方分権化が国際的な潮流となる中で，あるいは金融市場の自由化につれて，垂直的な政府系金融機関型に属する地方共同資金調達機関の位置付けは概して低下しつつある。すでに廃止されているものも少なくない。

　例えば，フランスでは1980年代初頭まで中央集権的な地方財政制度が採られ，そのもとで地方自治体の金融市場からの資金調達に関しても，中央政府が厳しい統制を行っていた[30]。こうした中，中央政府は，自らが発行の許可を与え，かつ調達資金の使途事業が補助金の給付対象である地方債については，地方自治体が低利・長期で発行できるよう支援する仕組みを整備していた。預金供託公庫（Caisse des Dépôts et Consignations, CDC），あるいは CDC が1966年に創設した地方公共設備投資援助公庫（Caisse d'Aide àl'Equipement des Collectivités Locale, CAECL）がこれに相当する。特に CAECL は，自ら長期の債券を発行して調達した資金を，国内の地方自治体向けに

　　非割当融資制度がそれまで果たしていた役割が融資枠割当制度に引き継がれたと捉えることもできる。いずれにせよ，中央政府が万が一のリスクに備え，財政状態が深刻化した地方自治体の資金調達を支援する役割を PWLB に担わせていたことには変わりない。

30）フランスの地方債制度・市場，特に CAECL やデクシアについて詳しくは，青木（1990）・（1996），林（2007）・（2011）など参照。

専門的に貸し付けていた。そこでの貸付金利は，各地方自治体が金融市場に直接アクセスして資金を借り入れる場合に比べて総じて低く抑えられ，これに伴う CAECL の事業コストは中央政府によって無償で負担されていた。フランスの地方債市場における CDC・CAECL の市場シェアは，1980年頃まで合計で7割前後の水準を概ね維持していた。

　しかし，1980年代に入って地方分権改革や金融市場の自由化が本格的に推し進められると，CAECL などによる地方自治体向けの低金利での融資制度は廃止された。また，地方債市場の自由化に向けて，CAECL は1987年に民営化され，クレディ・ロカール・ド・フランス（Crédit local de France, CLF）となった。CLF の株式は，当初は中央政府や CDC によって過半が保有されていたものの，順次売却された。これが，後のデクシア・グループ（Dexia SA）の誕生につながった[31]。

　フランスのほか，わが国では2001年度の改革などを経て，財政投融資制度による地方自治体向けの融資は，急速にその規模を縮減している（前掲図1-2）。また，政府保証債を発行して調達した資金を地方自治体に専門的に融資していた旧公営企業金融公庫も，政府系金融機関の統廃合改革によって廃止された（第6章）。ノルウェーでも，地方共同資金調達機関（旧ノルウェー地方自治体銀行（Norges Kommunalbank））に対する中央政府の無償での出資や政府保証の提供を廃止する制度改革が行われた（第5章）。さらにドイツでは，州立銀行や貯蓄銀行が地方債を担保とする債券である

---

31) デクシアは，2008年9月のリーマン・ショック以降のグローバル金融危機により2008年と2011年の2回，フランス・ベルギー・ルクセンブルク政府による公的支援を受けた。これにより，同社の事業は大幅な再編を余儀なくされ，地方自治体向け融資事業についてはフランス政府，および政府系金融機関に継承されることとなった。フランス政府（75％）・CDC（20％）・フランス郵政公社（La Poste, 5％）の共同出資による SFIL（Société de Financement Local）の創設や，2013年の SFIL によるデクシア・ミュニシバル・エージェンシー（Dexia Municipal Agency, DMA）の買収を通じた，地方債を担保とするカバード・ボンドの発行機能の取得などは，その一環として実施された措置である。確かに，こうした動きはフランスの地方債市場で高い位置付けを占める地方共同資金調達機関の民間金融機関型から政府系金融機関型への回帰と捉えることも可能である。しかし，デクシアをめぐるこれまでの措置は，フランス政府が積極的に推し進めた政策というよりは，グローバル金融危機による深刻な影響を受けてやむをえず講じた臨時措置という側面が強いように思われる。

カバード・ボンドを資本市場からの資金調達手段として積極的に活用することで，国内最大の地方債保有者としての地位を得てきたが，2000年代前半に公的保証が撤廃され，公的支援重視モデルとしての性格を弱めることとなった[32]。

このように，かつては，特に中央集権的な地方財政制度を採る単一制国家において，公的支援重視モデルの地方共同資金調達機関，とりわけ中央政府が直接的に創設・運営に携わる垂直的な政府系金融機関型が広く普及していた。しかし，地方分権改革の進展や金融市場の自由化に向けた動きなどを背景に，先進諸国の地方債市場ではもはや，政府系金融機関型（垂直型）は主流でなくなりつつある。今日の欧米先進諸国において，政府系金融機関型（垂直型），ないしより広く公的支援重視モデルの地方共同資金調達機関がなお高い位置付けを維持しているのは，依然として中央集権的な財政制度を維持している英国に限られている。その意味で，本章で取り上げた PWLB の事例は国際的にも希有なものと評価できる。

もっとも，こうした状況は必ずしも地方共同資金調達機関そのものの重要性が低下しつつあることを意味しない。むしろ，先進諸国では地方共同資金調達機関の新たな制度設計のあり方が模索されており，また従来とは異なる政策的な役割が期待されつつある。それは，地方自治体の事業や財政運営全般に対して責任を共有する立場からではなく，金融市場へのアクセス機会の公平性を確保するための政策手段として地方共同資金調達機関を創設・運営するという考え方である。こうした役割は，地方分権化の進展につれていっそう重要性が増すものと考えられ，また実際にこうした背景から地方共同資金調達機関の新たなモデル，すなわち市場競争重視モデルの位置付けが高まりつつある。次章以降では，こうした新たな動向について検討していく。

---

32) ドイツの地方債市場について詳しくは，三宅（2008 b）など，カバード・ボンドについては，林（2008）など，ドイツの州立銀行・貯蓄銀行については，斎田（2008）など，それぞれ参照。

第4章

究極の市場競争重視モデルとしての民間地方共同資金調達機関
米国金融保証（モノライン）保険の事例を中心に

I はじめに

　地方政府の金融市場からの資金調達コストの負担を軽減する政策手段として，地方共同資金調達機関は有効に機能する可能性をもっている。そして，これを上位政府などが経済的な負担を負って公的支援重視モデルとして創設・運営するというのは，第3章でみたように一つの方法ではある。しかし，地方債市場において地方共同資金調達機関どうし，あるいは地方共同資金調達機関と他の金融機関との間で競争を促すことも，もう一つの方法として考えられる。地方債市場で様々な金融機関が事業を行い，その間で競争が展開されると，顧客である地方政府に提供される金融サービスは量・質両面で向上が促される。そうなれば，地方債を発行する地方政府の負担がよりいっそう軽減されるものと期待できる。このように，地方債市場における健全な競争を創出・維持し，その恩恵を地方政府に最大限還元するための制度インフラとして地方共同資金調達機関を位置付けることも可能であろう。そして実際，このような市場競争重視モデルの地方共同資金調達機関は，先進諸国に存在する。本章と次章では，これについて検討を行う。

特に本章では，市場競争重視モデルの究極的な存在ともいえる民間金融機関型の地方共同資金調達機関を取り上げる。これは，政府が一切，その事業運営に経済的な関与をもたず，民間の経済主体が自らの利益の最大化を目的として創設・運営している類型である。ここでは，米国の金融保証（モノライン）保険を具体事例とする。

　そもそも金融保証保険とは，債券・証券化商品の元利払いが債務者によって期日通りに行われない場合に，債券などの保有者に経済的な損失が及ばないよう，保険会社が無条件に保険金を支払い，元利払いを立て替えることを，保険会社側からは取り消せない形で約した保険契約のことである[1][2]。州・地方政府にとっては，地方債を発行する際に金融保証保険を購入することで，地方債の安全性が向上し，投資家から要求される信用リスク・プレミアムの引き下げによる起債コストの抑制が期待できる。

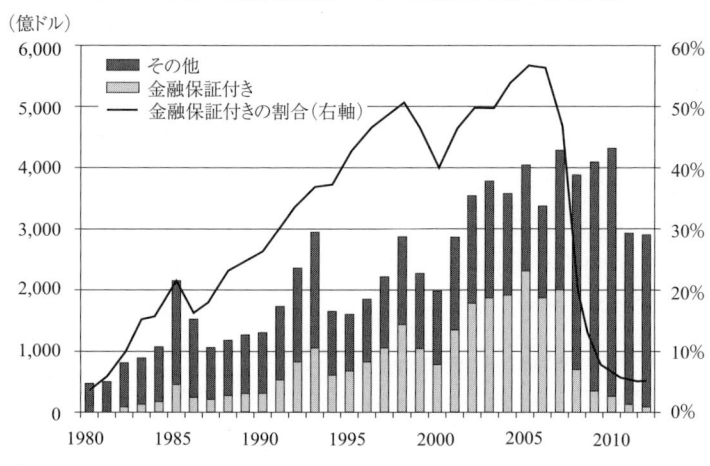

図4-1　米国の地方債発行額の推移と金融保証保険の活用状況

（出所）*The Bond Buyer/Thomson Reuters Yearbook* などより，作成

1）1989年施行のニューヨーク州保険法第69条は，金融保証保険を提供する保険会社が他の保険業務を行うこと（マルチライン）を禁じている。それゆえ，金融保証保険はモノライン保険ともよばれる。

2）金融保証保険の商品性・規制について詳しくは，茶野（1996）や日本政策投資銀行（2004）参照。

第4章 究極の市場競争重視モデルとしての民間地方共同資金調達機関

　米国では，1970年代より30年以上にわたって，多くの州・地方政府が地方債の発行に際して金融保証保険を利用してきた（図4-1）。1990年代後半には，米国で発行される地方債のおよそ半分で金融保証保険が利用される状況となっていた。本章の前半では，金融保証保険の本質的な金融機能に注目し，それが他の先進諸国でも地方債市場の制度インフラとして広く普及する地方共同資金調達機関としての役割であることを指摘する（第Ⅱ節）。あわせて，米国ではなぜ，地方共同資金調達機関が他国にはみられない保険という形を採ったのかという点も含め，金融保証保険の誕生・普及の歴史的な過程を考察する[3]（第Ⅲ節）。

　本章の後半では，2007年後半以降のサブプライム・ローン問題に端を発する米国金融市場の不安定化によって，金融保証保険が実質的にその機能を喪失した事態について検討する。金融市場の混乱を受けて，それまで金融保証保険を提供してきた民間保険会社は総じて多額の損失を計上し，多くが壊滅的ともいえる状況に陥った。特に2008年に入って大手保険会社が続々と保証能力に対するAAA/Aaa格という評価を失い，市場の懸念要因として広く一般の関心を集めたことは，今日なお記憶に新しい。その後，事態はさらに悪化し，大手のアムバック（Ambac Assurance）とFGIC（Financial Guaranty Insurance Company）が経営破綻に至ったほか，市場から退出する動きも相次いだ。その一方で，州・地方政府の金融市場へのアクセスを可能・容易化する制度インフラとしての金融保証保険の役割が改めて注目され，これを再構築しようとする動きが起きたことも看過すべきではない。こうした一連の動向について検討する。

　最後の第Ⅷ節では，本章の内容を小括するとともに，本書の検討課題である地方共同資金調達機関のあり方への示唆について考察する。

3）わが国では，1990年代後半より米国の大手金融保証保険会社がわが国の損害保険会社と提携して本邦市場に進出する動きがみられた。2006年には，FSA（Financial Security Assurance）がわが国で保険業務を行う事業免許を取得した。しかし，これらはいずれも大きな成果に結び付くことなく，撤退を余儀なくされた。

II 地方共同資金調達機関としての金融保証保険

1. 州・地方政府への金融サービスの提供

　本節では，金融保証保険が地方債市場で果たす金融機能を検討し，地方共同資金調達機関の一種として金融保証保険を捉えることが可能なことを示す。

　改めて確認すると，地方共同資金調達機関は次の金融機能を果たす金融仲介機関と定義される。すなわち，地方政府（米国の場合は州・地方政府）への金融取引コストの軽減効果の還元，地方債市場における専門性の獲得，リスクの満期保有による金融取引の効率化，以上三つである。

　第一の金融機能である州・地方政府への金融取引コストの軽減効果の還元についてみると，金融保証保険会社は，主に信用リスクに関連する金融取引コストの軽減を図る。金融保証保険会社は，地方債の発行案件に携わってその元利償還の保証を引き受ける過程を通じて，数多くの地方債の信用リスクを保険ポートフォリオに組み入れる。それぞれの地方債がデフォルトする可能性は完全な相関関係にはないので，信用リスクのプール化によってリスクが個別的に顕在化する可能性は相互に相殺され，究極的にはほぼゼロとすることができる。こうした効果により，州・地方政府は安価な保険料の負担で，発行する地方債の元利償還の安全性を高めることが可能となる。実際には，金融保証保険会社が保証能力に対する格付けを高い水準で維持し，保証対象とする地方債の格付けをそれと同等に引き上げるという形で，こうした利点は提供されてきた[4]。

---

4) 2007年以前は，ほとんどの金融保証保険会社が保証能力に対する格付けの水準をAAA/Aaa格に維持していた。この時期を対象に，同じAAA/Aaa格の地方債でも金融保証保険の有無によって，また同じ金融保証保険付きの地方債でも，金融保証保険を利用しない場合の地方債そのものの信用力の水準によって，利回りには有意な格差が認められるとの指摘がある。例えば，Hsueh & Chandy（1989），Hsueh & Liu（1992），Peng（2002）など参照。

また，金融保証保険会社は保証案件を引き受ける際に，対象となる地方債が内包するリスクについての情報を収集・分析する。そこでは，地方債の元利払いが予定された期日通りに行われる可能性（タイムリー・ペイメント・リスク）とともに，仮にデフォルトした際の最終的な回収可能性（回収リスク）を重視した評価が行われる。金融保証保険会社が情報生産の役割を集約的に担うことで，規模・範囲の経済性の効果を追求できる。これにより，金融保証保険会社は格付けを利用しつつ，地方債の信用リスクをより的確に把握し，適切なリスク管理を行いながら地方債に保証を提供しやすくなる[5]。また，金融保証保険会社の仲介によってシグナリング効果が働き，金融取引の非効率化の一因となりうる情報の非対称性の問題の緩和も期待できる[6]。

　さらに，金融保証保険会社が保証を引き受けた地方債がデフォルトすれば，金融保証保険会社はその元利払いの負担を立て替えると同時に，州・地方政府からの資金の回収に努める。こうした過程が金融保証保険会社によって集約的に行われれば，再交渉の手続きも効率化され，金融取引の不完備性に伴う問題も軽減される[7]。

　金融保証保険会社は，このようにして地方債市場における金融取引コストの軽減を図り，その効果を州・地方政府に還元することを事業の主眼と

5）大手の金融保証保険会社は，保証を引き受ける債券・証券化商品の格付けを原則 BBB/Baa 格以上，通常は A 格以上に限っていた。また，証券化商品の場合には，優先的な返済が行われるスーパー・シニア部分やシニア部分に対する保証が基本とされていた。ただし，後発・中堅規模の金融保証保険会社の中には差別化の一環として格付けの低い債券・証券化商品の保証業務に注力していたところもあった。ACA フィナンシャル・ギャランティ（ACA Financial Guaranty）は，その典型である。
6）金融保証保険のシグナリング効果については，Kidwell, Sorensen & Wachowicz Jr. (1987), Thakor (1982) 参照。
7）例えば，ペンシルバニア州ハリスバーグ市では，2010年に市の公社（Authority）の財務状態が悪化し，多額の偶発債務が顕在化した。この事態に対して，金融保証保険会社のアシュアード・ギャランティ（Assured Guaranty）は，保険契約に従って公社が発行する地方債（レベニュー債）の元利払いを立て替えるとともに，公社，および同債券に債務保証を提供していたハリスバーグ市と，数年にわたって債務調整の交渉を進めた。本件が2013年に，連邦倒産法第9章を利用することなく，債権者の権利変更を含んだ包括的な財政再建の計画の決定に至った一因として，再交渉の手続きを集約的・専門的に担った金融保証保険会社の存在を挙げることができよう。詳しくは，三宅（2014）参照。

している。よって，金融保証保険会社は州・地方政府と直接的・個別的な接点をもって金融サービスを提供する一方で，（機関）投資家とはそうした関係を有さない[8]。

2. 地方債市場における高い専門性

また，金融保証保険は，理論的には様々な債券・証券化商品を保証対象とすることができる。しかし，米国の金融保証保険会社は実際のところ，これまで一貫して地方債の保証業務を事業の中核とし，経営資源を集中的に投入してきた（後掲図4-5）。これは，地方共同資金調達機関としての第二の金融機能である，地方債市場に特有の参入コストを積極的に負担し，専門性を備えることを企図したものと捉えられる。

一般的に金融仲介機関にとって地方債市場での金融取引の仲介は，民間企業への貸付業務などとは性格が異なる。地方債の元利償還の原資は，一般財源保証債の場合には州・地方政府の歳入一般，レベニュー債の場合には州・地方政府が行う事業からの料金収入など特定の財源となるが，いずれにせよそのキャッシュ・フローの流れは特有である[9]。また，債務者からの情報開示も，米国では目論見書の作成が実質的に原則義務付けられているとはいえ，会計基準，あるいは信用リスクの評価に際して重視すべき情報は，民間企業の場合と大きく異なる[10]。それゆえ，金融仲介機関が地方債市場に参入する際に負担を要するコストは必ずしも低いとは言い切れない。

金融仲介機関としては，地方債市場に特有の参入コストを極力負担せず，他で活用している経営資源を可能な限り援用するという選択もありう

---

8)（機関）投資家が，保有する債券・証券化商品に対して金融保証保険会社から保証を受けることも可能ではあるが，実際にこうしたことが行われることは稀である。
9) 米国で発行される地方債は一般財源保証債とレベニュー債に分かれる。これについては第Ⅲ節で改めて触れる。
10) 米国では，州・地方政府が適切に情報を開示すると合理的に期待できない限り，証券会社は地方債の引き受けを原則禁じられている（1934年証券取引法（Securities Exchange Act of 1934）規則15c2-12）。それゆえ，州・地方政府は実質的に目論見書の作成義務を負っているといってよい。詳しくは，稲生（2003），沼田・三宅（2007 a），三宅（2009 a）など参照。

る。しかし，金融保証保険会社は，こうした参入コストをむしろ積極的に負担することで，他の金融仲介機関にはない専門性を備え，州・地方政府にとってより付加価値の高い金融サービスの提供を図ってきた[11]。

このことを示唆する事例を挙げると，例えば，金融保証保険会社は地方債のリスクを評価・分析する専門の担当者を自前で揃え，その調査の質について社外から一定の評価を受けてきた[12]。また，大手金融保証保険会社のMBIAは，債券運用に注力する資産運用子会社を1991年に創設し，現在もカットウォーター・アセット・マネジメント（Cutwater Asset Management）という社名で傘下に有している。同社は，MBIAの地方債市場における専門性を活かして，州・地方政府を主要顧客としている。

3. 地方債の信用リスクの満期保有

さらに，金融保証保険会社は地方共同資金調達機関の第三の金融機能として，一旦保証案件を引き受けると，その保証対象の信用リスクを満期保有する。つまり，金融保証保険の契約は，被保険者である州・地方政府の側からは中途解約できても，金融保証保険会社の方から契約を解消することは原則的にできないのである。もっとも，金融保証保険会社は保険案件を引き受けた後，再保険を利用して他の保険会社などにリスクを移転することも可能ではある。とはいえ，地方債の保証業務で実際に再保険が利用されることはそう多くない。少なくとも，州・地方政府から引き受けた信用リスクを再保険で移転し，その仲介で利ざやを稼ぐというビジネス・モデルを採っているわけではない。

---

11) 地方債市場の参入障壁の一つとなる情報開示の問題に関して，Gore, Sachs & Trzcinka（2003）は，金融保証保険が州・地方政府による情報開示を代替する効果をもつことを，実証分析を通じて指摘している。
12) Smith's Research & Ratings は米国の地方債市場の調査・分析に携わるセルサイドとバイサイドの双方のクレジット・アナリストのランキングを，セクターごとに毎年発表している。そこでは，大手金融保証保険会社のアナリストも上位に名前を連ねている。企業別ランキングでも，2001年から2005年の5年間でFSAが2回，MBIAが1回，上位10社の中に入った。また，投資銀行などによる金融保証保険会社のアナリストの引き抜きも，これまでしばしば行われてきた。

それゆえ，金融保証保険会社には，保証する地方債の信用リスクに関する事前・期中・事後の情報収集・分析を一貫して積極的に行おうとする動機付けが強く働く。その結果，規模・範囲の経済性の効果によって情報生産コストが抑えられるとともに，情報の非対称性の問題の緩和を図ることが容易になると考えられる[13]。

　実証研究でも，こうした効果の存在を示唆する結果が示されている。例えば，地方債など債券・証券化商品の信用リスクに関して情報生産を専門的に行っているという点では，格付機関も同様である。ただし，格付機関の場合，信用リスクを自ら引き受けてはいない。金融保証保険会社と格付機関を比べると，金融保証保険会社のリスク評価は，格付機関と比べて正確性が高いとされる[14]。

Ⅲ ┃ 米国地方債市場における普及の歴史的要因

　このように，金融保証保険の金融機能に注目すると，地方債そのものを引き受けるノンバンクか，地方債が内包する一部のリスクのみを引き受ける保険かという形態の違いこそあれ，米国の金融保証保険（会社）は先進諸国で広く普及する制度・機関である地方共同資金調達機関の一つと捉えられることがわかる。本節ではこうした理解を踏まえ，1970年代から1980年代にかけて米国の州・地方政府の間で金融保証保険の利用が広まった背景を検討する[15]（表4-1）。

---

13) 2007年後半以降の米国金融市場の混乱の一因に，証券化商品市場でのOTD（Originate to Distribute）モデルの問題が指摘されていることを踏まえても，この効果は重視すべきと思われる。詳しくは第2章注15参照。
14) Bergstresser, Cohen & Shenai（2010），Liu（2011）参照。
15) 金融保証保険を対象とした先行研究を振り返ると，金融保証保険の利用による地方債の発行コストの軽減効果の大きさ，およびその規定要因の定量的な評価が研究の多くを占める。その主要なものについては前節で触れた通りである。一方で，米国の地方債市場における金融保証保険の普及の要因を歴史的・制度的な観点から考察した本格的な研究は，私見の限り

第4章　究極の市場競争重視モデルとしての民間地方共同資金調達機関

表4-1　金融保証保険業界の歴史（2007年まで）

	大手金融保証保険会社の個別動向	金融保証保険業界の動向	関連分野の動向
1971	住宅ローン保険会社大手のMCIGインベストメント，アメリカン・ミュニシパル・ボンド・アシュランスを創設（アムバックの前身）。米国初の金融保証保険案件の組成。		
1973	大手保険会社4社，ミュニシパル・ボンド・インシュランス・アソシエーションを創設（MBIAの前身）。		
1974	MBIA，S&PよりAAA格を取得（金融保証保険会社として最初）。		
1975			ニューヨーク市，財政危機。
1979	アムバック，S&PよりAAA格を取得。		
1983	FGIC，創設。		WPPSS，発行債券がデフォルト。
1984		ムーディーズ，金融保証保険付き証券に対する格付けの方針を変更。保険による元利払いの保証も格付けの水準に反映する方針へ。	
1985	・アムバック，シティコープの傘下入り。 ・FSA，証券化商品保証事業専門の保険会社として創設。		
1986	・ミュニシパル・ボンド・インシュランス・アソシエーション，現在のMBIAへ。金融保証保険事業に特化する保険会社へ。 ・FGIC，株式公開。	業界団体AFGI，創設。	
1987	MBIA，株式公開。		
1988	キャピタル・リインシュランス，金融保証再保険会社として事業開始（アシュアード・ギャランティの前身）。		
1989	ジェネラル・エレクトリック（GE），FGICを買収。	ニューヨーク（NY）州保険局，保険法第69条制定。	
1990	FSA，地方債保証事業を開始。		
1991	アムバック，株式公開。シティコープが51%株式の放出。翌年には残りの株式も放出。		
1994	FSA，株式公開。		カリフォルニア州オレンジ郡，財政破綻。
1995	MBIAとアムバック，MBIA-アムバック・インターナショナルを共同設立。海外事業での連携を図る。		
1997	アムバック，コニー・リーを買収。	NY州保険局，実質的にCDSを通じた金融保証保険の提供を金融保証保険会社に認める方針を表明。	
1998			アレゲニー健康教育調査基金，発行債券がデフォルト。
1999		NY州保険局，金融保証保険会社による実質的なCDSを通じた金融保証保険の提供に関して見解を表明。	
2000	・MBIA-アムバック・インターナショナル，事業規模を大幅縮小。 ・FSA，欧州地方債関連事業大手のデクシアの傘下入り。		
2003	・GE，住宅ローン保険会社のPMIグループとプライベート・エクイティ・ファンド3社から成る投資グループにFGIC株95%を売却。 ・アシュアード・ギャランティ，金融保証保険部門や金融保証再保険部門を子会社として抱える持ち株会社として再編・創設。		
2004	・MBIA，再保険会社Channel Reを創設。 ・アシュアード・ギャランティ，株式公開。	NY州保険局，金融保証保険会社による実質的なCDSを通じた金融保証保険の提供に関わる保険法第69条の改正を実施。	

（出所）各種資料より，作成

1．米国地方債市場における伝統的な銀行機能の低下

（1） 1970年代以降の銀行の経営環境の変化

　米国の州・地方政府による金融保証保険の利用には30年超の歴史がある。1971年，住宅ローン保険会社大手のMCIGインベストメント（MCIG Investment）が，金融保証保険を提供する子会社としてアメリカン・ミュニシパル・ボンド・アシュランス（American Municipal Bond Assurance）を創設した。そして同年，アラスカ州ジュノーが同社から金融保証保険を購入して一般財源保証債を発行したのが，米国における金融保証保険付き地方債の最初の発行事例とされる。

　金融保証保険が登場した1970年代，米国の地方債市場では，資金余剰主体からの資金調達から資金不足主体への貸し付けに至る金融取引の過程を

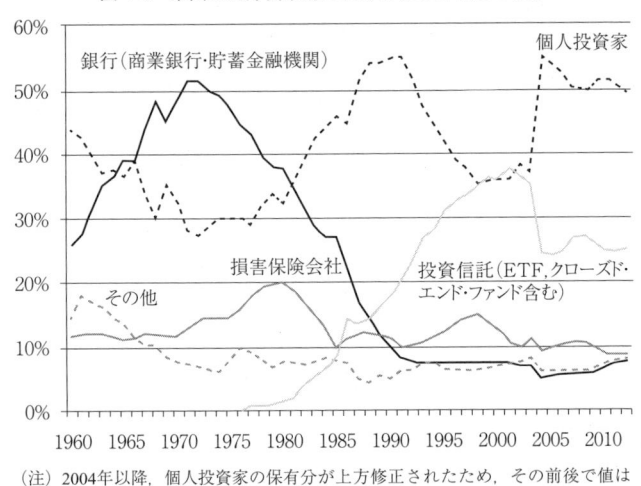

図4-2　米国の地方債市場における保有者構造の推移

（注）2004年以降，個人投資家の保有分が上方修正されたため，その前後で値は連続しない。
（出所）FRB, *Flow of Funds Accounts* より，作成

　ほとんど見受けられない。Justice & Simon（2002）なども，事実の簡潔かつ羅列的な言及にとどまり，各要因が金融保証保険の普及に果たした役割が明確には根拠付けられていない。また，本書のように欧州先進諸国やわが国の地方共同資金調達機関の事例の存在を視野に入れた検討でもない。

商業銀行が一手に引き受けるという伝統的な銀行機能の位置付けが急速に低下しつつあった。これは、地方債の保有者構造の推移に端的に表れている（図4-2）。銀行の市場シェアは1960年代には上昇傾向にあり、1972年には51.5％と過半に至った。しかし、その後状況は反転し、銀行の保有割合は1980年代にかけて急落した。1990年代以降も同比率が回復することはなく、今日まで1桁パーセント台後半の水準をおおよそ維持している。

　伝統的な銀行機能の減退は当時、米国の金融市場一般でみられた動向であったが、これは預金金利規制の存在によるところが大きい[16]。米国では1933年銀行法（Banking Act of 1933）によって要求払い預金に対する付利が禁止された。また、定期預金については、上限金利を規制する権限が連邦準備制度理事会（Board of Governors of the Federal Reserve System, FRB）に認められた[17]（レギュレーションQ（Regulation Q））。こうした預金金利規制は、銀行間の過当競争を抑えて銀行の財務状態の健全性を安定的に維持することを目的としたもので、実際に1960年代頃までは基本的に円滑に機能していた。

　しかし、1970年前後よりインフレ傾向が強まって市場金利が上昇局面を迎えると、それにも関わらず、預金金利規制で設定される上限金利がこれに追い付かない状況となった。また、1971年には、財務省短期証券や定期預金証券など短期証券で運用される投資信託であるMMF（Money Market Fund）が登場した[18]。MMFは、預金保険がある銀行預金と異なって元本保証はないものの、安全性を特に重視した運用が行われ、かつ毎日換金可能な金融商品である。しかも、利回りに対する上限規制はなく、市場金利を追求することができ、1970年代には預金を上回る利回りを家計に提供で

---

16) 伝統的な銀行機能の役割の低下と、新たな金融仲介機関の台頭について詳しくは、Allen & Gale (1995)・(1997), Allen & Santomero (1997)・(2001), Edwards (1993)・(1996) など参照。
17) 1933年当時、定期預金の上限を設定する権限は、FRBの前身の連邦準備局（Federal Reserve Board）に与えられた。同権限は1935年銀行法（Banking Act of 1935）によってFRBが継承することとなり、連邦準備制度法（The United States Code of Federal Regulations）のレギュレーションQで成文化された。
18) MMFの誕生・普及について詳しくは、Fink (2008), Nocera (1995) など参照。

きた。さらに，1977年には大手投資銀行のメリルリンチ（Merrill Lynch）が，高い決済機能を備えた証券総合口座である CMA（Cash Management Account）の提供を開始し，これに MMF を組み入れた。これによって，流動性資金の運用先としての MMF の魅力は大いに高まり，家計や事業会社は金利に上限のある預金から MMF に多額の資金を移した。

こうした事態を受けて，1970年代末頃より預金金利規制の緩和が推し進められた。1978年に銀行に対して市中金利連動型定期預金（Money Market Certificate, MMC）の提供が認められると，1980年には金融制度改革法（Depository Institutions Deregulation and Monetary Control Act of 1980）によってレギュレーション Q の段階的な廃止が決定され，1983年には予定よりも早く，定期預金の金利規制がほぼ全廃された。これによって，銀行は MMF に対抗して預金金利を引き上げ，預金流出を食い止めることが可能となった。しかし，同時に銀行の資金調達コストは，その分上昇した。

銀行は融資事業の分野でも，特に1980年代より苦境に立たされた。これは，ノンバンクやハイ・イールド債など銀行融資に競合する金融商品が普及したことや，中南米などの発展途上国（Less Developing Country）・LBO（Leveraged Buy Out）・不動産向け融資（Land）という「三つの L」とよばれるリスクの高い融資事業への進出が失敗に終わり，累増する不良債権の処理に追われるようになったことなどによる。

このように，米国の銀行は1970年代以降，預金を通じた資金調達や融資事業をめぐる環境の変化に直面し，収益性の低下，業態の変容を余儀なくされた。その結果，米国の金融市場では，伝統的な銀行機能を介した金融取引から資本市場を通じた金融取引へのシフトが進んだ。

（2）銀行の地方債離れの進行

もっとも，地方債市場における伝統的な銀行機能の位置付けの低下は，金融市場一般における傾向以上に顕著であった。これは1970年代以降，銀行が地方債への投資を次第に手控え始めたからである。実際，銀行資産に占める地方債の割合は，1960年代には上昇傾向にあったが，1971年の10.0

%から減少傾向をたどり，1990年代以降は約3％でほぼ横ばいとなった[19]。

銀行の地方債離れを促した第一の要因は，銀行にとって地方債の魅力が低下したことである[20]。特に1970年代については，レベニュー債の発行増の影響が大きかったと考えられる。米国で発行される地方債は，州・地方政府が保有する財源全てを元利払いの原資とする一般財源保証債と，特定事業の料金収入など州・地方政府の財源の一部に原資が限られるレベニュー債に分かれる。地方債の発行額に占めるレベニュー債の割合は，1970年代の十年間で34.3％から70.4％へと2倍以上に急増し，その後は現在まで6割から7割程度の水準を維持している[21]。銀行が引き受けることのできる地方債は，1933年銀行法によって一般財源保証債に概ね限られていた。そのこともあって，レベニュー債の発行増は銀行の地方債離れにつながった。

また，1980年代に断続的に行われた税制改革も，銀行の地方債保有にマイナスの影響を与えた。1970年代まで，銀行が地方債を保有する場合，その保有に要する資金の調達とみなされる預金について，支払利息の全額を損金算入することが認められていた。しかし，1982年税公平財政節度法（Tax Equity and Fiscal Responsibility Act of 1982）と1984年財政赤字削減法（Deficit Reduction Act of 1984）という二つの税制改革により，損金の算入対象は支払利息の85％，さらには80％までとされ，規模が縮小された。そして，1986年租税改革法（Tax Reform Act of 1986）によって，支払利息を損金算入することがそもそも原則的に不可能となった[22]。これにより，銀行の地方債への投資意欲はさらに減退した。

---

19) FRB, *Flow of Funds Accounts* より算出。
20) 秋山（1990）・（2002）参照。
21) *The Bond Buyer/Thomson Reuters Yearbook* より算出。
22) ただし，1年間の起債額が1千万ドル以下の発行体が発行する地方債（Bank Qualified Bond）については，銀行が保有する場合，そのために要する資金の調達とみなされる預金の支払利息の80％を損金算入することが認められている。同規定は，第Ⅵ節でも触れる米国再生・再投資法（American Recovery and Reinvestment Act of 2009）によって，2009・2010年の2年間の発行分については Bank Qualified Bond の範囲が一時的に広げられ，一年間の起債額が3千万ドル以下の発行体が発行する地方債とされた。

銀行の地方債離れの第二の要因には，証券化商品市場の発展が挙げられる[23]。米国では1980年代より政府抵当金庫（Government National Mortgage Association, Ginnie Mae），あるいはファニーメイ（Federal National Mortgage Association, Fannie Mae）やフレディマック（Federal Home Loan Mortgage Corporation, Freddie Mac）といった政府後援企業（Government Sponsored Entity, GSE）がエージェンシー MBS（Agency MBS）とよばれる不動産担保証券（Mortgage-backed Securities, MBS）の発行を本格化させた（後掲図4-6）。エージェンシー MBS は，そもそも安全性に関する一定の基準を満たす住宅ローンのみを原債権とする証券化商品である。また，連邦政府が保有する政府抵当金庫や，民営とはいえ事業の公的性格や規模の大きさなどから暗黙の政府保証を受けているとされる住宅系 GSE が，その元利払いを保証している。こうしたことから，エージェンシー MBS の安全性は比較的高いとされる。加えて，財務省証券に比べて利回りが一般的に高いこともあり，エージェンシー MBS は安全性を比較的重視する銀行にとって魅力の高い債券と捉えられた。これにより，銀行の債券投資の運用先は，証券化商品市場の発展とともに地方債からエージェンシー MBS へと徐々にシフトしていった。銀行の保有資産に占めるエージェンシー関連債券（政府抵当金庫・GSE 社債や保証 MBS など）の割合は，1970年の2.8％から1980年には5.7％，1990年には11.7％と，地方債とは対照的に上昇した[24]。

2．地方債市場の金融取引コストの上昇

　一方で1970年代以降，地方債市場の金融取引コストは上昇しつつあった。その一因は，先述したレベニュー債の発行増である。レベニュー債の償還財源は，発行体である州・地方政府が有する特定の財源とされ，具体的には調達資金の使途事業の料金収入とされることが多い。州・地方政府は，上下水道事業や教育事業，病院事業など，様々な事業の資金調達手段としてレベニュー債を発行している。事業の収益性やキャッシュ・フロー

23）山田（1991）参照。
24）注19参照資料より算出。

の安定性は個別性が高いゆえ，レベニュー債のリスク，特に信用リスクの把握は一般財源保証債と比べて一般的に難しく，発行体と投資家の間の情報の非対称性もより大きくなると考えられる。その結果，1970年代以降のレベニュー債の発行増によって地方債の発行条件が多様化し，取引コストは上昇した。

また，地方債の信用リスクに対する投資家の懸念を喚起する契機となる事態が断続的に生じるようになったのも，この時期からであった。1970年代に入ると，米国経済は「黄金の60年代」ともよばれた好景気から一転し，第一次石油ショックなどを契機とした失業率と物価上昇率の同時上昇というスタグフレーションにより，経済環境が悪化した。州・地方政府の財政運営も新たな局面を迎え，財政状態が深刻化するところがでてきた。その典型が1975年に表面化したニューヨーク市の財政危機である。その後，例えば1983年のワシントン公共電力供給システム（Washington Public Power Supply System, WPPSS）のレベニュー債のデフォルト，あるいは1990年代半ばのカリフォルニア州オレンジ郡の財政破綻など，注目される地方債のデフォルト事例が断続的に発生した。もちろん，それまでにも地方債のデフォルトや地方財政破綻がなかったわけではない[25]。しかし，ニューヨーク市などのように財政規模が大きく，知名度も高い地方政府の財政危機，あるいは発行する地方債のデフォルトは，地方債一般に対する投資家の懸念を高め，地方債の取引コストの上昇につながったと考えられる。

3．新たな金融仲介機関に対する期待に応えた金融保証保険

このように，1970年代より米国では，金融市場一般で伝統的な銀行機能の位置付けが低下するとともに，銀行の地方債離れが進んだ結果，地方債

---

[25] 大手格付機関のムーディーズ（Moody's Investors Service）が格付けを付していた地方債のうち，デフォルトに至った事例は，1970年から2011年までに71件にのぼる。Moody's（2012 a）参照。なお，大手格付機関から格付けを得る地方債は，比較的信用力が高い場合が多いとされる。また，地方債のデフォルトと地方財政破綻の関係について詳しくは，三宅（2014）など参照。

市場で銀行が果たす役割は大幅に縮小した。しかし，このことは州・地方政府と投資家との直接的な金融取引の活発化を必ずしも意味しなかった。それは，他方で地方債市場における金融取引コストが上昇したからである。それゆえ，州・地方政府の金融市場からの資金調達を支援する新たな金融サービスに対する潜在的な需要が，必然的に強まった。こうした期待の高まりが，地方共同資金調達機関の創設を促した（図4-3）。

しかしそこで，地方債の免税債としての特徴が，地方共同資金調達機関の形態に大きな影響を与えた。米国では地方債の保有を通じて得られる利子所得は，基本的に連邦所得税の課税を免除される。加えて，投資家が居住する州内の州・地方政府が発行する地方債については，州所得税が免除されることも多い。地方共同資金調達機関には，こうした地方債の免税債としての特徴をそのまま投資家に提供できることが事実上求められることとなる。

これは，わが国や欧州先進諸国で一般的なノンバンク型の地方共同資金調達機関を米国で創設・運営する場合，同機関も免税債を発行できる権限をもつ必要があることを実質的に意味する（図4-4）。というのも，こうした権限がなければ，地方共同資金調達機関が発行する債券に対して，投資

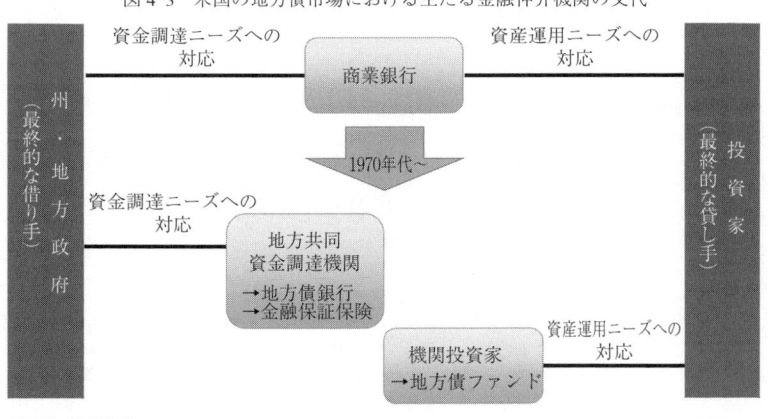

図4-3　米国の地方債市場における主たる金融仲介機関の交代

（出所）筆者作成

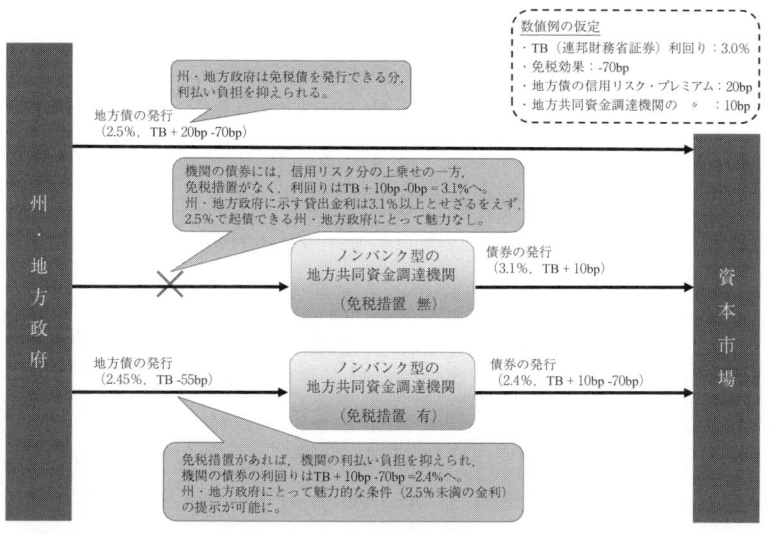

第4章　究極の市場競争重視モデルとしての民間地方共同資金調達機関

図 4-4　米国におけるノンバンク型地方共同資金調達機関の創設の困難さ（数値例）

数値例の仮定
・TB（連邦財務省証券）利回り：3.0%
・免税効果：-70bp
・地方債の信用リスク・プレミアム：20bp
・地方共同資金調達機関の〃　　：10bp

州・地方政府は免税債を発行できる分、利払い負担を抑えられる。

地方債の発行
(2.5%, TB + 20bp -70bp)

機関の債券には、信用リスク分の上乗せの一方、免税措置がなく、利回りはTB + 10bp -0bp = 3.1%へ。
州・地方政府に示す貸出金利は3.1%以上とせざるをえず、2.5%で起債できる州・地方政府にとって魅力なし。

ノンバンク型の地方共同資金調達機関（免税措置 無）

債券の発行
(3.1%, TB + 10bp)

地方債の発行
(2.45%, TB -55bp)

ノンバンク型の地方共同資金調達機関（免税措置 有）

債券の発行
(2.4%, TB + 10bp -70bp)

免税措置があれば、機関の利払い負担を抑えられ、機関の債券の利回りはTB + 10bp -70bp =2.4%へ。
州・地方政府にとって魅力的な条件（2.5%未満の金利）の提示が可能に。

州・地方政府　　資本市場

（注）括弧内は債券の金利（利回り）を示す。各値は数値例であり、実際のものではない。
（出所）筆者作成

家は課税を織り込んだ利回りを要求する。そうなれば、地方共同資金調達機関の資金調達コストはその分上昇し、同機関から州・地方政府への貸付金利にもこれが反映されることとなるからである。州・地方政府としては、自らが直接的に資本市場にアクセスすれば免税債として地方債を発行できる以上、このような地方共同資金調達機関を利用する利点は小さくならざるをえない。

　ノンバンク型の地方共同資金調達機関を連邦政府や民間の経済主体が創設・運営するとなれば、発行債券が「地方債」とみなされず、免税措置を受けるための適格要件を満たし難くなる。その結果、米国におけるノンバンク型の地方共同資金調達機関は、州・地方政府が創設・運営するものに限られることとなった。これが地方債銀行(Municipal Bond Bank, State Bond Bank)であり、1970年のバーモント地方債銀行（Vermont Municipal Bond Bank）の誕生以降、1970年代に6州、1980年代に3州で創設された[26]。ただし、地方債銀行は出資主体が州政府であるという性格上、事業範囲は州

99

内に限られた。

　一方，地方共同資金調達機関が保険型，つまり金融保証保険（会社）という形態を採る場合，免税債としての地方債の特徴は，特に事業を制約する要因とならない。なぜなら，金融保証保険会社が州・地方政府に代わって地方債の元利払いを行っても，投資家は引き続き免税措置を受けることができる[27]。それゆえ，免税債を発行できる州・地方政府が支払う保険料を原資に金融保証保険会社が保険金を支払うことに関して，税制上の障害は特に生じないからである。

　しかも，特に1970年代末頃より，保険型の地方共同資金調達機関の創設に，民間の保険会社，特に損害保険会社が強い意欲を示し始めた[28]。損害保険会社は，言うまでもなく保険事業におけるリスク管理の専門性や経験を備えている。これに加えて，米国の損害保険会社はかねてより有力な地方債の保有主体であり，それゆえ地方債のリスク評価において一定の知見を有していたと考えられる（前掲図4-2）。こうした前提のもと，1970年代のインフレ局面入りによる資産運用環境の悪化，多額の保険金の支払い負担が生じる案件の頻発，相次ぐ新規参入による競争の激化により，損害保険業界の収益性は次第に低下した。こうした事態を受けて，損害保険会社の中には，次第に収益源の多様化を図って，地方債の保証業務に乗り出すところが出てきた[29][30]。

---

26) 地方債銀行について詳しくは，Humphrey & Maurice（1986），Robbins & Kim（2003），Zorn & Towfighi（1986）など参照。
27) Nanda & Singh（2004）参照。
28) 1989年のニューヨーク州保険法第69条の施行以前は，損害保険会社などマルチラインの保険会社が，子会社を通じて金融保証保険を提供することもしばしばあった。
29) Hirtle（1987）参照。Hirtle（1987）はさらに，金利の上昇によって保険負債の割引現在価値が低下したことが，損害保険会社による金融保証保険の提供を後押ししたと指摘している。
30) 金融保証保険市場の制度インフラの整備が進められたことも，金融保証保険の普及の一因として挙げられる。米国の保険規制は各州の保険局によって担われているが，全ての州保険局が加盟する全米保険監督官協会（National Association of Insurance Commissioners, NAIC）は1986年，金融保証保険に関する規定を打ち出した（Financial Guaranty Insurance Mode Act）。そして，全米で事実上，最も影響力を有する保険局であるニューヨーク州保険局が1989年，NAICの規定を参照して，ニューヨーク州保険法第69条を成立・施行させた。同制度はその後，金融保証保険市場を基本的に規定する制度として定着した。

このように，地方債の免税債という特徴，そして金融保証保険を提供できる民間の経済主体の登場を背景に，米国では金融保証保険が，全米規模で事業を展開する地方共同資金調達機関として高い位置付けを得ることとなった。

4．機関投資家としての地方債ファンド

なお，米国の地方債市場で，地方債を主な運用対象とする投資信託である地方債ファンドが誕生・普及したのが地方債銀行や金融保証保険と同じ1970年代以降であったことは，決して偶然ではない[31]。というのも，伝統的な銀行機能の役割が次第に低下する中で，上昇しつつあった地方債市場における金融取引コストの軽減を図る新たな金融仲介機関，ないし金融商品という点で，地方債ファンド（資産運用会社）は地方共同資金調達機関と同じだからである。地方共同資金調達機関は，金融取引コストの軽減効果を州・地方政府に還元するのに対し，地方債ファンドは機関投資家として，家計に金融サービスを提供し，投資家側の需要に応えたのである（前掲図4-3）。

地方債ファンドの組成・販売においても，地方債の免税債としての特徴は制約要因となりえた。しかし，この点については1976年税制改革法 (Tax Reform Act of 1976) によって，地方債ファンドを税制上は導管体とみなす措置が講じられたことで，課題が解消された。その結果，地方債ファンドは1970年代以降，家計による地方債保有を支援する金融商品として着実な普及過程をたどり，地方債市場における保有シェアも増加基調をたどった（前掲図4-2）。

31）地方債ファンドについて詳しくは，沼田・三宅（2007 b）参照。

Ⅳ 2000年代後半の金融不安定化が与えた影響

1. 1980年代後半以降の証券化商品の保証業務への進出

　米国の地方債市場では，1970年代より伝統的な銀行機能に代わる新たな金融仲介機関として地方共同資金調達機関が提供する金融サービスに対する需要が強まり，これを背景として金融保証保険が次第に普及することとなった（前掲図4-1）。

　しかし，2007年後半以降の米国サブプライム・ローン問題に端を発する金融市場の不安定化は，金融保証保険市場に深刻な影響を与えた[32]。地方債の発行額に占める金融保証保険付き地方債の割合は，2006年の56.7％から2007年には46.8％，2008年には一気に急落し18.5％，さらに2009年以降は一桁パーセントの水準に落ち込んでいる。

　その背景には，1980年代後半頃より金融保証保険会社が地方債の保証業務（以下，「PF（Public Finance）部門」）に加えて，証券化商品の保証業務（「SF（Structured Finance）部門」）に乗り出したことが，主因としてある。金融保証保険の引受残高の推移をみると，全体として金融保証保険の市場規模が2000年代半ばまで拡大傾向にあった中で，SF部門が特に引受残高を伸ばしたことが見て取れる（図4-5）。金融保証保険全体に占める米国SF部門の割合は，1995年の13.7％から2006年には26.0％へと，約十年でほぼ2倍となった。また，この間，米国外でも金融保証保険市場は拡大したが，そこでの保証業務の多くはSF部門のものであった。

　このようにSF部門が急拡大した背景には，民間金融機関による証券化

---

[32] 2007年後半以降の金融市場の不安定化が金融保証保険市場や米国の地方債市場に与えた影響については，Bergstresser, Cohen & Shenai（2010），Drake & Neale（2011），Martell & Kravchuk（2011），三宅（2008 a）などの先行研究がある。以下の論考は，こうした研究内容を踏まえつつ，関心を一歩超えて，州・地方政府の金融市場へのアクセス機会を確保する制度インフラを再構築しようとする一連の取り組みを含めて検討し，金融保証保険の今後の可能性に注目している点に特徴をもつ。

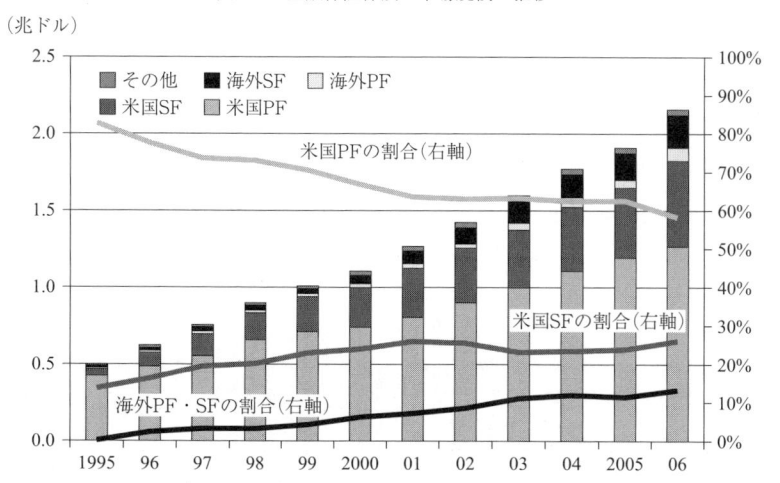

第4章　究極の市場競争重視モデルとしての民間地方共同資金調達機関

図4-5　金融保証保険の市場規模の推移

(出所) AFGI (Association of Financial Guaranty Insurers) 資料より，作成

商品の発行の増加がある。先述の通り，米国ではエージェンシー MBS の発行が1980年代より本格化し始めたことで，証券化商品市場の基盤が形成された。その素地の上に，同年代後半から民間金融機関による民間 MBS (Non-Agency MBS) や資産担保証券 (Asset-backed Security, ABS)，債務担保証券 (Collateralized Debt Obligation, CDO) などの組成・販売が徐々に拡大した (図4-6)。これらはエージェンシー MBS と異なり，原債権の安全性は必ずしも高くない。また，政府系金融機関である政府抵当金庫や，暗黙の政府保証を受けているとされる住宅系 GSE が元利払いを保証するわけでもない。それゆえ，民間 MBS などの組成に際しては安全性を高めるべく，しばしば外部から信用力の補完が求められた。金融保証保険会社はこうした需要に応えて，民間 MBS などの発行増にあわせて，地方債の保証業務と比べても保険料率が高い証券化商品の保証業務を本格化させた[33]。

---

33) 大手格付機関 S&P (Standard & Poor's Ratings Services) は，金融保証保険会社の保証業務ごとに，リスク調整を行った保険料率の加重平均値を算出している。この指標の2001年から2006年までの推移をみると，PF 部門の5〜8％に対して，SF 部門では8〜13％であった。S&P, *Global Bond Insurance 2007*参照。

図4-6 米国の証券化商品（MBS・ABS）の発行残高の推移

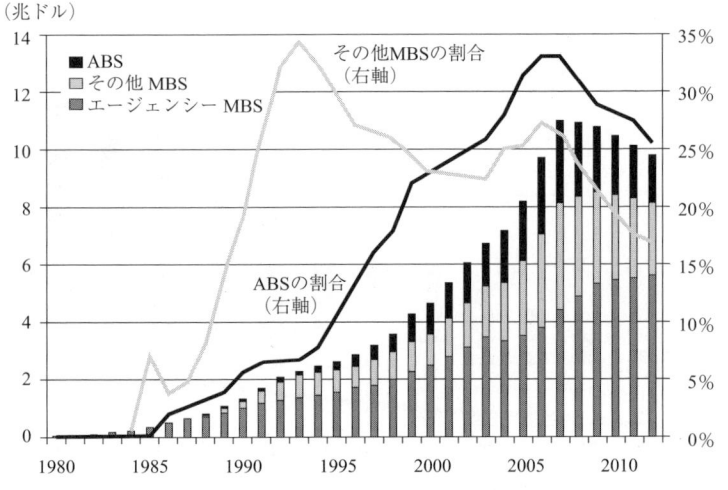

（出所）SIFMA（Securities Industry and Financial Markets Association）資料より，作成

　また，金融保証保険会社にクレジット・デフォルト・スワップ（Credit Default Swap, CDS）の活用が実質的に認められたことで，SF部門の拡大はいっそう促された。CDSとはクレジット・デリバティブの一種で，参照組織・参照債務にクレジット・イベントが発生するリスクに対するプロテクションを売買する取引である。具体的にいえば，ある企業（参照組織）が経営難に陥り，社債（参照債務）の元利払いが滞る（クレジット・イベント）というリスクが顕在化した際に，一定の金額を受け取れる権利（プロテクション）を売買するというのが，CDSの典型例となる。金融保証保険とCDSは，信用リスクを対象とした金融取引という基本的な機能は共通する。ただし，CDSの場合には，債券・証券化商品の発行体や保有者に限らず，誰でも自由に参照組織や参照債務を設定し，プロテクションの売り手，ないし買い手として取引を行える。また，CDS取引では，クレジット・イベントについても参照債務のデフォルトだけではなく，参照組織のバンクラプシー（破産など）や債務のリストラクチャリング（条件変更）など幅広く，ないし柔軟に設定できる。それゆえ，1997年にニューヨ

ーク州保険局が金融保証保険会社に対して，CDS取引を通じてプロテクションを売却することを実質的に認める方針を表明すると，金融保証保険会社はSF部門で，条件を柔軟に設定しやすいCDS取引を積極的に活用した[34]。

2. 2008年以降の金融保証保険会社の相次ぐ格下げ

　SF部門への事業シフトは，2000年代半ば頃までは金融保証保険会社の保険料収入の増加に貢献した。しかし，米国の住宅価格が2000年代後半より下落傾向に転じると，状況は大きく変わった。住宅価格の上昇を織り込んで組まれていた住宅ローンをはじめとする各種ローン債権の延滞・貸し倒れが増加し，これを原債権とする証券化商品の信用リスクが上昇したのである。その結果，金融保証保険会社は，当初の想定を大きく上回る保険金の支払いを余儀なくされる公算が高まった。

　この点を確認する上で，金融保証保険会社の保証能力に関する格付機関の見解は注目される。というのも，金融保証保険会社は自らの保証能力に対して格付機関から高い格付け，多くの場合はAAA/Aaa格の評価を受け，保証対象の債券・証券化商品もこれと同等に評価されるようにするという形で，格付けに大きく依存した事業を展開していた。それゆえ，金融保証保険会社のリスク管理においても自社の格付けを高い水準で維持することが一つの主要な目標とされるなど，金融保証保険会社にとって格付機関からの評価はきわめて重要な意味をもったからである。

　サブプライム・ローン問題の懸念が浮上し始めた当初，大手格付機関は金融保証保険会社への影響を比較的楽観視していた。例えばS&P (Standard & Poor's Ratings Services) は，金融保証保険会社の保守的な保証引受基準などを根拠に，影響は限定的との見方を示していた。それどころか，信用不

---

34) 金融保証保険会社は，あくまでモノラインとしての運営が求められるため，金融保証保険契約しか原則的に結べない。それゆえ，金融保証保険会社の特別目的子会社がCDS取引でプロテクションを売却し，保険会社自体は同子会社と金融保証保険契約を結ぶという形が採られた。

安が高まることで金融保証保険への需要増加が見込めるなどとして、この問題はむしろ金融保証保険業界にとってよい材料になりえるとも指摘していた[35]。

しかし、市場環境の悪化や証券化商品の相次ぐ格下げを受けて、徐々に見方を修正し、2007年11月にはS&Pなど大手格付機関3社がそろって、金融保証保険会社の保証能力を改めて検討する方針を表明した。これ以降、格付機関の再評価は断続的に行われ、回を追うごとに評価は厳しくなった。

S&Pの評価の変遷を取り上げると、証券化商品の中でも特にデフォルト率の上昇が懸念された住宅ローン担保証券 (Residential Mortgage－backed Securities, RMBS) やCDOの保証業務における最大損失見込額は順次、大幅に引き上げられた (表4-2)。これを、保証対象のデフォルトに備えて用意されている保険金支払い原資の規模と比べると、事態の深刻さがより明確となる。当時最大手のMBIAと第2位のアムバックを例とすれば、2007年12月時点ではRMBSとCDOの保証業務での最大損失見込額は各々48.8億ドル・28.3億ドルと、同年9月末時点の保険金支払い原資の34.4%・19.9%に止まっていた[36]。しかし、それから2ヶ月も経たないうちに、最大損失見込額は78.6億ドル・61.7億ドルに上昇した。さらにリーマン・ショック後の2008年10月には、同値は113.2億ドル・88.9億ドルとなり、これに他の証券化商品なども含めた保証業務全体での損失見込額は、前年9月末時点の保険金支払い原資を両社とも上回った[37]。

こうした評価の変化は、必然的に金融保証保険会社の保証能力に対する格下げを引き起こした。大手初の格下げ事例は2008年1月のフィッチ (Fitch

---

35) S&P (2007 a)・(2007 b) 参照。
36) 2007年12月のCDO保証業務の最大損失見込額は、RMBSを原債権に含むCDOのそれに限られる。
37) S&Pは2011年に金融保証保険会社の保証能力に対する格付けの方針を大幅に変更したが、それ以前の評価方法では、保証業務における最大損失見込額に対して用意される保険金支払い原資の比率 (キャピタル・チャージ) を1.25倍以上とすることを、AAA格付与の条件の一つとしていた。

第 4 章　究極の市場競争重視モデルとしての民間地方共同資金調達機関

表 4-2　S&P による大手金融保証保険会社の最大損失見込額

			MBIA	アムバック	FSA	FGIC	アシュアード・ギャランティ
基本情報 (2007年 9月末)	保険金支払い原資		141.7	141.9	65.8	51.4	19.8
	保証残高						
		米国パブリック	3,957.3	3,000.2	2,483.4	2,243.3	53.1
		米国ストラクチャード	1,599.0	1,766.2	1,122.7	720.1	574.9
		海外	1,172.9	795.1	532.9	184.6	258.9
		合計	6,729.3	5,561.7	4,139.1	3,148.1	887.0
金融危機 による損 失見込み	RMBS	2007年12月の推計値	26.0	14.2	3.3	19.9	0.4
		2008年02月の推計値	37.9	24.9	N.A.	31.4	N.A.
		2008年10月の推計値(※)	57.4	38.4	17.1	32.0	4.1
		2009年07月の推計値(※)	61.0	47.0	25.4	N.A.	8.0
	CDO	2007年12月の推計値(※)	22.8	14.1	0.0	13.4	0.0
		2008年02月の推計値	40.7	36.8	N.A.	25.5	N.A.
		2008年10月の推計値	55.8	50.5	0.0	32.2	0.0
		2009年07月の推計値	50.3	59.2	0.2	N.A.	0.0
	RMBS + CDO	2007年12月の推計値	48.8	28.3	3.3	33.3	0.4
		2008年02月の推計値	78.6	61.7	N.A.	56.9	N.A.
		2008年10月の推計値	113.2	88.9	17.1	64.2	4.1
		2009年07月の推計値	111.3	106.2	25.6	N.A.	8.0
	その他	2008年10月の推計値	54.0	66.3	32.0	6.3	9.0
		2009年07月の推計値	19.9	53.0	24.7	N.A.	13.2
	合計	2008年10月の推計値	167.3	155.3	49.2	70.6	13.2
		2009年07月の推計値	131.3	159.3	50.5	N.A.	21.3

(注)　単位は億ドル。※は、RMBS は 2005 年以降の組成分であることを、また CDO は RMBS を原債権に含む CDO であることを各々示す。また、RMBS＋CDO は表中の RMBS と CDO の損失見込額の単純合計で、内容は必ずしも全ての推計値で一致してはいない。
(出所)　金融保証保険会社各社の四半期報告書（2007 年第 3 四半期版）、S&P（2007 c）・(2008 a)・(2008 b)・(2009) より、作成

Ratings) によるアムバックに対する AAA 格から AA 格への格下げであった（表 4-3）。これを機に、特に FGIC は他社と比べても比較的早い同年 2 月中に、大手格付機関 3 社全てより AAA/Aaa 格からの引き下げを受けた。また、MBIA やアムバックも、増資などを通じた保証能力の強化策を

107

表 4-3 2007年後半以降の金融保証保険業界をめぐる動向

時期		MBIA	アムバック	FGIC	FSA
2007年		12/10, 保証能力の強化策を発表。PEファンドのウォーバーグ・ピンカス（Warburg Pincus）からの最大10億ドルの出資など。			
2008年	1月	1/9, 保証能力の強化策を追加的に発表。 1/16, 同月9日に表明していたサープラス・ノートの発行を完了。10億ドルの資金調達。 1/30, 同月9日に表明していた株式発行を完了。ウォーバーグ・ピンカスより5億ドルの出資を受ける。	1/16, 保証能力の強化策を発表。普通株式などの発行を通じた10億ドルの資本増強など。 1/18, 同月16日に表明した株式発行について、現在の市場環境では同社にとって魅力的な選択肢ではない、とする声明を発表。 1/18, フィッチ, AAA 格から AA 格に格下げ。	1/30, フィッチ, AAA 格から AA 格に格下げ。 1/31, S&P, AAA 格から AA 格に格下げ。	
	2月	2/6, 普通株式の追加発行により7.5億ドルの資金調達を行う旨を発表。13日に完了し、予定より多い約11億ドルの資金調達を実現。 2/25, 配当の支払い停止を決定。		2/14, ムーディーズ, Aaa 格から A 3格に格下げ。 2/15, NY 州保険局に PF 事業の分離案を提示。 2/25, S&P, AA 格から A 格に格下げ。	2/4, FSA の親会社のデクシア, FSA への5億ドルの追加出資を発表。
	3〜6月	3/7, フィッチに対して保証能力に対する格付けの取り下げを要求。 6/5, S&P, AAA 格から AA 格に格下げ。 6/19, ムーディーズ, Aaa 格から A 2格に格下げ。	3/5, 保証能力の強化策を改めて発表。普通株式（10億ドル以上）とエクイティ・ユニット（5億ドル）の発行など。12日に完了。 6/5, S&P, AAA 格から AA 格に格下げ。 6/18, フィッチに対して保証能力に対する格付けの取り下げを要求。 6/19, ムーディーズ, Aaa 格から Aa 3格に格下げ。	3/28, 保証能力の現状について声明を発表。 4/14, FGIC, 市場関係者と, PF 事業の分離と, 保証強化と被保険者の保護に向けた協議を開始したと発表。	6/23, デクシア, FSA の金融商品部門（利率保証契約の提供部門）に50億ドルの無担保クレジットラインを設定すると発表。
	7〜12月	8/27, FGIC の米国パブリック・ファイナンス保証（PF）事業の継承を発表。同年10月に完了。 11/7, ムーディーズ, A 2格から Baa 1格に格下げ。	7/7, PF 事業の分離, およびそれに伴う保証能力の分離案について, ウィスコンシン州保険局と協議を行ったことを発表。9月に承認を獲得。社名変更後, 同年第4四半期より新規案件の引き受けを開始する予定。 11/6, ムーディーズ, Aa 3格から Baa 1格に格下げ。 12/3, 配当の支払い中止を発表。	8/27, PF 事業の MBIA への移管を発表。 11/24, フィッチ, 格付けを取り下げ。	8/6, デクシア, SF 事業の停止など, FSA の事業戦略の見直しや, 3億ドルの追加出資などを発表。 9/30, デクシア, ベルギー・フランス・ルクセンブルクの3ヶ国の政府より, 総額64億ユーロの資金提供を受ける方針を発表。 11/14, デクシア, FSA の金融保証業務の売却を発表。売却金額は7.2億ドル。
2009年		2/18, PF 事業の分離を発表。新会社（National Public Finance Guarantee Corporation, 以下「ナショナル」）を創設し, PF 事業を同社に移管。 2/18, S&P, MBIA を AA 格から BBB+格に, MBIA インシュランス・オブ・イリノイ（ナショナルへ）を AA 格から AA−格に格下げ。 4/30, 保証を付した CDO に関する情報提供の正確性などをめぐり, 同 CDO のアレンジを行ったメリルリンチを提訴。 6/5, S&P, ナショナルを AA−格から A 格に, MBIA を BBB+格から BBB 格に格下げ。	6/19, PF 事業の分離, 新会社の創設に向けた努力の継続を表明。	3/24, ムーディーズ, 格付けを取り下げ。 4/22, S&P, 格付けを取り下げ。 11/24, NY 州保険局, 全ての保険金の支払いの停止と, 保証能力の増強計画の提出を要請。	
2010年〜2012年		2010/2/8, 債券運用部門の再編成を行う方針を表明。 2010/7/28, 傘下の再保険会社（Channel Re）の全株取得と, その後の同社の清算の方針を表明。 2011/1/11, NY 州最高裁, PF 部門の分離をめぐって銀行グループが起こしていた訴訟について, これを退ける判決。	2010/6/17, 850万ドル相当の債務の普通株式との交換を発表。同月末には, 別の債務でも株式交換を実施。 2010/7/16, アドバイザリー・サービス部門の売却の完了を発表。 2010/11/1, 債務の利払い停止を発表。 2010/11/8, 連邦倒産法第11章の適用申請。	2010/8/4, 連邦倒産法第11章の適用申請。	

第4章　究極の市場競争重視モデルとしての民間地方共同資金調達機関

時期		アシュアード・ギャランティ	格付機関	規制当局	業界全体
2007年		12/12, 普通株式の公募発行を通じて約3億ドルの資金調達を行う方針を表明。	12月, 大手格付機関3社, 前月より進めていた金融保証保険会社の保証能力の再評価結果を相次いで発表。数社のAAA/Aaa格を格下げ方向で見直しへ。	12/27, NY州保険局, バークシャー・ハザウェーの子会社に, PF事業の免許を付与。	
2008年	1月		1/15, S&P, RMBSのデフォルト率に関する見通しの変更を発表。これを受けて17日, 金融保証保険会社の保証能力を改めて再評価した結果を発表。 1/30, S&P, RMBSやCDOのデフォルト率・毀損率に関する見通しの変更を発表。これを受け翌日, 金融保証保険会社に対する格付けの見直しを発表。	1/22, NY州保険局, 金融保証保険業界の現状への懸念と対応策についての声明を発表。 1/22, MSRB, 金融保証付き地方債を取り扱う証券会社に対して, MSRB規則の遵守を促す声明を発表。	1/30, ヘッジファンドの運用マネージャーのアックマン氏, MBIA・アムバックのSF事業における損失見込額の試算を可能にする「オープン・ソース・モデル」を公開。
	2月	2/29, ウィルバー・ロス, 最大10億ドルの出資で合意。	2/25, S&P, 金融保証保険会社に対するサブプライム・ローン問題の影響についての検討結果, および格付けの見直しを公表。	2/11, 金融サービス委員会のカンジョルスキー委員長, 連邦レベルでの保険規制の必要性を指摘する論文を公表。 2/14, 金融サービス委員会, 金融保証保険市場に関する公聴会を開催。	2/12, バークシャー・ハザウェー, MBIA・アムバック・FGICの3社に対して, 各社のPF事業 (保証残高は最大8,000億ドル) を引き受ける用意があるとの提案を行ったことを発表。
	3～6月	4/8, 2月に表明していた保証能力の強化策の一部を完了。ウィルバー・ロスより2.5億ドルの出資を受ける。	6/12, ムーディーズ, 米国地方債に対する格付け方針の見直しを表明。	3/4, カリフォルニア州財務局, 三大格付機関に対して, 地方債に対する格付け方針の変更を要求。他の州・地方政府も連名。	5/23, FASB, 第163号「金融保証保険契約の会計処理 第60号の解釈指針」を発表。保険料や損失の認識や計上, および情報開示のあり方などについて方針を明確化, ないし改正。 6/18, 地方債公正法, 提出。
	7～12月	10/23, CIFGのPF事業の継承を発表。翌年1月に完了。 11/14, FSAの金融保証業務の買収を発表。買取金額は7.2億ドル。翌年7月に完了。 11月, ムーディーズ, AaaからAa2格に格下げ。		9/22, NY州保険局, 金融保証保険会社に対する行動規範を公表。 10/21, NY州保険局, マッコーリー・グループが大手ヘッジファンドのシタデル・インベストメントと共同創設したミュニシパル・アンド・インフラストラクチャ・アシュランスに, 地方債の金融保証保険事業の免許を付与。	
2009年		5/4, フィッチ, AAA格からAA格に格下げ。 6/16, 4億ドルの普通株式と1.5億ドルのエクイティ・ユニットの発行を通じた資金調達の実施を表明。 10月, フィッチ, AA格からAA－格に格下げ。FSAについてもAA＋格からAA格に格下げ。 11/2, 継承したFSAの名称変更 (Assured Guaranty Municipal, 以下「ミュニシパル」) を発表。 11月, ムーディーズ, Aa2格からAa3格に格下げ。ミュニシパルについてはAa3格を確認。 11/30, 普通株式の公募増資を表明。			2/26, NY州パターソン知事, 連邦財務省に対して金融保証保険市場の安定化に向けた資金拠出を要請。
2010年～2012年		2010/2/24, フィッチ, 格付けを取り下げ。 2010/10/25, S&P, AAA格からAA＋格に格下げ。ミュニシパルも同様。 2011/11, S&P, AA＋格からAA－格に格下げ。ミュニシパルも同様。 2012/1/24, ラディアン・アセット・マネジメントと, 同社がマッコーリーから継承したPF事業を含むPF事業の継承などで合意。	2011/8/25, S&P, 金融保証保険会社の保証能力に対する格付け方法について, 見直しを実施。新たな格付けの考え方を発表。		

(出所) 各金融保証保険会社プレスリリース, 格付機関資料などより, 作成

打ち出したものの，2008年6月にS&Pやムーディーズ（Moody's Investors Service）からのAAA/Aaa格の評価を失った。その後，MBIAやアムバック，FGICをはじめ多くの金融保証保険会社は，金融市場の急速な不安定化に伴って短期間のうちにさらなる格下げを断続的に受けた。財務状態の健全性が比較的高いとされていたFSA（Financial Security Assurance）やアシュアード・ギャランティ（Assured Guaranty）ですら，2008年9月のリーマン・ショック以降の金融危機の深刻化には抗えず，やはりAAA/Aaa格を失った。こうして，AAA/Aaa格の保証能力を維持する金融保証保険会社は米国から姿を消した。

3. 金融保証保険会社の保証能力の減退

こうした格付機関の評価は，すでに2007年第3四半期決算から，多くの金融保証保険会社で財務状態の急速な悪化を反映した内容が出つつあったことを踏まえれば，遅きに失した感があるとはいえ，決して杞憂であったわけではない[38]。

大手金融保証保険会社の保険金支払い原資の推移には，金融危機の影響に伴う保証能力の減退が鮮明に表れている（図4-7）。金融保証保険会社の保険金支払い原資は法定支払い準備金，ソフト・キャピタル[39]，損失準備金，および保険料積立金[40]から成る。例えばFGICでは，2006年まで保険金支払い原資は増加基調にあったが，2007年には保証対象のデフォルトに

---

38) 当初，金融保証保険会社の財務の悪化は，CDSの評価損を主因としていた。通常の保険契約と異なり，CDSの場合には米国財務会計基準審議会第133号基準書により時価評価が求められる。一方で金融保証保険は，保証対象の債券・証券化商品の元利払いを保険会社が代わって行う際，保険金は一括でなく，元々の元利償還スケジュールに従って支払われる。それゆえ，保証対象の証券化商品の信用リスクが上昇すると，CDSの評価損の発生が先行し，保険金の支払いに備えた損失準備金の積み増しの経費（損失・損失関連経費）の発生はそれに遅れる傾向にある。

39) 保険金の支払額が膨らんだ場合に備えて用意される資金。親会社による増資のコミットメント，銀行からの信用状やクレジット・ライン，偶発性資本，および金融保証保険会社の保証業務における年間の損失額が一定以上となる場合に保険金を受け取ることができるストップ・ロス再保険など。

40) 未経過保険料積立金，および将来の受け取りが予定されている分割払い保険料収入の合計。

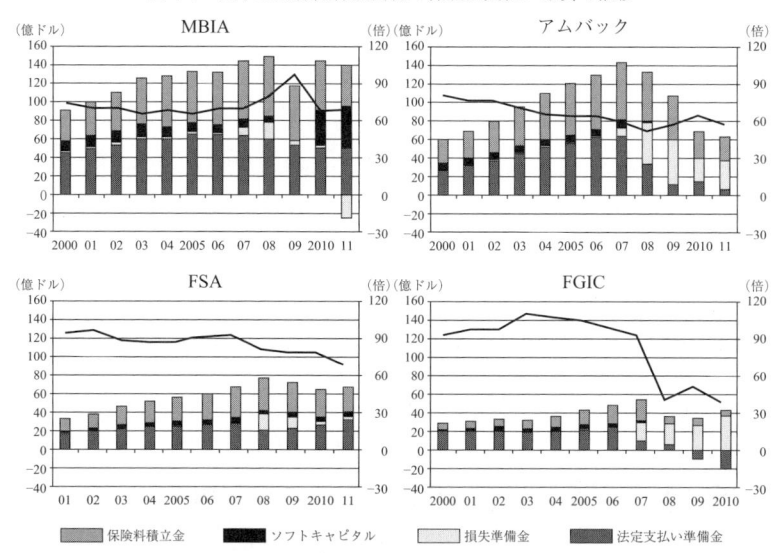

第 4 章　究極の市場競争重視モデルとしての民間地方共同資金調達機関

図 4-7　大手金融保証保険会社の保険金支払い原資の推移

保険料積立金　ソフトキャピタル　損失準備金　法定支払い準備金

（注）1. FSA の2009年以降はアシュアード・ギャランティ・ミュニシパルの値。
　　　2. FGIC は2008年に PF 部門を MBIA に売却した。
　　　3. 折れ線は，保険金支払い原資に対する比率でみた保証引受残高の規模（右軸）を示す。
（出所）各社年次報告書より，作成

伴う保険金の支払いに備えた損失準備金の積み増しを19.2億ドル迫られ，これにより法定支払い準備金は15.6億ドル減少した。その後も FGIC は有効な対策を打ち出せず，損失準備金の増加と法定支払い準備金の減少が進んだ。その結果，2009年には法定支払い準備金がマイナスとなり，結局2010年 8 月に連邦倒産法の適用を申し立てた。

同様の状況はアムバックでも起きた。アムバックは FGIC と異なり，2008年 1 月に保証能力の強化策を打ち出し，同年 3 月にその一環として約15億ドルの資本増強を実施に移すことに成功した。しかし，同じ年に損失準備金を36.5億ドル積み増した結果，法定支払い準備金は29.3億ドルの減額を余儀なくされた。その後，アムバックは CDO を中心に保険契約の解消交渉を進めるなどして局面の打開を図ったものの，結果的にはやはり FGIC と同じく，2010年11月に連邦倒産法の適用申請を行った。

上記 2 社に対して，FSA はやや例外的に保証能力を相対的に高い水準で維持した。FSA でも2008年には損失準備金が膨らんだが，当時親会社であったデクシア（Dexia SA）から 5 億ドルが追加出資として提供された。また，同年 9 月のリーマン・ショックによってデクシアが欧州 3 ヶ国の政府の公的管理下に入ると，FSA は翌2009年にアシュアード・ギャランティに吸収されたが，両社とも SF 部門での損失が比較的少額に抑えられ，さらなる多額の損失準備金の積み増しは求められなかった。

V　原点回帰による信頼回復に努める民間金融保証保険会社

1．地方債の保証業務の切り離しを進めた MBIA

　SF 部門における損失の拡大に対して，金融保証保険会社は緊急対応として増資や再保険の購入などを通じて保証能力の強化を図る一方，長期的な事業再建に向けて PF 部門における保証業務という自らの原点への回帰を進めた。

　既存の金融保証保険会社は，PF 部門と SF 部門の分離の途を模索した。SF 部門における損失拡大の影響から PF 部門を切り離すことによって PF 部門の保証能力を維持し，地方債市場での業務の継続や新規案件の獲得を図ったのである[41]。

　PF 部門と SF 部門の分離構想は，金融保証保険業界の混乱が深刻化し始めた当初から，同業界の規制・監督に主導的な役割を果たすニューヨーク州保険局も言及していた[42]。ただし，この構想を実現できたのは MBIA だ

---

41) PF 部門と SF 部門の分離は，PF 部門にとっては保証能力の向上につながる一方，SF 部門には負の影響が生じる可能性が高く，SF 部門より保険を購入していた金融機関などから反発が相次いだ。しかし，MBIA を相手取った訴訟では，2011年に金融機関側の訴えが退けられた。

42) ニューヨーク州のエリック・ディナロ保険局長（当時）は，2008年 2 月の下院金融サービス委員会の公聴会（後述）で，PF 部門と SF 部門の分離を含めあらゆる選択肢を検討する方針を表明した。

けであった。MBIA は，2008年10月に FGIC が保証していた地方債に再保証を提供する形で，実質的に同社の PF 部門を引き継いだ。その上で MBIA は，2009年2月に PF 部門を SF 部門から切り離し，新会社ナショナル・パブリック・ファイナンス・ギャランティ（National Public Finance Guarantee，以下，「ナショナル」）を創設すると発表した。

アムバックや FGIC でも，MBIA と同様に PF 部門と SF 部門の分離を図る動きがあった。特にアムバックでは，2008年9月にウィスコンシン州保険局からの承認を得るなど，具体化に向けた動きが相当程度進展していた。しかし，同社は第三者からの資本注入を受けて PF 部門の保証能力を確保・強化しようとしたものの，最終的には交渉が合意に至らず，結果として部門の分離構想そのものが瓦解した。そして，先述の通り2010年11月，連邦倒産法の適用を申し立てる事態となった。

なお，MBIA はナショナルの創設にあわせて，PF 部門（ナショナル）と SF 部門各々の保険金支払い原資の内訳について情報を開示した（図4-8）。ここからは，PF 部門ではリーマン・ショックのあった2008年以降も，保険金支払い原資の水準や構成，保険金の支払い状況にほとんど変化がないことがわかる。つまり，PF 部門では引き続き地方債のデフォルト

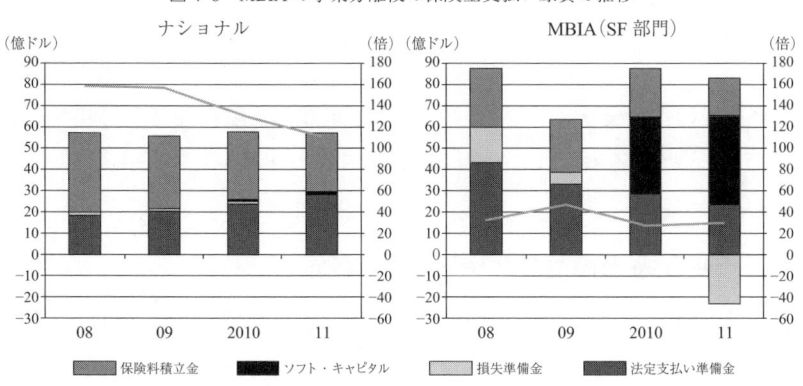

図4-8　MBIA の事業分離後の保険金支払い原資の推移

（注）　折れ線は，保険金支払い原資に対する比率でみた保証引受残高の規模（右軸）を示す。
（出所）MBIA 年次報告書より，作成

が急増して保険金の支払い負担が過剰に増加するといった状況は起きていない。他方でSF部門では，保証引受残高比ベースで多額の原資が用意されているものの，保険金の支払いも相当規模生じた。そのために，法定支払い準備金の減少だけでなく損失準備金の積み立ても十分には追い付かず，2011年には22.6億ドル不足する状況となった。

2. 新規参入を図る動き

既存の金融保証保険会社がSF部門での多額の保険金支払いの負担によって経営体力を低下させる状況をみて，新たにPF部門に事業を特化する形で金融保証保険市場への参入を図る動きもみられた。著名投資家ウォーレン・バフェット氏率いる投資会社バークシャー・ハザウェー（Berkshire Hathaway）が創設したバークシャー・ハザウェー・アシュランス（Berkshire Hathaway Assurance, BHA）や，オーストラリアの大手金融機関マッコーリー・グループ（Macquarie Group）傘下で誕生したミュニシパル・アンド・インフラストラクチャ・アシュランス（Municipal and Infrastructure Assurance Corporation, MIAC）がそうである。

特にBHAに関しては，創設から間もない2008年2月，バークシャー・ハザウェーがMBIA・アムバック・FGICの3社に対して，最大8,000億ドル規模の地方債の再保険を引き受ける用意があると提案した。これは3社から拒否されて失敗に終わったものの，ニューヨーク州保険局などの後押しもあり，BHAはその後，急速に事業を拡大した。そして，2008年にはPF部門での保証業務において，BHAは1年間の保険案件の獲得状況というフロー・ベースで，MBIAやアムバックなどを抜き，早速業界3位に躍り出た[43]。

3. 金融保証保険業界における再編動向

しかし，こうした民間レベルの動きは，少なくともこれまでのところ，

43）注21参照資料。

第4章　究極の市場競争重視モデルとしての民間地方共同資金調達機関

州・地方政府など地方債市場関係者からの支持にはつながっていない。このことは，直近の2012年に発行された地方債のうち，発行額ベースで全体の1割未満でしか金融保証保険が利用されていないことからも明らかといえよう。

　個別会社レベルでも，例えばナショナルは，ニューヨーク州保険局から保証能力が十分でないなどとされ，新規の案件の引き受けの開始が遅れている。また，新規参入組の BHA は，事業開始当初こそ業務拡大に積極的だったものの，その後は PF 部門での保証業務のリスクに対する見方を保守化させ，結局は2012年と事業開始から5年足らずで，早々に事業から撤退した[44]（図4-9）。MIAC に至っては，38州で金融保証保険業務の許認可を得たものの，結局は一件も案件を獲得せず，2011年に住宅ローン保険のラディアン・グループ（Radian Group）傘下のラディアン・アセット・マネジメント（Radian Asset Management）に売却された。

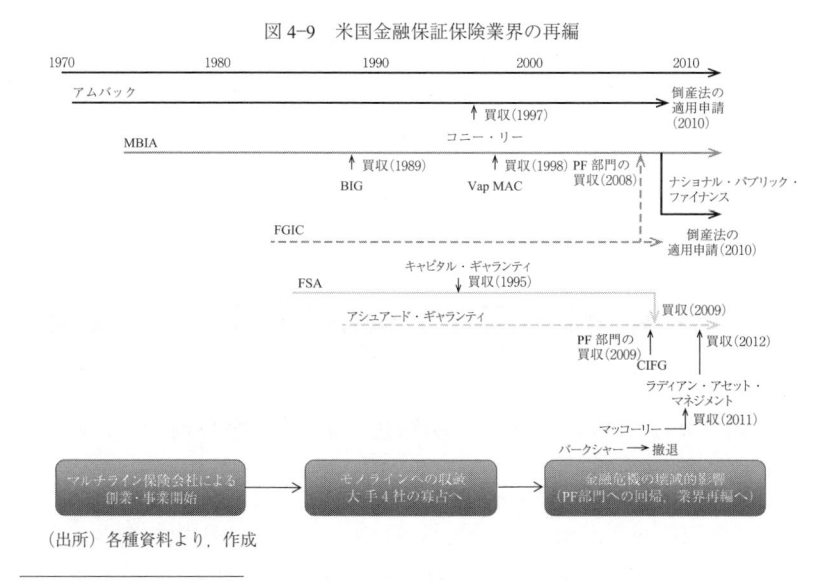

図4-9　米国金融保証保険業界の再編

（出所）各種資料より，作成

---

44) Serena, N. G. & E, Holm, "Berkshire Trims Municipal-Debt Bet," *The Wall Street Journal*, 08/03/2012, Serena, N. G. & M. Corkery, "Buffett's Move Raises a Red Flag," 同, 08/21/2012.

また，既述したアムバックや FGIC の経営破綻をはじめ，保証業務の継続が困難となり，金融保証保険市場からの撤退を余儀なくされたところもあった。そうしたところから事業を買収し，2007年以降，急速に存在感を高めたのがアシュアード・ギャランティであった。同社は，FSA と同様に SF 部門における保険金の支払い負担の増加が比較的軽微にとどまったことや，2008年2月と早い段階で大手投資会社 WL ロス（WL Ross & Co.）から最大10億ドルの出資を受けることで合意したことで，保証能力を比較的高い水準で維持できた。アシュアード・ギャランティの保証能力に対する格付けは，AAA/Aaa 格を失ったとはいえ，2012年末時点でも AA−格（S&P）・Aa 3 格（ムーディーズ）となっている。同社は，2009年1月に欧州系の中堅金融保証保険会社 CIFG から PF 部門（保証引受残高（額面ネット・ベース）約130億ドル）を，また同年7月には先述した FSA（同4,026億ドル）を，さらに2012年に PF 部門での業務を中核とするラディアン・アセット・マネジメント（同147億ドル）を各々買収，ないし事実上業務を継承した。その結果，アシュアード・ギャランティの保証引受残高は，2007年末時点の2,002億ドルから，2012年第1四半期末には5,501億ドルへと大幅に増加した。2007年後半以降の一連の金融市場の混乱以前から事業を行っていた金融保証保険会社のうち，今日もなお地方債市場で金融保証保険の新規案件を引き受けることができているのはアシュアード・ギャランティ一社に限られている。

VI ‖ 連邦政府による地方債市場の混乱への対応

1. 金融市場へのアクセスが困難化した州・地方政府

（1）いち早く混乱が顕在化したオークション・レート地方債市場

　金融保証保険会社が SF 部門での損失によって事業の大幅な変容を迫られたことは，地方債の発行コストを抑制する手段として金融保証保険を利用していた州・地方政府にも影響を与えた。

第 4 章　究極の市場競争重視モデルとしての民間地方共同資金調達機関

影響が即座に表れたのはオークション・レート地方債であった[45]。一般的にオークション・レート証券（Auction Rate Securities, ARS）とは変動利付債の一種で，1 週間ないし 1 ヶ月（28日・35日）単位で定期的に行われる入札を通じて金利が決定される債券である。入札は基本的に投資家の間で行われ，そこで成立した金利が次回の入札までの間，発行体から投資家に支払われる。こうした商品性ゆえ，ARS の金利水準には直近の需給環境が反映されやすい。

州・地方政府が ARS として地方債を発行する場合，金融保証保険は一般的な地方債を発行する時以上に積極的に利用されていた[46]。このこともあり，2008年 1 月にアムバックが格下げを受け，金融保証保険会社の保証能力に対する懸念が高まると，オークション・レート地方債に対する投資家からの需要は一気に冷え込み，直ちにオークション・レート地方債の金利は上昇した[47]。オークション・レート地方債の代表的な金利指標である ARS 7 日物インデックス（一週間単位で入札が行われるオークション・レート地方債の平均金利）は，2008年 2 月 6 日から翌週13日にかけて，4.03％から6.59％へと一気に256 bp 上昇した[48]。その後，同年 4 月頃からオークション・レート地方債の金利水準も落ち着きを一時的に取り戻したものの，同年 9 月のリーマン・ショックを機に，再び金利水準は急上昇した。こうした状況を受けて，オークション・レート地方債の商品性が有するリスクに対する認識が広まり，その後は今日まで，オークション・レート地方債の新規発行は一切ない。

---

45) ARS について詳しくは，三宅（2008 c）参照。
46) 2006年の発行分では，オークション・レート地方債での利用比率は64.8％と，地方債一般での利用比率49.2％を約15％ポイント上回った。注21参照資料より算出。
47) 従来，ARS の入札で投資家からの需要がほとんどないという状況になれば，引受金融機関が自己資金で ARS の需給を調整することも多かった。しかし，当時はすでに大手金融機関の財務状態の悪化が進んでおり，ARS を買い支える余力が弱まっていたこともあり，2008年 2 月の時点では多くの引受金融機関が買い支えを行わない方針に転換していた。
48) SIFMA 資料参照。

(2) 地方債の発行コストの上昇

　金融危機の影響は、地方債の発行額の1割に満たないオークション・レート地方債だけに止まったわけでは無論ない[49]。

　既存の全ての金融保証保険会社が格下げを受けたため、多くの州・地方政府にとっては、自らの債務返済能力に対する格付けが保険会社の保証能力に対するそれを上回った。その結果、州・地方政府としては、金融保証保険を購入しても発行する地方債の格上げを期待することが難しくなり、金融保証保険を利用せずに以前と比べて低い格付け水準で地方債を発行す

図4-10　米国地方債の発行額の推移（S&Pによる格付け別内訳）

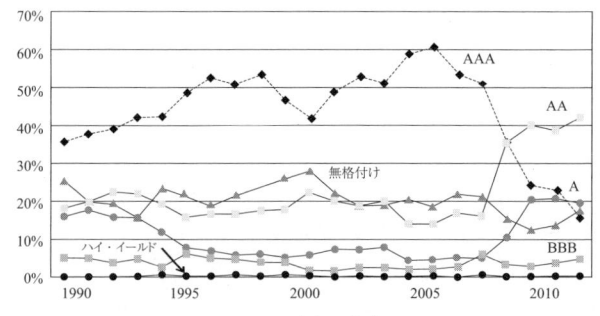

絶対値

地方債全体に占める比率

（出所）*The Bond Buyer/Thomson Reuters Yearbook* より、作成

---

49) 2007年の地方債発行額（4,287億ドル）のうちオークション・レート地方債（384億ドル）の占める割合は8.9％であった。注21参照資料より算出。

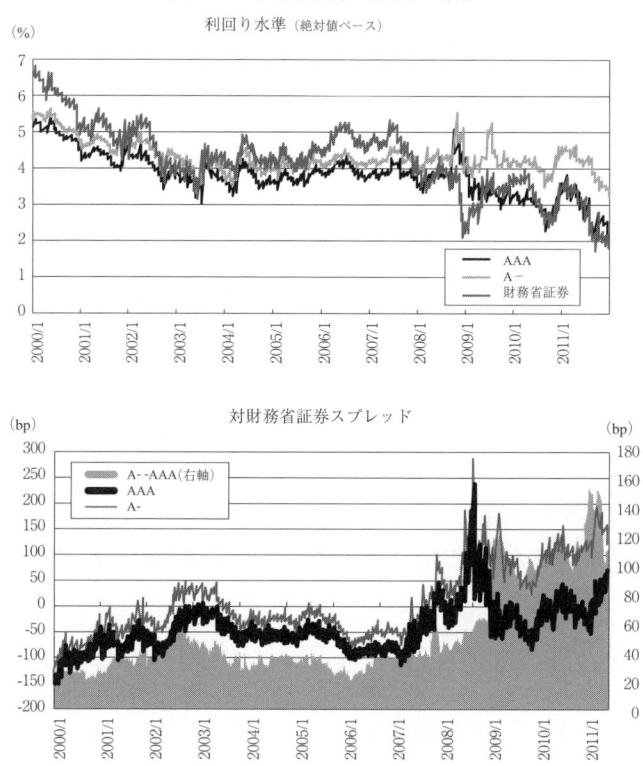

第4章 究極の市場競争重視モデルとしての民間地方共同資金調達機関

図4-11 米国地方債の利回りの推移

利回り水準（絶対値ベース）

対財務省証券スプレッド

（出所）ブルームバーグより，作成

ることを強いられた[50]。実際，地方債の発行状況をS&Pによる格付け別にみると，AAA格の割合は2000年代半ばには過半を超える水準にあったが，2008年に一気に急落し，代わってAA格・A格の地方債の発行の割合が増えたことがわかる（図4-10）。

その一方で2007年後半以降，金融市場の不安定化の影響を反映して，地

---

50) 金融保証保険に代わって商業銀行が提供する信用状の利用が州・地方政府の間で普及するとの指摘もあった。ただし，商業銀行の格付けも必ずしも高くはなく，また商業銀行のALM上，金融保証保険会社のように長期の保証を提供することには自ずと限界があるため，商業銀行の信用状が金融保証保険の代替商品となることには困難が伴うと考えられる。実際の利用状況をみても，2008年の一時期を除き，信用状の利用の顕著な増加は確認できない。

方債一般に対して投資家が要求する信用リスク・プレミアムは歴史的な高水準となった。地方債の対財務省証券利回りスプレッドをみると，2000年代半ばまではA－格の地方債でも，免税債としての特徴を反映してマイナスの値で概ね推移していた[51]（図4-11）。しかし，2007年後半よりスプレッドは開き始め，2008年年始にはAAA格の地方債でもプラスに転じた。そして2008年9月のリーマン・ショックを機にスプレッドはさらに急拡大し，A–格の地方債では一気に250 bpを超えた。

その後，スプレッドは一時的にやや落ち着きを取り戻した。しかし，2010年に入るとカリフォルニア州やイリノイ州などでの財政状況の深刻化，あるいはアラバマ州ジェファソン郡（2011年11月）などによる連邦倒産法第9章の適用の申し立てなどを受けて，再び拡大基調に転じた。

このように州・地方政府は，信用リスク・プレミアムが高水準にあるにも関わらず，金融保証保険がその機能を実質的に失ったこともあり，以前に比して対財務省証券ベースで高コストでの起債を余儀なくされることとなった。

2．連邦政府によるBABプログラムを通じた起債支援

（1）BABプログラムの概要

こうした地方債市場における混乱に対して，連邦政府は2009年4月，州・地方政府への利子補給制度としてBABプログラム（Build America Bond Program）の運用を開始した。これは，州・地方政府に国債や社債などと同様，利子所得が連邦所得税の課税対象となる課税債として地方債を発行するよう促し（ビルド・アメリカ債），連邦政府がその利払い費用の35％を州・地方政府に補助金として給付する制度である[52]。

---

51) 先述の通り，米国の地方債は，保有を通じて得られる利子所得に対して通常，連邦所得税が課されない。そのため，利子所得が課税対象となる財務省証券の税引き前の名目金利が地方債を上回ることもある。
52) BABプログラムでは，ビルド・アメリカ債の保有者に利子所得の35％の税額控除を認めるという，税額控除型のビルド・アメリカ債の発行も認めていた。しかし，税額控除型の場合には，本文で説明する利子補給型で期待される第二の効果が得られないこともあり，実際には税額控除型のビルド・アメリカ債は発行されなかった。

BABプログラムでは，大きく二つの効果を通じて州・地方政府の起債コストの軽減を図ることができるものと期待された。

一つは，言うまでもなく利子補給の直接的な効果である。免税債として発行できる地方債をあえて課税債として発行することは，州・地方政府の名目的な利払い負担を押し上げる。しかし，BABプログラムを利用すれば，その見返りとして州・地方政府は連邦政府から利子補給を受けられる。しかも，その水準は地方債の金利の35％と，連邦所得税の最高税率相当（当時）とされていた。最高税率が適用される投資家だけが地方債を購入するわけでないことを踏まえれば，免税債として発行される地方債の利回り水準に織り込まれる税率は，通常は35％より低いと考えられる。よって，州・地方政府としては，あえて課税債であるビルド・アメリカ債を発行した方が，結果として実質的な利払い負担を抑えられると期待できた。

加えて，課税債としての地方債の発行は，より多くの投資家の投資対象となりうることを意味した。というのも，地方債の名目的な金利水準は通常，免税措置の存在ゆえに低くなり，先述の通り財務省証券をも下回りうる。そのため，そもそも資金運用に際して免税措置を受けている基金や，米国で所得税を支払わない国外投資家などにとって，免税債として発行される地方債は投資対象となりにくい。これに対して，課税債であるビルド・アメリカ債ではこうした課題は生じず，国外投資家を含む幅広い投資家の購入対象となりえた。こうした需要の拡大という第二の効果により，州・地方政府の起債コストの負担のさらなる抑制が期待された。

（2）BABプログラムの効果と限界

BABプログラムは，2010年までの時限措置として運用された。この間，ビルド・アメリカ債の発行額は累計で1,814億ドルと，地方債の発行額全体の21.6％を占めた[53]。また，この間の米国地方債一般の保有状況をみると，国外投資家の保有シェアも僅かながら上昇した[54]。これらのことを踏

53）SIFMA資料より算出。

まえれば，BAB プログラムが州・地方政府による地方債の発行に一定の効果をもったことは確かである。

ただし，BAB プログラムはあくまで，連邦政府が主導する景気対策に州・地方政府を連動させるための政策であった点には留意を要する。このことは，同プログラムが2009年2月に成立した公共投資や減税政策などの財政出動政策を主たる内容とする米国再生・再投資法（American Recovery and Reinvestment Act of 2009）の中で打ち出された政策であったこと，あるいは借換債の発行が基本的に同プログラムの対象外とされていたことなどから明らかといえる[55]。当時，金融市場における一連の混乱の影響が実体経済にも及び，連邦政府は景気刺激策を緊急かつ大規模に実施する必要に迫られていた。その一環として，州・地方政府に計画済みのインフラ投資を前倒しで実施するよう，あるいは新たにインフラ投資を計画し実施するよう促すべく，連邦政府が州・地方政府の資金確保を支援する措置としてBAB プログラムは創設されたのである。

それゆえ，BAB プログラムは決して，州・地方政府が標準的な財政運営を行うための基礎的条件を整える一環として，金融市場への標準的なアクセス機会を確保するために講じられた政策ではなかった。

第2章で検討した通り，一般論として州・地方政府間には財政運営を囲う経済環境や地理的条件に差異があり，そのために財政力にも，個々の州・地方政府の努力では克服し難い機会の格差が存在する。こうした格差を緩和することには，効率性・公平性の両観点から理論的な妥当性が認められる。これと同様に考えれば，地方債を発行する容易さに関しても州・地方政府間で機会の格差があり，それゆえ金融市場へのアクセスに関する標準的な機会を全ての州・地方政府に保障することにも，一定の合理性が認められる。

---

54) 国外投資家のシェアは2008年の1.4％から2010年には1.9％に上昇した。注19参照資料より算出。
55) 2009年2月17日以降に発行された地方債の借り換えについては適用が認められた。また，注52で記した税額控除型では，借り換え目的の利用も可能とされた。

2007年後半より事実上，金融保証保険の有効性が失われ，米国では多くの州・地方政府にとって金融市場へのアクセスは図らずも困難となった。連邦政府がこうした状況の改善に向けて，例えば金融保証保険の機能を再強化したり，金融保証保険に代わる新たな地方債市場の制度インフラを整備する取り組みを支援することは，上記のことを踏まえると，少なくとも理論的には十分に採りうる政策の一つとして考えられた。

しかし，BABプログラムは，あくまで連邦政府が責任を負う景気安定化機能を果たそうと講じた積極財政政策に，州・地方政府の協調を促すことを企図したものであった。つまり，金融保証保険の機能がほぼ失われた地方債市場に新たな制度インフラを整備し，州・地方政府に金融市場への標準的なアクセス機会を確保するという性格のものではなかった。それゆえ，2010年末に予定通りBABプログラムの運用が終了すると，地方債の対財務省証券利回りスプレッドが依然として高止まりしていたにも関わらず，州・地方政府にはこれに対処する手段が引き続きなく，高い利払い負担を甘受せざるをえなくなってしまった。その結果，地方債の発行額は2011年には2,947億ドルと，前年から32％も減少した[56]。

3. さらなる地方債市場への支援をめぐる議論と挫折

（1）金融保証保険市場に対する連邦レベルの規制導入に向けた動き

確かに米国では，そもそも連邦政府が州・地方政府の財政力格差に配慮した施策を積極的に講じることは，他の先進諸国と比べても少ないといってよい。わが国の地方交付税制度にあたる財政調整制度も，米国では現在，連邦レベルで用意されていない。それゆえ，BABプログラムが上記のような性格のものであったことは必ずしも驚くべきことではないといえるかもしれない。だが，BABプログラムとは別に，州・地方政府の金融市場へのアクセス状況を全般的に改善すべく，連邦政府が何らかの措置を講じるべきではないか，との議論が一定の高まりをみせたことも事実で

---

56) 注21参照資料。

ある。

　大手金融保証保険会社で保証能力に対する格下げが起き始めた2008年2月には早速，下院金融サービス委員会で「金融保証保険業界の現状（The State of The Bond Insurance Industry）」と題する公聴会が開催された。そこでは，金融保証保険市場の混乱の現状や関係者による対応，州・地方政府の資金調達への影響について，報告や議論が行われた。特にニューヨーク州保険局からは，金融保証保険会社の保証能力の強化に対する支援，BHAなど新規参入の動きに対する後押し，および保険規制の強化に向けた議論などを進めている旨が報告された[57]。

　ただし，下院金融サービス委員会の関心の中心は，連邦レベルの保険規制・監督制度の新たな導入の是非にあった。同委員会のカンジョルスキー委員長（当時）自身は，現行の州レベルの監督だけでは不十分で，連邦レベルでも監督機関を創設する必要があるとの立場を採っていた[58]。それゆえ，その後の議論も踏まえて同年6月に2008年地方債公正法案（Municipal Bond Fairness Act of 2008）が提出されたが，金融保証保険関連の内容は限定的であった。同法案では，地方債の保証業務を行う金融保証保険会社に関する情報収集の権限を財務省に与え，業界の現状に関する報告を議会に毎年行うことを財務省に義務付ける内容の条文が盛り込まれるにとどまった。しかも，同法案は結局廃案となり，結果として金融保証保険市場の当時の混乱に対して，連邦政府レベルでの対応は採られなかった。

（2）リーマン・ショック以降の議論

　しかし，2008年9月のリーマン・ショックを受け，地方債市場から投資家の資金が引き上げられて流動性が枯渇すると，改めて事態の打開に向け

57）ニューヨーク州保険局は，2008年9月に証券化商品の保証業務に対する規制強化を図って，行動規範（Best Practice）を公表した。主な内容は，①金融保証保険会社に要求する保証能力の最低水準の引き上げ，②特別目的会社を通じたCDSによる金融保証保険の実質的な提供の限定，③CDOに対する保証について，原債券の安全性が高いと考えられるものへの限定という3点であった。

58）公聴会直前の2月11日，カンジョルスキー委員長（当時）はこうした自らの見解を新聞に寄稿した。Kanjorski, P. "Should Congress Create A Federal Insurance Regulator," *Roll Call*, 02/11/2008。

て連邦政府の支援を求める議論が強まった。特に連邦政府が翌10月に,金融機関などへの公的資金の注入を可能とする問題資産買取プログラム (Troubled Asset Relief Program, TARP) の運用を開始すると,同制度を通じて金融保証保険市場に支援を行うよう求める声が,金融保証保険会社はもとより,州政府からもあがった[59]。例えば,ニューヨーク州のパターソン知事(当時)は2009年2月,商業銀行や投資銀行に対しては多額の公的資金が投入されている一方で,金融保証保険会社がその対象から外されていることに不満を表明した。その上で,州・地方政府に金融市場へのアクセス機会を確保するべく,金融保証保険市場の安定化に向けて公的資金を活用するよう,財務省に要請した。

また,それまで再三にわたって連邦政府の支援を要請していたカリフォルニア州に至っては,金融保証保険会社を介してではなく,TARPの資金を直接,州・地方政府の支援に充てるよう求めた。2009年5月にカリフォルニア州政府がガイトナー財務長官(当時)宛に送付した書簡では,州・地方政府が民間の銀行向けに発行する短期証書を連邦政府が保証するよう提案されていた。

こうした議論を踏まえて,連邦政府レベルでは改めて地方債市場に対する支援策が議論され,2009年5月に法案が提出された。このうち,地方債信用補完法案 (Municipal Bond Insurance Enhancement Act of 2009) は,PF部門での事業に特化する金融保証保険会社に対して,2010〜2014年度に限って上限500億ドルで政府の再保証を提供することが内容とされた。また,地方債市場流動性補完法案 (Municipal Market Liquidity Enhancement Act of 2009) は,短期地方証券や,変動利付地方債の一種であるVRDO (Variable-Rate Demand Obligations) を,TARPによる政府保証を付した上で連邦準備銀行 (Federal Reserve Bank) が買い取ることを認める内容であった[60]。

---

59) アムバックは2008年10月,金融保証保険会社に対する損失保証プログラムの創設や,金融保証保険付き証券に対する再保証の提供などを通じて,金融保証保険業界に対するTARPを通じた支援を要求する声明を発表した。
60) VRDOとは,長期債として発行されるものの,定期的に設定される時期に,額面価格に経過利子を上乗せした金額で発行体に買い取りを請求する権限が付されている地方債を指す。

これは，州・地方政府の短期の資金繰りの支援を目的とした法案であった。その他，地方債公正法案も前年に引き続き提出されたが，金融保証保険市場関連の条項は削除され，格付機関に対して地方債を他の債券と同等の基準で評価するよう求める内容だけが残された。

しかし，これらの法案はいずれも最終的には成立に至らなかった。このように連邦政府は，特に2008年9月のリーマン・ショック以降，州・地方政府の資金調達コスト（地方債の信用リスク・プレミアム）が高止まりしている状況を憂慮する姿勢はみせた。しかし，BABプログラムを超えて金融保証保険会社への公的資金の注入，さらにはTARP資金を用いた州・地方政府の「救済（bail-out）」を行うことは，明確に否定したのである[61]。

VII 相互会社型の金融保証保険会社の誕生

1. NLCによる提案

2007年後半以降のサブプライム・ローン問題に端を発する金融市場の混乱，特に翌2008年9月のリーマン・ショック以降の事態の深刻化を受けて，地方債市場を取り巻く環境が厳しくなる中，州・地方政府の側でも状況の改善に向けた取り組みが自発的に進められた。その具体案として検討されたのが，それまで30年以上にわたって民間金融機関として運営されてきた金融保証保険会社を，州・地方政府自身が共同で新たに創設するという構想であった。

こうした動きを主導したのは全米都市連盟（National League of Cities, NLC）であった。NLCは，2008年にリーマン・ショックが起きると，金融危機の深刻化が地方債市場に与える影響の分析と事態悪化の回避に向けた検討を担う委員会（Blue Ribbon Commission on Municipal Credit Enhancement）を直ちに立ち上げた。そして，同委員会からの提言を受けて2009年5月，

---

61) 2009年5月の下院歳出委員会小委員会でのガイトナー財務長官（当時）証言など参照。

第4章　究極の市場競争重視モデルとしての民間地方共同資金調達機関

金融保証保険会社の新設構想を公表した。

　NLC が提案した内容には，大きく次の三つの特徴がある。第一は，新会社が州・地方政府の自発的な参加によって創設・運営される組織とされている点である。具体的には，各州・地方政府は，新会社を利用して金融保証保険を購入するか否か，自由に選択できる。新会社は，顧客となる州・地方政府からの保険料収入の一部を自己資本の積み上げに充てる。州・地方政府は，こうした形で新会社の自己資本に資金を拠出する見返りとして，新会社の年次総会への参加と取締役を選任する選挙への投票権が与えられると共に，新会社の収益の一部を配当として受け取ることができる。こうした利点，および金融保証保険の購入で期待される地方債の発行コストの軽減効果と，保険料の負担を比較して，各州・地方政府は新会社の利用を判断することとなる。

　それゆえ，NLC が構想する新会社は，同社を利用する州・地方政府全てが程度の差はあれ，ネット・ベースで恩恵を受けることができる制度・機関として構想されていた。言い換えれば，州・地方政府間で水平的に，地方債の発行が比較的困難な政府を支援するという位置付けでは全くなかった。また，州・地方政府が新会社の出資者になるとはいえ，それはあくまで利用者としての出資であり，実質的な補助金の給付としての効果をもつ公的関与ではない。それゆえ，アシュアード・ギャランティなど他の金融保証保険会社，あるいは信用状などを提供する民間銀行などと対等な条件で競合する存在として想定されていた。

　なお，このような相互会社としての形態を採る場合，一部の州・地方政府からの要請や，政治的な圧力によって経済合理的な運営が難しくなるという経営の独立性・中立性の問題が懸念される。この点に関して，NLC の構想では次のような形で対処するとされていた。すなわち，格付機関 1 社以上から投資適格水準の格付けを得ることを保証案件の引き受けの最低条件とすること，保証案件の引受部門に州・地方政府の代表者の参加を一切認めないこと，同部門の担当者と州・地方政府とのあらゆる契約関係を文書化し報告することなどである[62]。

NLC の構想の第二の特徴は，米国の地方債の保証業務への特化である。つまり，証券化商品や国外の地方債などは一切，保証案件として引き受けないとされた。しかも，地方債の中でも特に公共性の高い事業を資金使途とする地方債のみが保証対象とされた。それゆえ，例えば私的活動債（private activity bond）という，政策的な観点から民間企業や非営利団体などに貸し付けるための資金を調達することを目的として州・地方政府が発行する地方債は，保証対象から外された。

　第三の特徴は，連邦政府に最大50億ドルの資金拠出を要請している点である。具体的には，新会社が発行するサープラス・ノート（surplus note）を購入する形で，立ち上げ時に30億ドル，その後必要に応じてさらに最大20億ドルの資金を拠出するよう，財務省に求めている。サープラス・ノートの発行は，相互保険会社が資金を獲得するために採る一般的な方法で，購入者は保険会社の事業運営への参加権限が与えられない点で，株式会社への出資などとは性格が異なる。他方で，サープラス・ノートは社債や銀行からの通常の借り入れと比べて返済の優先順位が低く，資本性が高い。つまり，NLC の構想は財務省に対して，新会社の事業運営に関与する権限は認めない一方で，（高い利払いを対価として）安全性が高いとは必ずしも言い切れないリスクを負担するよう求める内容のものであったわけである。

2．BAM の誕生へ

　NLC はこうした構想を実現しようと，取り組みを進めた。NLC の年次総会では，金融保証保険会社の新設がテーマとして取り上げられ続けた。また，構想の公表から2年経た2011年には，構想の具体化に向けて協力を仰ぐ旨をラディアン・グループと合意した。

62）州・地方政府に対して課す保険料の水準の算定方法，特に，各案件の信用リスクに応じて水準に格差を設けるか否かは，NLC の提案の中で具体的には言及されていない。とはいえ，州・地方政府が自由に同社の利用を判断できる仕組みが想定されていることや，従来の民間の金融保証保険会社では，当然に保険料の水準に格差が設定されていたことなどを踏まえれば，NLC は，新会社に地方債の信用リスクを審査する部署を設け，そこでの評価を保険料の水準に反映する体制を想定していたと推察される。

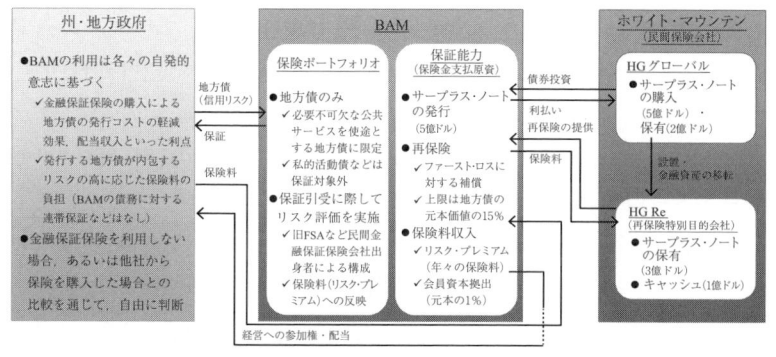

第 4 章　究極の市場競争重視モデルとしての民間地方共同資金調達機関

図 4-12　BAM の事業体制

州・地方政府
- BAM の利用は各々の自発的意志に基づく
  ✓ 金融保証保険の購入による地方債の発行コストの軽減効果、配当収入といった利点
  ✓ 発行する地方債が内包するリスクの高に応じた保険料の負担（BAM の債務に対する連帯債務などはなし）
- 金融保証保険を利用しない場合、あるいは他社から保険を購入した場合との比較を通じて、自由に判断

BAM

保険ポートフォリオ
- 地方債のみ
- 必要不可欠な公共サービスを使途とする地方債に限定
- 私的活動債などは保証対象外
- 保証引受に際してリスク評価を実施
- 旧 FSA など民間金融保証保険会社出身者による構成
- 保険料（リスク・プレミアム）への反映

保証能力（保険金支払原資）
- サープラス・ノートの発行（5 億ドル）
- 再保険
  ファースト・ロスに対する補償
  上限は地方債の元本価値の 15%
- 保険料収入
  リスク・プレミアム（年々の保険料）
  会員資本拠出（元本の 1%）

ホワイト・マウンテン（民間保険会社）

HG グローバル
- サープラス・ノートの購入（5 億ドル）・保有（2 億ドル）

HG Re（再保険特別目的会社）
- サープラス・ノートの保有（3 億ドル）
- キャッシュ（1 億ドル）

地方債（信用リスク）／保証／保険料／経営への参加権・配当／債券投資／利払い／再保険の提供／保険料／設置・金融資産の移転

（注）　数値は創設時点の値。
（出所）　BAM 資料より、作成

　しかし結局、NLC 主導による金融保証保険会社の立ち上げは実現に至らなかった。ラディアン・グループは 2012 年に、先に MIAC の買収に関連して言及したラディアン・アセット・マネジメントを売却し、PF 部門の保証業務から撤退した（前掲図 4-9）。また、構想の大きな柱の一つであった連邦政府によるサープラス・ノートの購入を通じた関与についても、財務省の協力を取り付けることができなかった。

　ただし、州・地方政府による自発的な参加にもとづく相互会社形態の金融保証保険会社の創設という構想自体は、NLC の提案とはやや異なる形で実現をみた。2012 年 7 月のビルド・アメリカ・ミューチュアル・アシュランス（Build America Mutual Assurance, BAM）の創設がそれである。NLC は、BAM に対して出資など経済的な負担を伴う形では関与していないものの、同社のスポンサーとしてその創設を支持している。

　上述した NLC の構想の内容と比べると、BAM は連邦政府に経済的な協力を求めず、代わって民間の経済主体の投資を引き込み、またその知見を活かして創設されている点が注目される（図 4-12）。

　BAM は創業に際して、民間保険会社のホワイト・マウンテン・インシュランス（White Mountain Insurance）から資金の拠出を得た。具体的には、BAM が発行する 5 億ドルのサープラス・ノートを、ホワイト・マウ

ンテン・インシュランスが傘下の HG グローバル (HG Global) を通じて購入した。HG グローバルは，このうち 2 億ドル分のサープラス・ノートを自ら保有し，残り 3 億ドル分は 1 億ドルのキャッシュと共に特別目的会社 (HG Re) に移した。この特別目的会社は，BAM が保証する地方債がデフォルトして BAM に保険金の支払い負担が生じた際，額面の15％までのファースト・ロスを補償するという再保険契約を BAM と結んでいる。つまり，HG グローバルから特別目的会社に移された合計 4 億ドルは，その保証能力を担保する資産という位置付けである。

BAM の経営陣や従業員をみると，旧 FSA 出身者を中心として民間の金融保証保険会社などでの職歴を有する人材が多くを占めている[63]。CEO には旧 FSA の共同創設者のロバート・コクラン氏，取締役会議長には旧 FSA 出身のシー・マッカーシー氏が各々就任した。両氏は BAM の執行役員も兼任している。また，保証案件の引受部門の従業員をみると，計10名のうち実に 7 名が旧 FSA 出身者で，残り 3 名も旧 FGIC やアムバックでの業務経験をもつ人材で構成されている。

他方で，NLC による金融保証保険会社の創設構想の第一の特徴であった州・地方政府による相互会社形態の採用や，第二の特徴であった地方債の保証業務への特化という点は，BAM に引き継がれた。

第一の特徴に関して詳しくみると，BAM から金融保証保険を購入する州・地方政府は同社の被保険者兼所有者（会員）となり，「リスク・プレミアム (Risk Premium)」と「会員資本拠出 (Member Surplus Contribution)」という 2 種類の保険料を支払う必要がある。リスク・プレミアムは，保証対

---

63) サープラス・ノートの購入などを通じて BAM に資金を拠出するホワイト・マウンテン・インシュランスは，旧 FSA の株式をかつて保有していた。また，同社は，BAM への資金拠出を表明したプレスリリースで，BAM のコクラン CEO やマッカーシー取締役会議長（当時）とのかねてからの関係性を強調している。

64) 一般的に，金融保証保険の保険料は，満期までの保険料が一括で地方債の発行時に支払われる。これに対して，BAM では，満期が10年を超える場合，10年分の保険料を地方債の発行時に一括で，11年目以降の保険料は10年を経過後に，それぞれ支払うこととされている。これにより，BAM を利用する地方政府は保険料の負担を軽減できると，BAM は自らの強みの一つとして指摘している。

象となる地方債の信用リスクに応じて設定される毎年の保険料である[64]。一方，会員資本拠出はBAMの自己資本の積み上げに直接的に充てられる保険料であり，その水準は保証対象となる地方債の信用リスクや満期年限とは関係なく，元本の1％相当として一律に設定される。また，BAMが保証を引き受けた地方債が借り換えられ，その際にも発行体である州・地方政府がBAMから金融保証保険を購入する場合には，会員資本拠出を改めて支払う必要はない。州・地方政府は，リスク・プレミアムに会員資本拠出を上乗せした保険料を支払うことが求められる。ただし，その対価として地方債への保証を受けられるほか，年次総会への参加や取締役の選任に際しての投票，配当の受け取りといった権限が，保証期間中に限って認められる。

BAMは，S&Pより保証能力に対してAA格の格付けを得た上で，2012年9月より地方債の保証案件の引き受けを本格的に開始した。同月27日には，同社初の案件として，ペンシルバニア州ヨーク郡の学校区が発行する一般財源保証債（額面1,000万ドル）の保証を引き受ける旨が公表された。また，ニューヨーク州やテキサス州，2013年にはカリフォルニア州でも保険業務を行う免許を得て，事業範囲の拡大を順次進めている。

Ⅷ 民間金融機関型の今後

1. 米国の地方債市場で金融保証保険が果たしてきた役割

本章では，民間金融機関型の地方共同資金調達機関の事例として金融保証保険を取り上げ，米国の地方債市場での誕生・普及から，2007年後半以降の金融市場の一連の混乱を経た今日に至るまでの経過をたどった。その内容を要約すると，次のようになる。

金融保証保険は，複数の地方債が内包する信用リスクをプール化することで，地方共同資金調達機関としての金融機能を果たしている。確かに，前章で検討した英国のPWLBなどとは異なり，金融保証保険会社はあく

まで保険会社であり，債券を発行して調達した資金で州・地方政府に融資を行っているわけではない。また，金融保証保険はこれまで民間の保険会社が提供してきた金融商品であり，公的に提供されてきたわけでもない。しかし，金融保証保険が果たしてきた本質的な金融機能は，わが国や欧州先進諸国の地方債市場で広く普及する地方共同資金調達機関とよびうる制度・機関のそれと全く同じものである。これまでの先行研究では，金融保証保険が普及する米国の地方債市場の特殊性（ないし先進性）が強調されることはあれ，わが国などとの共通性が指摘されることはそう多くなかったといってよい。しかし，少なくともこのように地方共同資金調達機関という制度インフラが大きな位置付けを得ているという点で，米国は他の先進諸国と共通している。

　米国では，免税債という地方債の特徴もあって，保険型の地方共同資金調達機関が全米レベルで事業を展開した。また，1970年代以降，金融保証保険は30年以上にわたって民間の保険会社によって提供されてきた。そしてこの間，州・地方政府の間にある金融市場へのアクセスに関する機会の格差の緩和に向けて，連邦政府が主体的に何らかの措置を講じるということは特段なかった。それは，民間の保険会社が提供する金融保証保険の存在もあって，州・地方政府の金融市場への標準的なアクセス機会を政策的に保障する必要性が，連邦政府などの間でこれまで強くは認識されにくい状況にあったから，という見方も可能かもしれない。

　しかし，2007年後半以降のサブプライム・ローン問題に端を発する米国金融市場の不安定化によって金融保証保険が実質的にその機能を失うと，一連の事態は単に金融保証保険業界だけの問題にとどまらず，州・地方政府の財政運営にも少なからず影響を及ぼした。これにより，地方債制度・市場への公的関与に関する次の基本的な問いが改めて提起されることとなった。すなわち，州・地方政府の金融市場へのアクセス機会は，誰の責任で確保されるべきなのだろうか。連邦政府や州政府といった上位政府などの支援によって保障されるべきか，あるいは各州・地方政府の自助努力に委ねられるべきか。こうした論点である。

第4章　究極の市場競争重視モデルとしての民間地方共同資金調達機関

　これに関して，当初は民間レベルで金融保証保険会社の保証能力の増強に向けた動きが進められようとした。また，2008年に入ってまもなく，連邦政府レベルでも支援策をめぐる検討が速やかつ活発に行われた。しかし，いずれのレベルでも結果として，金融保証保険の機能の回復に結びつく対応は採られなかった。これを受けて，州・地方政府が自ら地方債市場の制度インフラの再整備に連携して取り組み，事態の打開を図ろうと検討が急がれた。それがやや形を変えて実現したのが，州・地方政府による相互会社形態の金融保証保険会社 BAM であった。

　BAM が州・地方政府から信頼を得て多数の案件の獲得に成功し，地方債市場での存在感を高めていくことができるかは，現時点で評価は難しく，今後の行方を注視していく必要があろう。とはいえ，米国で，そして先進諸国で史上初となる相互会社型の金融保証保険が誕生したことは，それだけでも注目に十分値するものと考えられる。

2. 民間金融機関型が有する潜在的可能性

　本章の内容は，地方共同資金調達機関の制度設計・公的関与のあり方という観点からは，どのような示唆を与えるものといえようか。

　一般的に，地方共同資金調達機関が民間金融機関型として運営される場合には，出資主体と利用者の間の利害相反という潜在的な経営課題が懸念される（後掲図 5-8 参照）。すなわち，地方共同資金調達機関は，自らの出資主体である民間の株主に配当を支払う必要がある。その配当は，利用者からの手数料，金融保証保険会社の場合には保険料を原資としている。それゆえ，地方共同資金調達機関が株主からの評価を高めるために出資者への配当を増やそうとすれば，ややもすると利用者，すなわち地方債を発行する地方政府の利益を軽視して，短期的な収益の拡大を過度に追求しかねない。そうすると，地方債市場よりも期待リターンが高く，その分リスクも高い事業分野への進出を図ろうとする動機付けが，地方共同資金調達機関に強く働く。

　本章で検討を行った米国の金融保証保険会社の場合，1980年代後半から

の証券化商品の保証業務への進出が，まさにこれにあたる。そして，こうした民間金融機関型の潜在的な課題が，2007年後半以降の金融市場の混乱によって一気に顕在化し，既存の金融保証保険会社のほとんどは事業停止に追い込まれてしまった。

ただし，民間金融機関型の地方共同資金調達機関には独自の強みもあると考えられる。一つは，市場競争の中で安定した，そして高い収益性を獲得・維持しようと，効率的な運営に努める動機付けが強く働くことである。これは，公的支援重視モデルにはない市場競争重視モデルの利点である。そしてもう一つは，政治的な独立性・中立性を維持して，経済合理的な運営に徹することが比較的容易であるという特徴である。民間金融機関型の場合，地方債の発行案件を引き受ける際にも，顧客である地方政府に対してリスクの大きさに見合った手数料，金融保証保険会社の場合には保険料を請求できる。そうなれば，地方共同資金調達機関の健全な事業運営を維持しながら，そして地方政府の財政規律を弛緩せずに金融サービスを提供しやすくなるものと考えられる。これは市場競争重視モデルの中でも，とりわけ民間金融機関型に特有の利点である。

こうした強みを発揮できたからこそ，米国の地方債市場において金融保証保険は，1970年代より30年超の長きにわたって着実な普及過程をたどることができたのである。また，MBIAの収益構造の内訳でもみた通り，2007年後半以降の金融市場の混乱を受けても，地方債の保証業務に限れば今日まで，金融保証保険会社の経営に壊滅的な影響を与えるような損失は生じていないのである（前掲図4-8）。

それゆえ，今回の教訓を踏まえて改めて適切な制度設計を行うことができれば，民間金融機関型が地方共同資金調達機関の一類型として，今後潜在的な可能性を発揮する余地はなお十分にあると思われる。

3. 次章の検討課題

米国の地方債市場では現在，金融保証保険という地方共同資金調達機関を民間金融機関型としてではなく，相互会社型として再生し，機能を回復

第4章　究極の市場競争重視モデルとしての民間地方共同資金調達機関

させようという動きが進行中である。こうした動向の今後を占う上でも，北欧の地方債市場に目を転じることは大いに意義があるものと考えられる。というのも，北欧諸国では，政府を出資主体とする市場競争重視モデル，すなわち競争創出型の地方共同資金調達機関が，国内の地方債市場で高い位置付けを得ているからである。

　そこで，次の第5章では，市場競争重視モデルのもう一つの類型である競争創出型の地方共同資金調達機関について，北欧の事例を具体的に取り上げて検討していくこととする。

第5章

もう一つの市場競争重視モデルとしての競争創出型
地方共同資金調達機関の北欧モデル[1]

I はじめに

1. 市場シェアの増加基調が顕著な北欧の地方共同資金調達機関

　本章では，市場競争重視モデルのうち，前章の民間金融機関型とは異なるもう一つの類型，競争創出型の地方共同資金調達機関について検討する。具体的には，スウェーデンのコミュンインベスト（Kommuninvest I Sverige AB），デンマークのデンマーク地方金融公庫（KommuneKredit），ノルウェーのノルウェー地方金融公社（Kommunalbanekn Norway, KBN）という北欧3ヶ国の地方共同資金調達機関の事例を取り上げる。

　北欧3ヶ国では，国内の地方債市場における地方共同資金調達機関のシェアが増加基調にある（図5-1〜5-3）。その傾向は，2008年よりグローバル・レベルで一気に深刻さの度合いを増した金融危機によって揺らぐことも特になく，それゆえ近年の地方共同資金調達機関の位置付けの高まりは，他の先進諸国と比べてもとりわけ顕著なものとなっている。

1）本章の内容は，2007年9月（スウェーデン）・2011年10月（ノルウェー・スウェーデン・フィンランド・デンマークの4ヶ国）・2013年3月（スウェーデン・デンマークの2ヶ国）の現地インタビュー調査の内容に大きく拠っている。

図 5-1 スウェーデンの地方債市場における保有者構造の推移

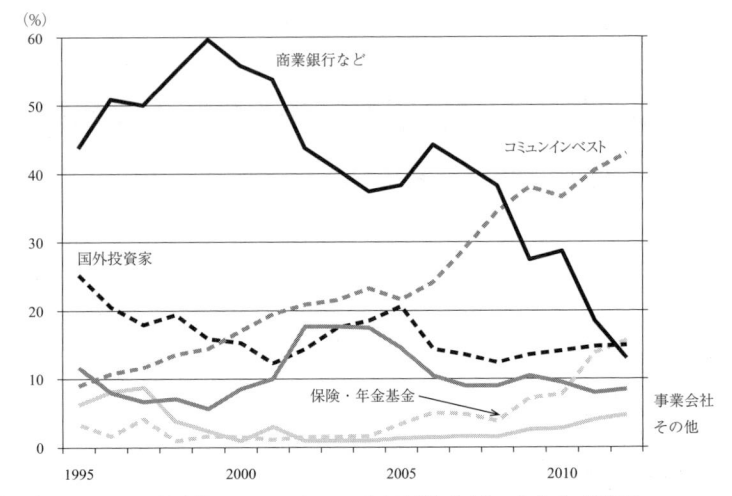

(出所) スウェーデン統計局・コミュンインベスト年次報告書より，作成（一部推計）

図 5-2 ノルウェーの地方債市場における保有者構造の推移

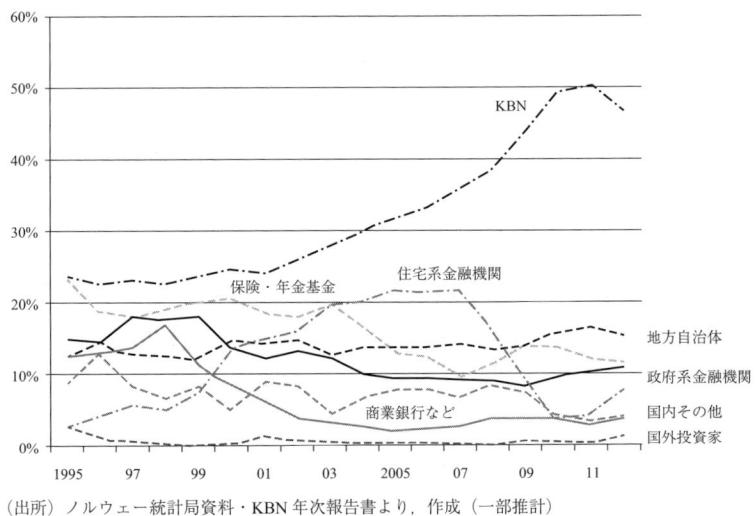

(出所) ノルウェー統計局資料・KBN 年次報告書より，作成（一部推計）

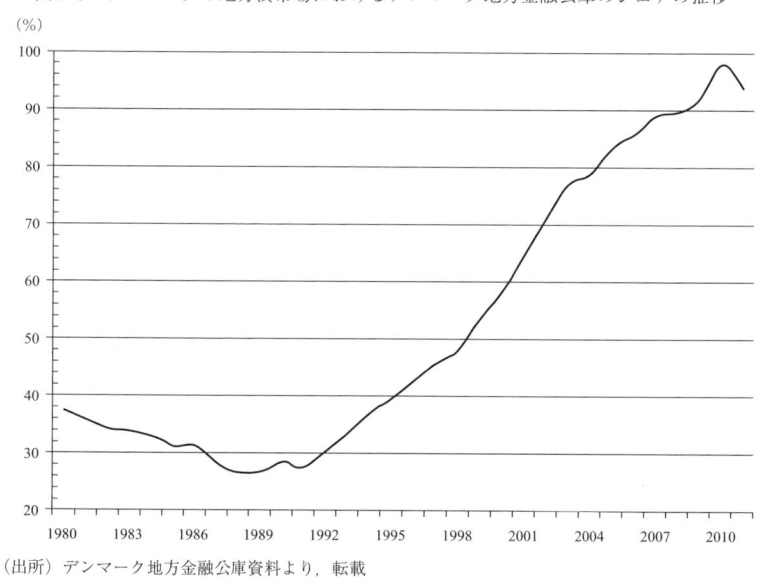

図5-3 デンマークの地方債市場におけるデンマーク地方金融公庫のシェアの推移

(出所)デンマーク地方金融公庫資料より,転載

　スウェーデンの地方債市場では最近,ストックホルム市など大規模地方自治体による債券発行も増加傾向にあるものの,依然として証書(ローン)形式の地方債が主流であることに変わりない。直近の2012年末時点では,地方債全体に占める証書(ローン)形式の割合は70.6％と,債券形式の29.3％を依然として大きく上回っている[2]。こうしたスウェーデンの地方債市場において,地方自治体への融資主体として従来は民間商業銀行が有力な存在であった。しかし,ここ10数年,その市場シェアは低下傾向にある。そして,代わって台頭してきているのがコミュンインベストであり,直近(2012年末時点)の市場シェアは43.0％と,同国最大の地方債の保有主体となっている。

　これと比較的近い状況にあるのがノルウェーである。ノルウェーでも,債券形式での地方債の発行は全体の約1割を占めるにとどまり,やはり証

2) スウェーデン統計局資料より算出。

書（ローン）形式での発行が中心である。その中でKBNは，1999年に組織改編を経た上で改めて事業を開始して以降，国内の地方債市場におけるシェアの増加基調を概ね維持している。最も有力なライバルであった旧コミュネクレジット（Kommunekredit Norges AS）が，2000年代後半よりグローバル金融危機の影響を受けて事業の縮小を余儀なくされたことも，KBNの市場シェアのさらなる上昇に寄与している。直近のシェアは47.0％に達している。

デンマークの地方債市場では，原則的に証書（ローン）形式が採られ，債券形式の発行は今日ほとんどない。そこでのデンマーク地方金融公庫のシェアは現在9割超と，コミュンインベストやKBN，あるいは他の先進諸国の地方共同資金調達機関と比べても相当に高い水準となっている。同国でも，かつては民間銀行が一定のシェアを占めていたが，最近ではデリバティブ取引が絡んだ案件などにわずかに携わるだけとなっている。

2. 競争創出型としての北欧の地方共同資金調達機関

これら北欧3ヶ国では，地方自治体（スウェーデン・デンマーク），あるいは中央政府（ノルウェー）が，それぞれ地方共同資金調達機関に100％出資し，創設・運営主体となっている。それゆえ，北欧3機関は一見すると第3章で検討した政府系金融機関型に属すものとみてよいように思われる。わが国の事例を用いていえば，コミュンインベストやデンマーク地方金融公庫は地方公共団体金融機構と同じ水平型，KBNは財政投融資制度や旧公営企業金融公庫と同じ垂直型の政府系金融機関型の地方共同資金調達機関であり，基本的な特徴を共有するものとみられても不思議ではない。

しかし，中央政府や地方自治体との経済的な関係をより丁寧にみると，北欧3機関をこのように捉えることは明らかに不適切である。なぜなら，スウェーデンやデンマークの地方自治体にしても，あるいはノルウェーの中央政府にしても，いずれも地方共同資金調達機関の事業コストをネット・ベースで負担しているわけではないからである。北欧3機関は，少なく

第 5 章　もう一つの市場競争重視モデルとしての競争創出型

とも明示的には中央政府や地方自治体から経済的な優遇措置を受けておらず，地方債市場で事業を展開している民間金融機関と，基本的に同等の競争条件のもとに置かれている。そこでは，地方債市場で健全な競争環境を維持することが重視されている。このような中で地方共同資金調達機関という制度インフラが創設・運営されていることこそが，冒頭に触れたコミュンインベストなどの近年の市場シェアの顕著な増加，裏を返せば地方自治体にとっての魅力の高まりにもつながっている。この点で，北欧 3 機関は明らかに政府系金融機関型，ないし公的支援重視モデルではなく，むしろ前章でみた民間金融機関型に近い市場競争重視モデルに属すものと考えられるのである。本書では，このような形で政府が地方共同資金調達機関の創設・運営に携わる類型を競争創出型と分類している[3]（第 2 章）。

　北欧 3 ヶ国は，こうした競争創出型の地方共同資金調達機関が普及し，国内の地方債市場で高い位置付けを確保している点で共通している。それゆえ，同類型を「北欧モデル」とよんでも差し支えないであろう。本章では，この地方共同資金調達機関の北欧モデルを考察対象とする。

---

3) 北欧諸国の地方共同資金調達機関，特にスウェーデンのコミュンインベストに関して，わが国の地方公共団体金融機構と類似した組織と捉える見方が散見される。しかし，こうした立場に立つと，①コミュンインベストなどが今日，各国の地方債市場で最大の保有シェアを有していることと，②そのシェアが増加傾向をたどってきたことという二つの事実の背景をあわせて適切に説明することが難しいと考えられる。本書では，第 6 章で詳しく論じる根拠から，地方公共団体金融機構を政府系金融機関型に分類している。こうした立場に立った上で，コミュンインベストなどがいわゆる「政府系金融機関」であるとすれば，①について，北欧諸国の地方債市場は金融市場の中でも特別な扱いを受けており，地方自治体が相当程度，デンマークではほぼ全面的に市場競争から保護されているということになる。こうした理解も，コミュンインベストなどの市場シェアの大きさに対して「民業圧迫」といった批判が特に存在しないことなどを踏まえると，相当に無理があるように思われるが，仮にこれを受け入れたとしても，②の理由を適切に説明することはさらに難しくなる。なぜなら，もし「政府系金融機関」であるならば，コミュンインベストなどの市場シェアはかねてから高くてしかるべきと考えられるからである。本章で後述する通り，少なくとも 1990 年代以降，ノルウェーでは 2000 年代以降，地方共同資金調達機関の制度設計に大きな変更は加えられていない。そうすると，なぜ 10 年前の市場シェアが今日に比べて相当に低かったのか，「政府系金融機関」という見方を採る立場から説明することは困難であろう。このようなことだけを踏まえたとしても，むしろコミュンインベストなどを，地方公共団体金融機構などとは基本的な性格を異にする競争創出型として捉えた方が，本章で論じるように①・②についてより自然な説明を行うことができると考えられる。なお，第 6 章注 7 もあわせて参照のこと。

II 相互会社型としてのコミュンインベスト・デンマーク地方金融公庫

1. 中央政府・地方自治体との関係

(1) 自発的な意志にもとづく利用者としての地方自治体

まずは，スウェーデンのコミュンインベストとデンマークのデンマーク地方金融公庫をあわせて取り上げ，検討する[4]。

コミュンインベストとデンマーク地方金融公庫は，債券を発行して調達した資金を，国内の地方自治体セクター（地方自治体・地方公営企業）向けに専門的に融資するノンバンクである[5]。これら2機関の最大の特徴は，地方自治体が利用ベースで創設・運営し，事業コストを負担するという相互会社型を採っている点にある。

コミュンインベストについてみると，スウェーデンの地方自治体は，財政状態が健全であれば同社から一定の資金を自由に借り入れることができる[6]（図5-4）。その際，地方自治体はコミュンインベストの親会社（スウェーデン地方金融協同組合（Kommuninvest Ekonomisk Förening））に加盟

---

[4] 北欧諸国の地方財政には国内外を問わず数多くの研究者から高い関心が寄せられてきたが，地方債の分野に限ると研究の蓄積は必ずしも多くない。しかも，従来の同分野での研究は地方債制度の基本的内容の紹介や財政規律の観点からの検討が主で，金融市場からの資金調達のあり方や，コミュンインベストをはじめとする地方債市場の制度インフラを対象とした研究は，簡単な紹介を行ったものを除き，わが国では私見の限り，そう見受けられない。少なくとも，コミュンインベストなどの競争創出型としての性格を指摘したものは，コミュンインベストに絞って考察した三宅・林（2008）を除き，特に見当たらない。

[5] コミュンインベストやデンマーク地方金融公庫は，地方自治体による債務保証を前提に地方公営企業にも融資を行っている。ただし，ここでは地方債市場における2機関の位置付けに関心を置くため，特に断らない限り，以下では地方公営企業向けの融資は考察の対象としない。なお，スウェーデンの地方公営企業について詳しくは，伊集・木村（2007），関口・木村・伊集（2009）など参照。

[6] ただし，コミュンインベストの側が地方自治体などの財政状態の健全性に課題があると判断した場合，その評価を融資条件に反映させ，貸付額に制限を設けたり，融資を拒否することもありうる。デンマーク地方金融公庫も，同様の対応を採る権限を有している。これについて詳しくは，第IV節参照。

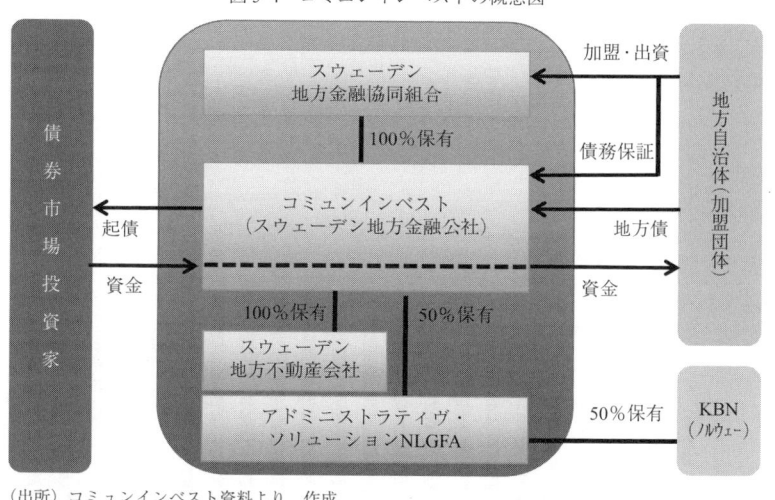

第 5 章　もう一つの市場競争重視モデルとしての競争創出型

図5-4　コミュンインベストの概念図

（出所）コミュンインベスト資料より，作成

し，人口規模に応じた出資と債務の連帯保証の責任を引き受けることが求められる。他方，加盟団体はコミュンインベストの金融サービスを利用する権利のほか，同社の所有者として株主総会に参加したり，収益の一部を配当として受け取る資格を得る。

　コミュンインベストの利用は，各地方自治体の自発的な意志に委ねられている。よって，地方自治体によるコミュンインベストへの（親会社を通じた）出資や債務保証は，義務付けられたものでは全くない。実際，スウェーデン地方金融協同組合の加盟団体数は創業より一貫した増加傾向にはあるものの，2012年末時点で274（コミューン266・ランスティング8）と，依然として約1割の地方自治体が加盟していない（図5-5）。また，地方自治体は加盟団体となった後も，個別具体的な地方債の発行案件での借入先（コミュンインベストを利用するか否か）や，加盟の継続・脱退を自由に選択することができる。

　こうした地方自治体との関係は，デンマーク地方金融公庫でも基本的に同様である（図5-6）。デンマークの地方自治体は，財政状態の健全性を前

143

図5-5 スウェーデン地方金融協同組合の加盟団体数の推移

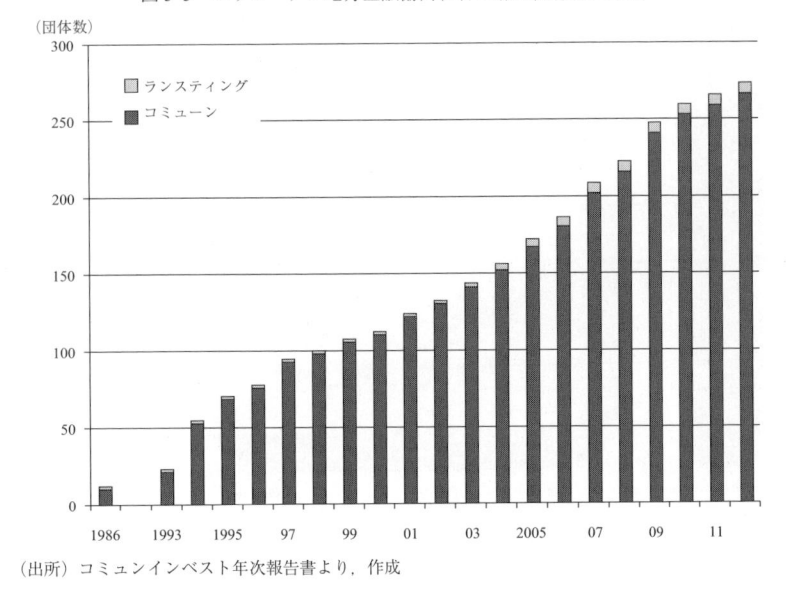

(出所) コミューンインベスト年次報告書より，作成

提として同社から資金を借りることができる。融資を受けると，当該地方自治体は自動的に同社の会員となる。会員は，コミューンインベストの場合における加盟団体と同様にデンマーク地方金融公庫の所有者となり，最終的な経営判断が下される総会に参加する権利などを得る一方，同社の債務を連帯保証する。各地方自治体は，その利点とコストを比較した上で同社の会員になるか否か，自由に選択できる。2012年末現在，デンマークの全ての地方自治体が同社の会員となっているが，これはあくまで各地方自治体の自律的な判断の結果であり，強制されたものでは全くない。

なお，デンマーク地方金融公庫では，現在は事業収益からの内部留保によって自己資本を確保しており，会員からの出資は募っていない。とはいえ，上記の通り同社は会員である地方自治体によって所有されている。また，同社の自己資本は，そもそもは会員から支払われてきた金利など手数料からの積み上げである[7]。加えて，仮に同社の自己資本の水準が総負債の1％を下回れば，会員には改めて出資が求められることとされてい

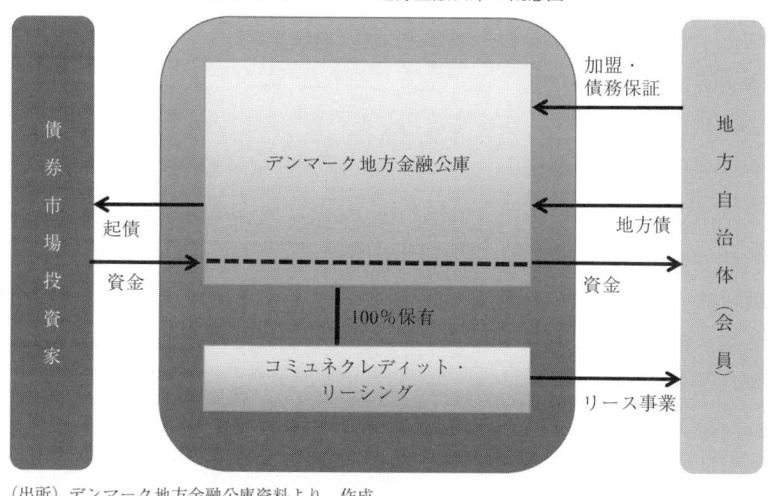

第5章　もう一つの市場競争重視モデルとしての競争創出型

図5-6　デンマーク地方金融公庫の概念図

(出所) デンマーク地方金融公庫資料より，作成

る[8]。

　以上を踏まえれば，コミュンインベストとデンマーク地方金融公庫では共に，融資を受けようとする地方自治体が2機関の出資主体として，基本的に利用ベースで事業コストを負担していることがわかる。つまり，地方自治体は金融市場からの資金調達コストの軽減効果の大きさという純粋に経済合理的な観点から，2機関の利用を各々自律的に判断している。それゆえ，ある地方自治体の地方債の発行コストを他の地方自治体のネット・ベースでの経済的負担によって軽減し，地方債の発行を支援するといった性格のものでは決してない[9]。

---

7) 1899年の創業より1980年代後半まで，デンマーク地方金融公庫の自己資本は，地方自治体への融資額の一部を自動的に預け入れてもらうという形で賄われていた。地方自治体は融資を受けると，借入額（元本）の0.5%が同社の自己資本への拠出分として差し引かれ，残りの99.5%を受け取る。地方自治体は，この0.5%分も含めた返済義務を負う。ただし，借入額が返済されると，この0.5%分は運用による利息を上乗せして地方自治体に支払われる。
8) こうした点を踏まえ，以下では議論の趣旨を明確にするべく，コミュンインベストにおける加盟団体と同様，デンマーク地方金融公庫の会員である地方自治体を同社の「出資主体」とよぶ。

（2）中央政府から独立した運営

　コミュンインベストやデンマーク地方金融公庫に対して，各国の中央政府は無償での出資や政府保証の提供，補助金の給付などといった特別な優遇措置を講じていない。2機関はあくまで地方自治体からの利払いを中心とする手数料収入を原資として，独立採算ベースで運営されている。中央政府は，少なくとも経済的な負担を伴う形でこれら2機関を支援するということは一切行っていない。

　制度的な取り扱いをみると，コミュンインベストを対象とする特別な法律は特に制定されておらず，与信業務を行う金融機関として民間金融機関と同じく金融監督庁（Finansinspektionen）の規制・監督下に置かれている。また，法人税についても民間金融機関と同様に支払っている[9]。

　一方，この点に関してデンマーク地方金融公庫はやや異なる。同社には固有の立法措置がなされ，監督官庁も金融監督庁（Finanstilsynet）ではなく，地方自治体を管轄する経済・内務省（Økonomi-og Indenrigsministeriet）である。ただし，法人税については納税義務を現在では負っており，この点はコミュンインベストと変わりない。

2．歴史的な沿革：1970年代以降の金融自由化が与えた影響

（1）コミュンインベスト

　コミュンインベストやデンマーク地方金融公庫の歴史的な背景をみると，特に1970年代以降の金融市場の自由化が大きな影響を与えたことがわかる。

　この点，特にコミュンインベストについては，前身のコミュンインベス

9）金融機関の金融サービスの利用者がその出資主体となるという相互会社形態は，金融市場一般でも決して珍しくない。例えば，多くの本邦生命保険会社，あるいは注32でも触れる米国の大手資産運用会社のバンガード（Vanguard Group）などはそうである。
10）中央政府や中央銀行との情報交換や，経済的な負担を明示的には伴わない形での連携は，適宜図られている。スウェーデンの地方財政制度や現状について概説した資料「スウェーデンの地方自治体の信用度（The Creditworthiness of Swedish Local Governments）」の共同作成は，その一例である（2006年版は財務省・地方自治体連合・コミュンインベストの連名，2011年版は財務省を除く2者の連名）。

第5章　もう一つの市場競争重視モデルとしての競争創出型

表 5-1　スウェーデンの地方債市場をめぐる動向（1970〜1990年代）

	スウェーデン		
	地方債関連の制度改革	金融市場の規制改革	コミュンインベスト
1974		・国内企業による外国市場での債券（外貨建て）発行，自由化	
1977	・地方自治体法，改正。地方財政の収支均衡を求める条項の採用。		
1978		・預金金利規制，廃止（ただし，銀行間の協調はしばらく残存）	
1979	・地方債の許可制度，廃止。満期5年超の地方債についても，地方自治体の原則自由な発行が可能に。		
1980		・国内銀行によるCD発行，自由化 ・金融機関による債券発行，自由化 ・民間発行債券の発行金利に対する規制，廃止	
1982		・民間発行債券の新規発行に対する規制，廃止	
1983	・国内銀行に対する流動性証券（国債など）の保有義務規制，廃止（生保は86年）		
1985	・地方自治体による債券発行，自由化	・国内銀行に対する貸付金利規制と融資上限規制，廃止	
1986			・コミュンインベスト・エーレブルー，創設
1988		・国内企業による外国市場での債券（SEK建て）発行，自由化	
1989		・海外投資家によるスウェーデン債券（SEK建て）への投資，自由化 ・国内投資家による外貨建て取引，自由化	
1991	・地方自治体法，改正。地方財政の収支均衡条項が廃止。代わって「財政状態の健全性の維持」が各団体に求められた。	・債券発行に関して，発行体・発行金利規制を廃止	
1993			・コミュンインベスト・エーレブルー，現在のコミュンインベストに改組。
1995		・スウェーデン，EU加盟	
1998	・地方自治体法，改正。2000年までに均衡予算ルールを採用することを要求する条項の採用。		

（出所）各種資料より，作成

ト・エーレブルー（Kommuninvest I Orebro lan AB）が1986年という時期に創設されたことからも容易に推察できよう（表5-1）。

スウェーデンではかつて、商業銀行に対する預金・貸出規制や国外との金融取引に対する制約など、厳しい金融規制が課されていた[11]。しかし、1970年代に入って中央政府の財政収支が悪化すると、国内での国債の安定消化を図るべく、民間企業に国外での資金調達を促す改革が行われ、これを機に金融規制が次第に緩和された。商業銀行に関しては、1978年に預金金利の上限が廃止されると、1980年代にはCD（譲渡性預金）や債券の発行が自由化され、資金調達の多様化が認められるようになった。また、国外との金融取引についても、自国通貨（スウェーデン・クローネ）建て・外貨建てでの債券発行に関する規制などが同時期に緩和され、金融機関や事業会社にとって国外からの資金調達が次第に可能・容易化された。

こうした流れのもと、地方債市場でも1979年には起債許可制が廃止され、地方自治体は投資的事業に要する資金を原則的に自由に金融市場から調達できるようになった。地方債の発行方法についても、国債のほか金融機関による債券発行が徐々に進んできたことも踏まえ、1985年には債券形式での発行が自由化された。

こうした変化を受けて、従来のように民間商業銀行からの融資だけに頼らず、より有利な資金調達の機会を模索する動きが地方自治体の中で表れ始めた。コミュンインベスト・エーレブルーは、そうした取り組みの一つとして誕生した機関である[12]。社名が示す通り、同社はエーレブルー地域の地方自治体が自発的に集まって組織された。その意図としては、金融市場からの資金調達を一本化すれば調達規模を拡大でき、また調達時期を定期化できる。こうすれば、債券を発行して国外を含む資本市場に直接的にアクセスすることが容易になるという考えがあった。また、地方自治体セ

---

11) スウェーデンにおける金融自由化、あるいは北欧金融危機の影響について詳しくは、Drees & Pazarbasioglu(1998), Englund(1990)・(1999), Hansson & Jonung (1997), Jonung (1993), Jonung, Kiander & Vartia (2009), Oxelheim (1996), 吉川 (1995) など参照。
12) 以下、インタビュー調査、Holmberg & Frommegard (2005) 参照。

クターに限った融資機関とすることで機関の発行債券の安全性が高まり，資金調達コストをさらに軽減できるとの期待もあった[13]。

　こうした思惑は，創設から数年後に起きた1990年代初頭の北欧金融危機の際，早々にその有効性を示した。住宅バブルの崩壊を受けて，民間金融機関は総じて多額の不良債権を抱え込み，地方自治体への融資余力を低下させた。他方，コミュンインベスト・エーレブルーは，この時期でも比較的安定的に金融市場から資金を調達することに成功したのである。このことが全国的な注目を集め，エーレブルー外の地方自治体から同社に融資の希望が相次いで寄せられた。これに応える形で，1993年に事業を全国規模に拡大する改組が行われた。その後，中小規模の地方自治体を中心に評価を高め，地方債市場におけるシェアを堅調に伸ばして今日に至っている（後掲図5-9）。

（2）デンマーク地方金融公庫

　他方，デンマーク地方金融公庫は1899年の誕生と，100年を超える歴史をもつ[14]。デンマークでは，19世紀後半より学校の建設や道路の整備などへの需要が次第に強まった。しかし，当時の国内金融市場は今日のように発達しておらず，民間商業銀行からの借り入れだけでは地方自治体の資金需要を十分に満たすことができなかった。こうした状況への不満から，当時の金融市場全般で広くみられた相互会社（共同組織）形態の金融機関を地方債市場でも創設しようとの議論が地方自治体の間で持ち上がった。そして，約20年の議論を経て支持が広がり，デンマーク地方金融公庫の設立に至ると，その後は認知度の上昇と共に市場シェアを概ね順調に伸ばし，1970年代には9割を超える地方自治体が融資を受ける金融仲介機関へと成長した。

　しかし，1980年代前後より，デンマーク地方金融公庫の運営は新たな段

13）コミュンインベストは，同社の組織形態，特に相互会社形態の採用について，同社の創設時にはすでに存在したデンマーク地方金融公庫を参考としたものではないとしている。
14）以下，インタビュー調査，Jensen（1949）参照。

階を迎えた。デンマークでは1970年代前半頃まで，特に国外との金融取引については対内・対外の両面で厳しい規制が存在したが[15]，こうした規制は1973年の欧州経済共同体（European Economic Community, EEC）への加盟などを機に次第に緩和された[16]（表5-2）。1974年には国外の投資家によるデンマーク債券への投資が可能となり，また国内の経済主体による国外での債券発行も徐々に自由化された。地方自治体に対しても，外貨建てでの資金調達が1980年頃に認められ，国外の金融市場から資金を調達することも容易となった。

こうした中，デンマーク地方金融公庫に対する規制緩和は遅れた。同社に対しては1980年代に入っても国外での債券発行がなお厳しく制限され，この点では民間金融機関よりむしろ不利な状況に置かれた。そのため，内外金利差が広がったことも影響して，地方債市場では，国外からの資金調達で有利となった民間銀行からの借り入れや，ドイツ・マルク建ての債券形式での地方債発行へのシフトが進んだ。その結果，1980年代前半にデンマーク地方金融公庫の市場シェアは10％ポイント以上も低下した（前掲図5-3）。

このような事態を受けて，デンマーク地方金融公庫に対する規制も，1980年代後半頃からようやく緩和され始めた。1987年には，同社に対してそれまで認められていた法人税の支払い義務を免除する優遇措置が廃止される一方で，外貨建ての資金調達が新たに許可された[17]。当初は調達した資金をすぐに融資に充てなくてはならなかったが，1992年より資金調達と融資の時期の乖離（ミスマッチ調達）も認められた。その後，ミスマッ

---

15) ただし，デンマークは欧州諸国の中では比較的早くから金融市場の自由化が進み，国内債券市場が発展していた国として知られる。そもそも同国では，後述する通り住宅金融機関によるカバード・ボンドの発行の歴史が長くある。また，第二次世界大戦後の金融規制をみても，例えば，国内銀行や保険会社に事業規模に応じて国債などの保有を義務付けるといった規制は，スウェーデンなどと異なり導入されなかった。

16) デンマークにおける金融自由化について詳しくは，注11参照文献のほか，Pozdena（1991）など参照。

17) 1980年代前半まで認められていた税制優遇措置の存在などを踏まえれば，デンマーク地方金融公庫はかつて，公的支援重視モデル（補助金給付型）としての性格を一部有していたと捉えることは可能である。

表 5-2　デンマークの地方債市場をめぐる動向（1970～1990年代）

	デンマーク	
	金融市場の規制改革	デンマーク地方金融公庫
1973	・デンマーク，EEC（欧州経済共同体）に加盟	
1974	・海外投資家によるデンマーク債券への投資，自由化	
1979	・海外投資家による，政府債（DKK建て）への投資を一時的に禁止（～83年）	
1980	・銀行の融資上限，引き上げ	
1981	・銀行の貸付金利規制，緩和	
1983	・国内投資家による外国債券（満期2年超の上場債券）への投資，自由化	
1984	・預金金利規制，廃止	
1985	・銀行の融資上限，引き上げ	
1987		・外貨建て融資が可能に ・法人税の支払い義務が発生
1988	・国内投資家による外貨建て取引，自由化 ・国内企業による外国市場での債券発行，自由化	
1989	・債券発行に関して，発行体規制を廃止	
1990		・ユーロ CP プログラムを設定
1991		・ユーロ債，発行開始
1992		・ミスマッチ調達が可能に
1993	・マーストリヒト条約，発効（ただし，デンマークは国民投票でユーロ採用を拒否）	・ユーロ MTN プログラムを設定

(出所) 各種資料より，作成

チ調達の許可額は段階的に引き上げられ，同社は国外からの資金調達をより柔軟に行えるようになった。こうした制度的手当の効果もあって，同社の市場シェアは回復，さらには拡大傾向に転じた[18]。

---

18) デンマークにおける北欧金融危機の影響は，スウェーデンなどと比べると軽微だったとされる。注11参照文献。

Ⅲ 地方自治体からの高い評価の背景

　コミューンインベストとデンマーク地方金融公庫は，地方自治体が利用ベースで創設・運営しており，中央政府などからは特別な優遇措置を一切受けていない。にも関わらず，2機関は各々，1970年代以降の金融市場の自由化を契機に創設，または事業の転機を迎え，それ以降は今日までほぼ一貫して市場シェアを堅調に伸ばしている。現在では，2機関ともに各国で最大の地方債の保有主体となっている。このことは，地方債の発行コストを軽減する金融サービスを提供する機関として，2機関が国内の地方自治体から高い評価を得ていることを意味する[19]。本節では，これを可能としている三つの要因について検討する。

1. 国外の金融市場への効率的なアクセス

　コミューンインベストやデンマーク地方金融公庫に対する地方自治体からの高評価の背景の第一には，2機関がノンバンク型の金融仲介機関として，国外の金融市場に効率的にアクセスできるという強みが挙げられる。この点は，前節でみた2機関の歴史的背景からも明らかといえよう。こうした特徴は，両国の地方自治体にとって今日もなお魅力的なものと受け止められていると考えられる。

　両国の金融市場では，商業銀行がユニバーサル・バンクとして高い位置付けを得ている[20]。例えば，事業会社の負債性資金の調達状況をみると，銀行借り入れの割合がスウェーデンで81.6％，デンマークで86.0％と圧倒

---

19) コミューンインベストは顧客満足度調査を定期的に実施している。その結果がやや詳しく紹介されている2007年版の同社年次報告書をみると，同年に行われた調査では加盟団体の9割が満足し，とりわけ地方自治体が最も重視する融資条件に関して非常に高く評価されているとの結果が得られ，特に批判的な指摘は受けなかったとされる。

20) スウェーデンでは，ノルディア（Nordea）・ハンデルスバンケン（Handelsbanken）・スウェドバンク（Swedbank）・SEBという4大銀行グループが大きな市場シェアを有する。また，デンマークでは，ダンスケ・バンク（Dansuke Bank）やユスケ・バンク（Jyske Bank）といった国内系のほか，ノルディアも一定のシェアを占めている。

的である(2012年)。ただし,商業銀行の融資の原資は国内預金だけで占められているわけではない。むしろ,国外からの預け入れが増えており,現在ではその割合(31.3％・33.6％)は国内の家計(28.0％・25.2％)や事業会社(15.3％・7.2％)の預金を上回っている[21]。

住宅ローン市場で中心的な役割を果たす住宅金融機関においても,国外からの資金調達の位置付けは高い。住宅金融機関の資金調達は債券発行に大きく依存したものとなっている。その保有者構造をみると,スウェーデンではかつて社会保障基金も相当のシェアを占めていたが,1990年代末の年金制度改革によって基金の規模自体が縮小した。これに代わってシェアを伸ばしたのが国外の投資家で,現在のシェアは35.0％と最大の保有主体となっている[22]。また,デンマークでは住宅金融機関によるカバード・ボンドの発行が200年超の長い伝統をもち,現在も相当の規模を有している[23]。直近の2012年末現在,同国のカバード・ボンド市場の規模は3,659億ユーロで欧州第3位,対GDP比率は149％と,欧州域内で圧倒的な首位となっている(図5-7)。このカバード・ボンド市場において,国外の投資家は有力な保有主体となっている[24]。

以上より,両国では今日,事業会社や家計に直接的に資金を貸し付けているのは引き続き国内の金融機関が中心ではあるが,実質的には国外からの資金調達の重要性が相当に高まっていることがわかる。このことは,金融制度の自由化が相当に進んでいることもあわせて踏まえれば,地方自治体が地方債を発行する際に採りうる選択肢が,国外からの資金調達も含めて従前に比してかなり幅広くあることを意味する。

---

21) 各国統計局資料より算出。
22) 注2参照資料より算出。
23) デンマークではじめてカバード・ボンドが発行されたのは,ドイツでカバード・ボンド(ファンドブリーフ債)が最初に発行されたのとほぼ同時期の1797年である。なお,デンマークのカバード・ボンド市場について詳しくは,Frankel, Gyntelberg, Kjeldsen & Persson (2004), Nykredit (2010) など参照。
24) デンマークのカバード・ボンドの保有者構造を示す直接的なデータは見当たらないが,同国の債券の6割が金融機関によって発行されていることを踏まえれば,債券市場全体の投資家構成がおおよその手がかりになろう。2012年末現在,国外投資家の保有シェアは25.9％に達する。デンマーク統計局資料より算出。

図 5-7　欧州主要国のカバード・ボンド市場の規模

(注) 発行残高上位 5 ヶ国，および北欧 4 ヶ国を掲載。2012年末時点。
(出所) 欧州カバード・ボンド協会資料，IMF 資料より，作成

　実際，特にスウェーデンでは，こうした機会を活かそうという地方自治体の取り組みが個別レベルでも進んでいる。ストックホルム市など大都市で特に近年，債券形式の地方債を発行して国外を含む機関投資家から直接的に資金を調達する動きが増えつつあることは，その一つの表れといえる[25]。

　ただし，こうした金融市場へのアクセス機会の多様化は，同時に金融取引の「参加費用」(Allen & Santomero (1997) (2001)) の上昇を意味する。起債に際して採りうる選択肢の数が増えると，地方債を発行する各地方自治体としては，各選択肢の利点とコストを見極め，自らの必要や能力に応じて使い分ける必要がこれまで以上に高まることとなる。しかし，特に中小規模の地方自治体などにとって，幅広い選択肢から最適な方法を選び，国内外の金融市場から資金を効率的に調達することは，必ずしも容易なこととはいえない。

---

[25] 国外の投資家の地方債（債券形式）の保有シェアは22.8％に達する（2012年）。注 2 参照資料より算出。

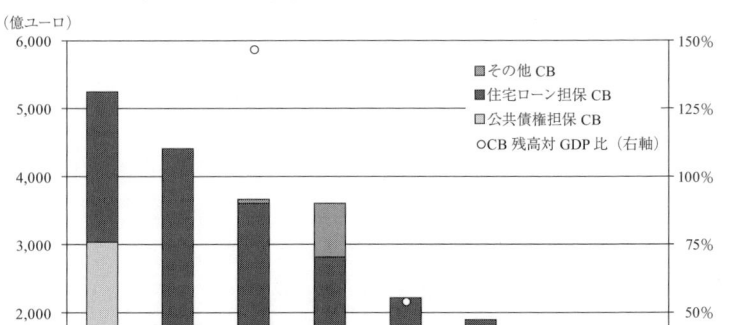

コミュンインベストやデンマーク地方金融公庫は，こうした状況に対応した金融サービスを提供する金融仲介機関として，地方自治体から高く評価されているものと考えられる。これは，2機関が債券発行を通じて融資の原資を調達するというノンバンク形態を採ることで，預金を通じた資金調達を主とする商業銀行などと比べて容易に国外から，特に年限の長い資金を調達できることに起因する。

実際，2機関の資金調達の状況をみると，コミュンインベストの通貨別内訳では自国通貨建ての割合は全体の36％，デンマーク地方金融公庫では同20％にすぎず，国内からの資金調達の割合は必ずしも大きくない（2012年）。2機関はむしろ，欧州（自国除く）や日本，最近では米国などで積極的に債券を発行している[26]。特に日本では，定期的に投資家向け説明会を開いたり，母国語や英語のほか日本語の資料を作成したり，ウェブサイトのページを開設するなどして，投資家向けの情報提供（Investor Relations, IR）活動を充実させている。

2．民間の金融機関と同等の競争条件

（1）事業の効率化に対する強い動機付けと自由

コミュンインベストやデンマーク地方金融公庫が地方債市場で高い位置付けを占めている第二の要因として，公的支援重視モデルではなく，市場競争重視モデルを採用していることの強みが挙げられる。すなわち，2機関が中央政府や地方自治体から経済的な優遇措置を受けておらず，民間の金融機関と同等の競争条件のもとに置かれていることが，地方自治体から高い評価を獲得する一助になっていると考えられる。

前節で述べた通り，コミュンインベストやデンマーク地方金融公庫は，地方自治体から出資や債務保証の提供を受けている。しかし，それはあくまで2機関の金融サービスを利用する対価としてのものであり，各地方自

---

26) 2機関の年次報告書（2012年版）参照。なお，コミュンインベストは創業以来，国外からの資金調達を中心に行っていたが，2010年より国内市場での債券発行の比重を高めるべく，スウェーデン・ベンチマーク・プログラムを設定した。将来的にはコミュンインベストの資金調達の50％を，同プログラムを通じて行うとの目標を掲げている。

治体は自らが受ける恩恵を超える負担を一切負っていない[27]。地方自治体はそれぞれ，2機関の出資主体となるか否かや，加盟団体ないし会員となった後も毎回の地方債の発行で2機関を利用するか否かを，純粋に経済合理的な観点から判断している。中央政府に至っては，そもそも事業コストの負担を通じた経済的な関与を一切行っていない。このことは2機関からすれば，有益な金融サービスを提供する機関としての評価を地方自治体から得られるよう，そして得続けられるよう努めなければ，地方債市場における自社の位置付けが低下し，ひいては存在意義を失いかねないことを意味する。

こうした制度設計は，コミュンインベストやデンマーク地方金融公庫の事業の効率化に2通りの形で資するものと考えられる。一つは，2機関が民間金融機関などとの競争に常にさらされることで，地方自治体にとってより魅力的な条件を提示し，案件をより多く獲得しようとする動機付けが静的・動的に強く働くという形である。もう一つは，事業規模に対する制約が課されず，2機関が最大限自由に，思う存分事業の効率化に向けた取り組みを推し進めることができるようになるという形である。

特に後者については説明を要するだろう。地方共同資金調達機関は一般的な金融仲介機関と同様，できるだけ多数の金融取引の案件を取り扱うことで規模・範囲の経済性や，リスクのプール化による分散効果を追求し，金融取引コストの引き下げを図る（第2章）。よって，コミュンインベストなどが事業の効率化を図る上で，事業規模の拡大は主要な戦略となる。実際，この点は2機関でも明確に認識されている。特にコミュンインベス

---

[27] より正確には，2機関の創設・運営に携わる地方自治体は，2機関と経済的な関係をもつことを通じてネット・ベースの経済的な負担を負うことを，事前には期待・予想していないということである。確かに，結果としてある地方自治体がネット・ベースで負担を負う可能性は否定できない。しかし，そうした結果が事前に予想される場合，地方自治体は2機関に出資などを行う理由はない。また，加盟団体や会員となった後であっても，ネット・ベースで経済的な便益を受けられず，そうした状況が今後も続くと予想されるのであれば，その地方自治体は2機関との経済的な関係を打ち切るものと考えられる。現に，このような判断からスウェーデンでは，例えばストックホルム市などが依然としてスウェーデン地方金融協同組合の加盟団体になっていない。

第5章　もう一つの市場競争重視モデルとしての競争創出型

トは，2015年までの全地方自治体の加盟や，2017年までの地方自治体セクター向け融資事業でのシェア7割の獲得を目標としている[28]（2012年時点）。

このように2機関が事業規模を拡大することに対して，これを制約する規制はない。また，民業圧迫といった批判も特に見当たらない。これは，2機関の競争条件が民間金融機関と基本的に同等とされており，2機関の市場シェアの拡大は健全な競争を通じた結果，言い換えれば，民間金融機関以上に2機関が地方自治体向けの金融サービスをより効率的に提供している結果であると捉えられているからである。こうした状況に，2機関の事業への規制などによって制限を課すことは，かえって地方債市場における競争環境を歪めるものとなりうるのである。この点に関して，デンマーク地方金融公庫で法人税の納税免除という特権の廃止と同時に，国外からの資金調達に関する規制などが緩和されたという先に触れた事実は，注目すべきものと思われる。

（2）地方債市場における競争の保証主体としての役割

なお，こうした効率化の追求に関連して，特にコミュンインベストが自らを「有効競争の保証主体（Guarantor for Effective Competition）」[29]と位置付けている点も注目される。

コミュンインベストは，地方債市場における自らの事業の継続やシェアの拡大そのものではなく，国内の地方自治体に最適な金融市場へのアクセス機会が提供される状況を実現することを，究極的な目標としている。それゆえ，非営利ベースで事業を運営する同社としては，これを可能とする金融サービスを自らが提供することに固執する理由は，その意味では必ずしもない[30]。むしろ，自らが地方債市場に参入することによって，民間の

---

28) 同社年次報告書（2012年版），同社紹介資料（Onepager）参照。
29) 同社年次報告書（2007年版）参照。
30) 非営利ベースの運営というコミュンインベスト・デンマーク地方金融公庫の事業方針の意味については，注31参照。

金融機関が対抗して地方自治体により魅力的な条件を提示するようになれば，コミュンインベストや，同社の出資主体である地方自治体としては，結果的に意図した目的が達成されたこととなる。

このように，コミュンインベストによる効率性の追求に向けた取り組みが地方債市場での健全な競争を促し，民間金融機関が提供する金融サービスの魅力の向上にもつながるという副次的な効果も期待されている点は，特筆に値しよう。

3. 地方自治体の立場に立った中立的な金融サービスの提供

コミュンインベストやデンマーク地方金融公庫が地方債市場で高いシェアを有する第三の要因としては，相互会社型の採用によって，金融機関で一般的に生じうる出資主体と顧客の間の利害相反問題が回避されている点を挙げることができる。出資主体と顧客との利害関係は，第4章で詳しくみた民間金融機関型では潜在的な経営課題としてあった点である。これが，同じ市場競争重視モデルであっても，金融サービスの利用者が同時に出資主体でもあるという相互会社型（ないしより広く競争創出型）ではむしろ強みとなっていることは重要といえよう。

一般的な民間金融機関の場合，顧客から受け取る金利などの手数料収入から事業経費を差し引いた差額の事業収益は内部留保されるか，配当として配分され，いずれにせよ出資主体に帰属する（図5-8）。それゆえ，民間金融機関では出資主体と顧客の利害は潜在的に対立し，ややもすると短期的な事業収益の追求，出資主体への還元を重視して，顧客の利益を軽視した行動を採ろうとする動機付けが生じる可能性がある。

しかし，相互会社型を採る2機関の場合，実現される付加価値は，貸付金利の引き下げや金融サービスの拡充という形であれ，配当の支払いという形であれ，いずれにせよ地方自治体に還元される。なぜなら，2機関の出資主体と顧客は，共に同じ地方自治体だからである。よって，2機関の法人としての利害（出資主体への貢献を図る上での利害）と地方自治体の利用者としての利害が基本的に一致する仕組みとなっており，2機関が地方

第5章　もう一つの市場競争重視モデルとしての競争創出型

図5-8　金融仲介機関における利害相反問題

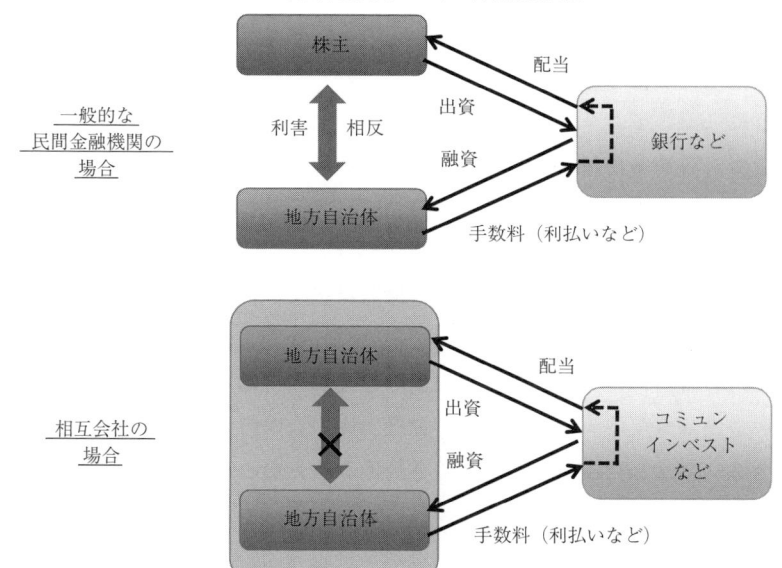

一般的な
民間金融機関の
場合

株主 ⇔（利害相反）⇔ 地方自治体
株主 — 配当 — 銀行など
地方自治体 — 出資／融資 — 銀行など
銀行など — 手数料（利払いなど） — 地方自治体

相互会社の
場合

地方自治体 ×（利害相反なし）× 地方自治体
地方自治体 — 配当 — コミュンインベストなど
地方自治体 — 出資／融資 — コミュンインベストなど
コミュンインベストなど — 手数料（利払いなど） — 地方自治体

（出所）筆者作成

　自治体の中長期的な利益に資する形で事業を行おうとする動機付けが必然的に働く組織形態となっている。つまり，例えば利用者が本来必要とする以上に多額の，あるいは複雑な金融取引が絡む形での借り入れを勧めて事業収益を追求することは，2機関にとって経済合理的なものとはなりにくくなる[31]。それゆえ，相互会社型という特徴は，2機関の事業の中立性の確保につながり，同社が提供する金融サービスに対する信頼・安心感を地方自治体に与えることにも資すると考えられる[32]。

　この点は，デンマーク地方金融公庫のアドバイザリー・サービスの歴史的背景からも垣間みえる[33]。同社は，通常の融資業務の一環としての情報

---

31) コミュンインベストとデンマーク地方金融公庫は共に非営利ベースで事業を行っている。これは2機関が相互会社形態を採用しているがゆえに，利用者・出資主体である地方自治体とは別の経済主体のために利益を追求することはないという組織の性格を表している。それゆえ，例えば2機関が場合によっては赤字を覚悟してでも政策的な観点から地方自治体を支援する用意があることを意味するものなどでは全くない。

提供だけでなく，別途手数料を取って地方自治体などにアドバイザリー・サービスを提供している。同社側からの主体的な情報提供と，地方自治体の債務全体の管理のあり方への助言という点が，有料サービスの特徴とされる。

この有料サービスの提供は，デンマーク地方金融公庫の歴史の長さに鑑みれば比較的最近の2003年より開始された。その背景には，1990年代頃より地方自治体に新しい形の取引を持ちかける民間商業銀行の動きが強まったことがあった。これに対して地方自治体の側では，彼らから提供される情報を必ずしも十分には消化しきれず，複雑な情報をわかりやすく，また地方自治体の立場に立って中立的に提供し，助言するサービスを求める声が出てきた。デンマーク地方金融公庫の有料のアドバイザリー・サービスは，こうした声に応えて提供されるようになったものである。2012年現在，デンマークの地方自治体の約3割が同サービスを利用している。

4．2008年以降のグローバル金融危機の影響

なお，2008年9月のリーマン・ショックを契機とするグローバル金融危機以降も，特にコミュンインベストの地方債市場におけるシェアは，民間商業銀行とは対照的に上昇している[34]（前掲図5-1）。同社の市場シェアは2007年の29.4％から2012年には43.0％へと，5年間で13.6％ポイント上昇

---

32) 地方債市場以外の金融市場で出資主体と利用者を一致させる組織形態を採る金融仲介機関が高い位置付けを占めている事例には，米国の大手資産運用会社であるバンガードが挙げられる。バンガードは，同社の出資証券を，運用する投資信託のポートフォリオに組み入れることで，投資信託の持ち分を購入する投資家，すなわち顧客が同社の出資者になるという仕組みを採用している。バンガード自身，こうした仕組みを取り入れることによって資産運用会社と投資信託の持ち分の保有者との間に利害相反問題が起きず，効率的な金融サービスの提供が可能となるとしている。なお，バンガードは低コスト戦略を武器に，米国投資信託市場において現在，フィデリティ（Fidelity Investments）やキャピタル・リサーチ（Capital Research）など他の大手資産運用会社を抜いて運用資産残高ベースで最大手となっている。バンガードについて詳しくは，Slater（1997）など参照。
33) 以下，インタビュー調査にもとづく。なお，コミュンインベストやデンマーク地方金融公庫，および後述するノルウェーのKBNを含む北欧4ヶ国の地方共同資金調達機関のアドバイザリー・サービスについて詳しくは，丸山・堀内（2012）参照。
34) 2008年以降のグローバル金融危機がスウェーデンの地方債市場に与えた影響について詳しくは，三宅（2013）参照。

第5章　もう一つの市場競争重視モデルとしての競争創出型

した。また，これまで同社を利用してこなかった比較的財政規模の大きな地方自治体の中から，これを機に同社の金融サービスに関心を示すところも表れた。2012年には，スウェーデン第二の都市ヨーテボリ市が新たにスウェーデン地方金融協同組合に加盟した。また，デンマーク地方金融公庫も，グローバル金融危機を経た今日もなお，9割超の市場シェアを有する状況に変わりはない（前掲図5–3）。

　このように金融市場が不安定化した際にもコミューンインベストなどが引き続き地方債市場での事業運営を安定的に継続，というよりむしろ拡張できたのは，2機関がいわゆる「政府系金融機関」であるがゆえのことではない。これは，すでに繰り返し述べてきた内容から明らかであろう。そうではなく，国内の地方自治体セクター向けの融資事業に特化するというビジネス・モデルが功を奏した結果といえる。東欧など新興国向け融資を積極化させるなどしていた多くの民間金融機関とは異なり，2機関では金融危機を経ても資産の不良化が進まなかった。そのため，グローバル・レベルで金融市場の不安定性が増す中，相対的にマクロ経済・金融市場が健全性を維持したスウェーデンやデンマーク，そこでもさらに安全性が高いとみられた地方債市場に事業を特化する2機関に，「質への逃避」とよばれる動きを強める投資家の資金が集まった。それゆえ，2機関は金融危機の最中でも，比較的安定して融資事業を展開することができたのである。

　しかし，地方債市場における融資事業への特化を，本節で検討している，2機関が国内の地方自治体から中長期的に高い評価を得ている第四の要因とみることは，必ずしも適切でない。なぜなら，地方債市場への事業の特化は，地方共同資金調達機関の事業運営にとって必ずしも良い面ばかりとはいえないからである。事業の特化は，他のセクターからの影響を抑える点ではプラスに働きうる一方，規模・範囲の経済性の追求や事業のリスク分散という点ではむしろマイナスに働きうる。それゆえ，金融市場が不安定な時期はともかく，そうでない時期においても，地方債市場への事業の特化という特徴が2機関の強みとなるとは限らない。しかし，2機関の市場シェアの実際の推移をみると，金融市場が比較的安定していた時期

も含め，長期にわたって一貫した増加基調を維持している。しかも，特にコミュンインベストについては，前身の組織が創設されたのは1986年で，スウェーデン経済がむしろ好調な時期であった。

　地方債市場での事業への特化というビジネス・モデルが，2008年以降のグローバル金融危機のように金融市場全体が不安定化する時期に有効に機能する可能性は，確かに一般的に高いといえよう。しかし，上記のことを踏まえれば，こうしたビジネス・モデルが，金融市場が比較的安定している時期も含めて，コミュンインベストやデンマーク地方金融公庫が一貫して地方債市場におけるシェアを伸ばし続けている主因と捉えることは難しいと考えられる。

IV │ 経済合理的な運営を行うための条件を確保する難しさと対応

1. 相互会社型の地方共同資金調達機関が抱える潜在的な経営課題

　コミュンインベストやデンマーク地方金融公庫が提供する金融サービスは現状，多くの地方自治体から高く評価されている。しかし，その一方で，2機関の事業運営には潜在的な課題があることも見過ごしてはならない。

　特にここでは，融資事業でのリスク管理を取り上げる[35]。例えば，民間商業銀行では，融資に際して事前に融資先のリスク，特に信用リスクを審査し，その結果を踏まえて融資条件（融資額・金利水準など）に適切な格差を設ける。また，資金を貸し付けた後も継続的に情報を収集し，必要に応じて財務状態の健全化を求める助言や支援を，時に強制力を伴う形で提供する。こうした情報生産とリスク管理によって，商業銀行は自らの財務状態の健全性の確保に努めている。

　しかし，地方自治体を出資主体兼利用者とする相互会社型のコミュンイ

ンベストやデンマーク地方金融公庫においては，こうした経済合理的な経営を行うことは，民間金融機関と同様には必ずしもいかない。というのも，2機関の利用に関して地方自治体間で格差を設けることには，例えば地方自治体の公共的性格や，地方債には信用リスクは存在しないといった主張を根拠に，特に政治的な反発・抵抗が起きる可能性が想定されるからである[36]。

しかし，地方自治体間で財政状態の健全性に差がある，ないし生じうることは，スウェーデンやデンマークでも否定し難い事実である。これが地方債のリスクにも影響を与える可能性があるとすれば，コミューンインベストやデンマーク地方金融公庫も，事業運営において政治的な独立性・中立性を確立し，そのもとで引き受ける地方債のリスクを適切に管理する必要がある。これが困難となれば，2機関が抱えるリスクが過大となり，2機関の財務悪化，金融サービスの競争力の低下，最終的には出資主体である地方自治体のコスト負担増につながりかねない[37]。

2. コミューンインベストにおける市場原理に則った対応

こうした潜在的な課題に対して，コミューンインベストは「市場原理に則って（market dominant）」[38]対応しようとする姿勢を比較的鮮明にしている。

---

35) このほか，特にコミューンインベストでは，近年の事業規模の急速な拡大に対処するべく，あるいはまた2008年以降のグローバル金融危機を経て現在推し進められている金融規制の強化の流れの中で導入が検討されているレバレッジ比率規制に対応するべく，自己資本の増強が直近の大きな経営課題となっている。これに対してコミューンインベストは，2010年の10億SEKの劣後ローンの発行，事業収益の内部留保の拡大などを通じて対応を進めている。同規制に関して，デンマーク地方金融公庫は現状，十分な自己資本を有しているため，特段の措置を講じる必要はないとしている。
36) 政府系金融機関における経済合理的なリスク管理の困難さについては，Rodrik & Zeckhauser (1988)，Stiglitz (1993) 参照。
37) このことは逆に言えば，2機関など地方共同資金調達機関が，地方債のリスクの大きさに応じて貸付条件に適切な格差を設定すれば，財政規模の大小や地方債の信用リスクの大きさに関わらず，全ての地方自治体にとって，地方共同資金調達機関を通じて資金を借り入れることで，金融市場からの資金調達コストを軽減できる可能性が十分にあることを意味する。
38) "market dominant" は，インタビュー調査で同社担当者が繰り返し用いた表現である。

コミュンインベストは，スウェーデンの地方債の安全性は一般的にきわめて高いという見解を採っている[39]。同社はその理由として，地方自治体が法的に破産を認められていないこと，課税自主権の保有，強力な財政調整制度，均衡予算制度の存在などを挙げている。また，同社が創業以来，地方自治体向け融資事業で貸し倒れを一切経験していないことも，地方債の安全性の高さを示す有力な根拠の一つとして挙げられている。

　しかし，スウェーデンでかつて深刻な地方財政危機が起きたことも，一方で事実である。最近では1990年代前半，住宅バブルの崩壊を受けて地方住宅公社が多額の不良債権を抱え，出資や融資を行っていた地方自治体の財政状態が悪化した。この時，ハニンゲ市やビューブ市をはじめ，最終的には全体の約4割に相当する100を超える地方自治体が中央政府に臨時の財政支援を求める事態に発展した[40]。

　また，大都市の中には格付けを得ている地方自治体もあるが，その水準は必ずしもスウェーデン国債と同等とは限らず，地方自治体間で格差もある[41]。このことは，スウェーデンの地方債に信用リスクはない，あるいは地方自治体間で差はないとする見解が市場で広く共有されているわけでは必ずしもないことを示唆する。

　こうした事実も踏まえてか，コミュンインベストでは融資先の地方自治体の財政状態の健全性を独自に分析し，その評価を融資業務に反映させる体制を採っている。そこでは様々な財政指標が算出されているが，中でも重視されている指標の一つが人口1人あたりの債務残高である[42]。具体的にいえば，同社はまず，スウェーデンのマクロ経済や地方自治体セクター

39）同社ウェブサイト資料・年次報告書参照。
40）スウェーデンの地方財政規律について詳しくは，Dahlberg & Johansson（2002），Pettersson-Lidbom & Dahlberg（2003），von Hagen & Dahlberg（2004），von Hagen et al.（2000）など参照。なお，現行の均衡予算制度は，こうした経験を踏まえたものである。
41）大手格付機関S&P（Standard & Poor's Ratings Services）は，ストックホルム市をAAA格とする一方，ヨーテボリ市はAA＋格としている。ただし，その差は1ノッチとわずかであることも事実である（2012年末時点）。
42）コミュンインベストによる地方財政分析に関しては，インタビュー調査，同社ウェブサイト参照。

第 5 章　もう一つの市場競争重視モデルとしての競争創出型

全体の動向を踏まえ，適当と考えられる地方自治体の人口 1 人あたり債務残高の上限を算出する。この値をもとに各地方自治体の実際の債務残高を連結ベースで評価し，要因を個別的に分析する。仮に，ある地方自治体の債務残高が同社の算出する債務上限の適正水準を上回っていたとしても，それが一時的な要因によるものであったり，優良資産を保有していたり，人口増や地域経済の成長などが将来見込まれる場合，コミュンインベストが特段の対応を採ることはない。他方，財政状態の健全性の観点から課題があるとなれば，コミュンインベストは同地方自治体に対して助言を行い，健全化に向けた計画を策定するよう求める[43]。それでも改善が見込まれなければ，融資額の引き下げ，場合によっては融資そのもの，ないし加盟自体の拒否（加盟団体に対しては資格剥奪）もありうる。それゆえ，コミュンインベストはスウェーデンの地方債市場における最後の貸し手としての役割を担っているわけでは決してない。こうした個々の地方自治体を対象とした分析・評価は，地方自治体からスウェーデン地方金融協同組合への加盟申請があった際，また加盟団体については年 2 回の頻度で定期的に行われる。必要に応じて個別に，情報収集・分析やアドバイスの提供が追加的に行われることもある。

　ただし，こうした対応をもってしても，コミュンインベストが純粋に経済合理的な観点からの経営を完遂できているとは必ずしも言い切れない。例えば，財政状態の健全性に関する分析の結果を貸付金利に柔軟に反映する仕組みを同社は採っておらず，基本的には地方自治体の間で同一年限の融資において金利差を設けていない。また，スウェーデン地方金融協同組合に加盟する地方自治体の特性をみると，金融市場へのアクセスが潜在的な条件から比較的難しいと考えられる中小規模の地方自治体が多くを占めている（図 5-9）。スウェーデンの首都であり，同国最大の都市であるス

---

43) コミュンインベストのアドバイザリー・サービスは，このように融資先の財政状態が悪化する事態を事前に防ぐという，自らの融資事業のリスク管理の観点から行われている側面が強く，この点で先述のデンマーク地方金融公庫のサービスとは性格を異にする。インタビュー調査にもとづく。なお，同社のアドバイザリー・サービスについては，注33参照文献のほか，三宅・林（2008）参照。

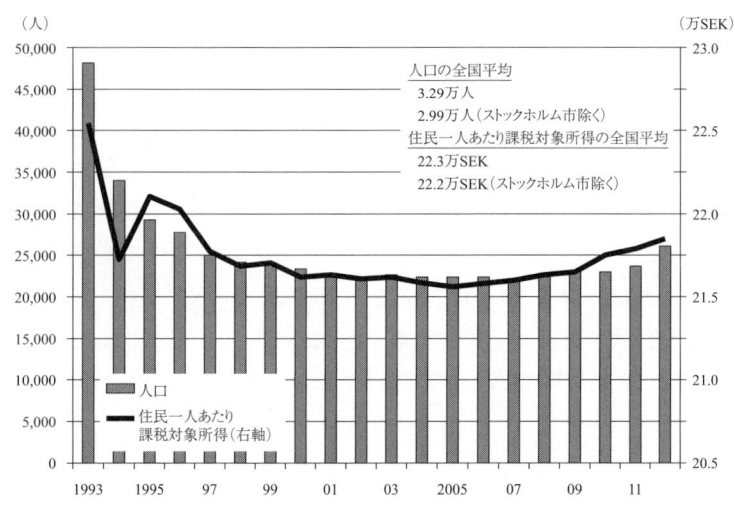

図 5-9　スウェーデン地方金融協同組合の加盟団体（コミューン）の特徴

（注）　2012年時点の値をもとに作成。1992年以前に加盟していた地方自治体は除く。
（出所）　コミューンインベスト年次報告書，スウェーデン統計局資料より，作成

トックホルム市などは，2012年末時点においても依然として加盟していない。このことは，コミューンインベストが実現するスウェーデン地方債市場における金融取引の効率化の効果が，程度の差はあれ，加盟団体に遍く還元される仕組みとなりきれていないことを示唆している。

3. 中央政府による起債統制を前提としたデンマーク地方金融公庫の対応

デンマーク地方金融公庫も，個々の地方自治体に対して融資額を制限したり，融資そのものを拒否する権限をもつ点ではコミューンインベストと同様といってよい。しかし，そうした権限を実際に行使することは稀である。そもそも，各地方自治体の個別の財政状態に関する情報収集・分析を，デンマーク地方金融公庫は独自には行っていない。

こうした方針の背景には，デンマークにおける地方債の発行制度が一主因として挙げられる[44]。同国では，スウェーデンをはじめ多くの先進諸国

第5章　もう一つの市場競争重視モデルとしての競争創出型

とは異なり，今日でも地方自治体に対して原則的に自由な地方債の発行は認められておらず，中央政府の許可が事前に必要とされている。まず，起債によって調達する資金の使途事業については詳細な規定が設けられている。その上で，毎年度行われる中央政府と地方自治体の代表（Kommunernes Landsforening, KL）との予算協議を通じて，事業分野ごとに地方債の発行枠が決定される。各地方自治体はこの方針にもとづいて，中央政府から許可を得なければ地方債を発行することができない[45]。加えて，中央政府は各地方自治体の財政状態の健全性を監督しており，キャッシュフロー収支が赤字の地方自治体は，改善に向けた計画書の作成・提出が要求される[46]。こうした制度の存在を踏まえれば，地方債の発行時点ですでに，中央政府の規制・監督によって各地方自治体の財政状態の健全性が十分に確認されており，デンマーク地方金融公庫があえて情報分析などを別途行うことは不要との判断があると推察される。

デンマークでも，過去に地方自治体の財政状態が深刻化したことがなかったわけではない。しかし，そうした事例はきわめて少ないとされる。また，例えば1980年代後半に地域経済のバブルの崩壊によって財政状態が深刻化したデンマーク領フェロー諸島の場合，中央政府は同地域の地方自治体に対して，財政運営への関与の強化を条件として緊急の補助金の給付や債務保証の提供を行い，事態の打開を図った[47]。

こうした対応の妥当性や，デンマークの地方債の信用リスクへの示唆については，議論が分かれるところであろう。ただし，少なくともデンマーク地方金融公庫は，地方債制度の厳格さを一つの根拠として融資先個々の

44）デンマークの地方財政制度，予算策定に際しての中央政府の関与，政府間協議などについて詳しくは，Jørgen & Pedersen（2002），Mouritzen（2008），菅沼（2005）など参照。
45）地方公営企業が行う投資的事業については，こうした協議・許可のプロセスを経ることなく，金融市場から資金を調達することが認められている。
46）具体的な起債方法は地方自治体の裁量に基本的に委ねられており，発行形式などは各地方自治体が自由に決定できる。ただし，外貨建ての地方債については2011年よりユーロ建て以外は認められなくなった。
47）2007年の自治体再編により，フェロー諸島やグリーンランドはデンマーク地方金融公庫の事業範囲外となり，現在では同地域の地方自治体を対象とする新規の融資は行われていない。

財政状態の分析などは自前で行っていない。また，同一年限の資金を貸し出す際に地方自治体の間で金利に格差は設けていない。そして，こうした措置を採る同社の利用を，現在ではコペンハーゲン市を含む全ての地方自治体が，自らにとって経済的な利点があるとの期待のもとに自発的に選択していることも，また確かである。

V 政府後援企業型としてのKBN

これまで，地方自治体が利用ベースで創設・運営する相互会社型の地方共同資金調達機関の事例として，スウェーデンのコミューンインベストとデンマークのデンマーク地方金融公庫についてみてきた。これに対して，ノルウェーでは，中央政府が100％出資しているKBNが国内最大の地方債の保有主体となっている。この点だけみれば，地方共同資金調達機関のあり方は北欧諸国の間で相異なるようにも思える。

しかし，出資主体が違うとはいえ，KBNの地方共同資金調達機関としての基本的な性格，国内の地方債市場で果たす本質的な役割は，コミューンインベストやデンマーク地方金融公庫とほぼ共通しているものと捉えられる。すなわち，他の北欧2ヶ国と同じく，ノルウェーにおいても地方債市場における健全な競争環境を創出・維持することが重視され，そのもとで地方共同資金調達機関が制度インフラとして高い位置付けを占めているのである。本書の分類に従えば，ノルウェーのKBNは市場競争重視モデル，中でも中央政府が創設・運営主体となる政府後援企業型に属す事例と捉えるべきものである。本節では，この点について考察する。

1. KBNの制度設計

（1）配当を対価とした出資主体としての中央政府

KBNもコミューンインベストなどと同じく，債券を発行して調達した資金を国内の地方自治体セクターに融資するノンバンクである[48]。しかし，中央政府がKBNの株式を100％保有している点では異なる[49]（図5-10）。

中央政府は，出資主体として KBN の事業リスクを負担する対価として，事業収益の一部から配当を受け取る権利を有する[50]。また，KBN が発行する債券は国債ではなく，中央政府による保証が付されているわけでもない。さらに，KBN の事業運営は独立採算ベースで行われており，中央政府は経常的な補助金も給付していない。中央政府による KBN の事業コストの負担，経済的な関与は，あくまで配当の受け取りを前提とする出資主体としてのものに限られ，少なくとも明示的には経済的な優遇措置を講じていない。

KBN の制度的な取り扱いをみると，事業は金融監督庁（Finanstilsynet）

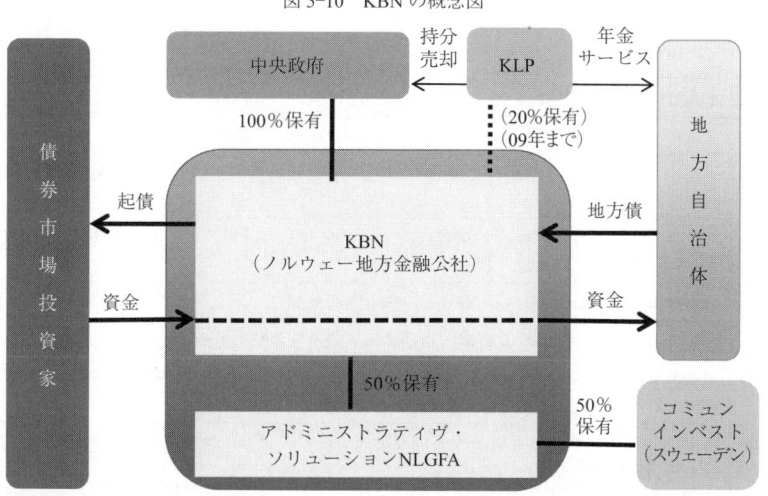

図 5-10　KBN の概念図

(出所) KBN 資料より，作成

---

48) KBN もコミュンインベストなどと同様，地方自治体による債務保証を前提として地方公営企業などに資金を貸し付けることがある。
49) KBN としての事業開始の翌年にあたる2000年から2009年まで，KBN の株式の20％は，地方公務員の年金資金の運用などを行う KLP（Kommunal Landspensjonskasse）によって保有されていた。この点を含め，KBN の地方自治体との関係については，本節の中で後述する。
50) KBN の配当政策については，中央政府が目標値を定めており，KBN は事業運営の状況を踏まえつつ，目標の達成に向けた努力が求められている。例えば2001年度では，国債（3年物）の利回りプラス300 bp の配当を期待するとされた（税引後の純資産価値ベース）。

の規制・監督下に置かれており，法人税の納付義務も負っている[51]。また，KBN が地方債の発行案件を獲得するためには，各地方自治体が行う入札に参加しなくてはならない。こうしたことから，KBN は民間金融機関と基本的に同様の扱いを受けているといえる[52]。

KBN の現行の制度設計は1999年の改組以降のものである（表5-3）。KBN は，そもそも1927年に事業を開始した旧ノルウェー地方自治体銀行（Norges Kommunalbank）を出自とするが，当時は中央政府から無償で出資や債務保証の提供を受けていた。また，こうした優遇措置の裏返しとして，旧ノルウェー地方自治体銀行に対しては，資金調達や融資事業の規模に制約が課

表 5-3　KBN の沿革

年	出来事
1927	KBN の前身であるノルウェー地方自治体銀行，地方自治体向け融資を専門とする政府系金融機関として創業。
1929	ノルウェー地方自治体銀行の債務に対し，中央政府の保証付与。
1945	ノルウェー地方自治体銀行の業務に対し，中央政府の経済政策との連動が要求される。
1970	ノルウェー地方自治体銀行の業務に対し，中央政府の為替政策における重要な役割を果たすことが新たに要求される。
1986	ノルウェー地方自治体銀行，海外での債券発行が禁止。
1998	ノルウェー議会，ノルウェー地方自治体銀行の有限責任会社への転換を決定。
1999	現在の KBN（ノルウェー地方金融公社）に改組。一般の民間金融機関と同等の規制下に置かれるとともに，海外での債券発行が可能に。
2000	KLP，KBN の株式20％を中央政府より購入。これにより，中央政府が80％，KLP が20％を共同出資する形態へ。
	KBN，スウェーデンのコミュンインベストと，IT システムの共同開発に関して合意。
2001	KBN，ウェブサイトを通じたリアル・タイムでの金融情報サービスの提供を開始。
2007	KBN，「KBN」という略称の使用を開始。
2009	中央政府，KLP が保有する KBN の株式を買い取り。これにより，再び中央政府が100％出資する形態へ。

（出所）KBN 年次報告書より，作成

51）出資主体としての関与は，総務省（Kommunal-og Regionaldepartementet）が管轄している。

されていた。しかし，1999年の組織変更によって現在の KBN となった際に，中央政府との関係は上記の内容に抜本的に改められた[53]。同時に，事業規模に関する制限が撤廃され，民間金融機関と同様，効率性を追求して事業の拡大を図ることは自由とされた。つまり，この改革を機に，KBN は公的支援重視モデルから市場競争重視モデル（政府後援企業型）の地方共同資金調達機関に転換したのである。

（2）地方自治体との関係

KBN と地方自治体との関係に注目すると，コミュンインベストやデンマーク地方金融公庫の場合とは異なり，ノルウェーの地方自治体は一切，KBN に出資，あるいは債務保証の提供などを行っていない[54]。地方自治体はあくまで，KBN の金融サービスの利用者としての立場にとどまる[55]。

KBN の地方自治体向けの融資業務は，民間の商業銀行などと基本的に同様の形で行われている。ノルウェーでは地方自治体が地方債を発行する際に，入札を通じて引受先を選定することが義務付けられており，KBN もこの入札に参加することが求められている。入札の結果，他の金融機関よりも地方自治体にとって魅力的な条件を提示できれば，KBN が同地方

---

52) もっとも，これをもって KBN と民間金融機関の競争条件が完全に同等と言い切れるかは，必ずしも明確ではない。実際，2007年後半以降のグローバル金融市場の不安定化を受けて，ノルウェー輸出金融公社（Eksportfinans）の発行債券に対する投資家の懸念が高まった際（後述），中央政府は KBN に対する出資を通じた関係にいささかの変更もないというコメントをわざわざ出して，中央政府との関係性を強調した。また，大手格付機関は2012年末現在，KBN に最高格付け（AAA/Aaa 格）を付与しているが，その根拠の一つとして中央政府との関係性の強さを挙げている。例えば S&P は，KBN の財務状態が悪化した際には中央政府からの適時かつ十分な特別支援が期待されるとの見解を採っている（S&P（2012））。
53) KBN の発足後，同社が発行する債券には政府保証が付されなくなった。また，すでに発行済みの債券については，KBN から中央政府に元本の0.1％相当の保証料が支払われた。
54) 注49で触れた通り，KBN の事業の性格上，地方自治体からも一定の出資を募ろうとの趣旨から，KLP が KBN の株式20％を保有していた時期もあった。しかし，これはあくまで年金基金の運用という形での出資である点に留意すべきである。すなわち，各地方自治体が KBN の金融サービスを利用する対価として個別的に出資するというものではない。この点で，先にみたコミュンインベストやデンマーク地方金融公庫の場合とは異なる。
55) KBN は，公金運用のあり方など，地方債の発行や債務管理以外の分野に関する助言を地方自治体に提供することもある。詳しくは，注33参照文献。

自治体に融資を行うこととなる。

　KBN は，ノルウェーの地方財政制度の内容や地方自治体の全般的な財政状態を踏まえて，自らが引き受ける地方債の安全性はきわめて高いという見解を示している。そして，地方自治体からの元利払いが予定通りの期日に行われない可能性（タイムリー・ペイメント・リスク）は懸念されうるものの，最終的に元利を満額受け取ることができずに貸し倒れとなる回収リスクはないとしている。こうした考えから，KBN は地方債の信用リスクに備えた引当金を積んでいない[56]。

　ここで留意すべきは，KBN が決して，地方債市場における最後の貸し手としての役割を引き受けているわけではないことである。つまり，財政状態が深刻化し，単独では民間金融機関などから融資を受けることが難しくなった地方自治体に対して，採算性をある程度無視してその資金繰りを支援するといった体制を，KBN は用意していない。実際，KBN は個々の融資先に対して貸付額の上限を設定し，これを超える融資には慎重な立場を採っている。KBN はそれゆえ，地方自治体からの借り入れ需要に全面的に応えているわけではない[57]。

　確かに，KBN は融資先の財政状態の健全性に応じて貸付金利に格差を設けるという方針は採用していない。しかし，これはデンマーク地方金融公庫の場合と同様，ノルウェーの中央政府が地方自治体の財政状態に関する情報を収集し，その健全性を維持するための監督を十分に行っているとの判断からである。また，ノルウェーでは，予算編成段階で財政収支が赤字となった地方自治体に対して，3年以内に赤字を解消することが求められる。しかも，その実現を確実なものとするべく，中央政府は，当該地方自治体の名前をリストの形で公表した上で，財政再建計画を提出することと，地方債の発行に際して事前に起債許可の申請を行うことを求める。そ

---

56) 同社年次報告書参照。
57) Moody's（2012 b）参照。同資料によると，人口1人あたりの債務残高が10万 NOK（ノルウェー・クローネ）を超える地方自治体に対して KBN が融資を行おうとする場合には，取締役会にその可否が諮られるとのことである。

れでも状況が改善されずに財政状態が深刻化した場合には，中央政府が債務の返済も含めて，当該地方自治体の財政運営を全面的に引き継ぐ方針が，事前に法律で定められている。このように，ノルウェーでは中央政府が自ら，財政制度を通じて直接的に地方自治体の最後の貸し手としての役割を果たすという仕組みが採られている。それゆえ，KBNにはこうした役割は期待されていない。

2. ノルウェー地方債市場における競争を勝ち抜いてきたKBN

KBNは，このように中央政府を出資主体としながらも，民間金融機関と基本的には同等の条件のもとで競争を繰り広げている。その結果をみると，少なくともこれまでのところ，KBNの地方債市場におけるシェアは概ね増加基調を維持しており，現在では5割近くの水準に達している（前掲図5-2）。

特に2000年代半ばまでKBNの有力なライバルとなったのは，地方債市場での事業を専門とする旧コミュネクレジットであった。同社は，そもそもは国内大手商業銀行の一つ，旧クリスティアニア銀行（Christiania Bank）の一組織であったが，1999年に大手民間金融グループ3社が共同出資するノルウェー輸出金融公社（Eksportfinans）に買収された[58]。旧コミュネクレジットはその傘下で地方自治体セクター向けの融資残高を伸ばし，2000年代半ばにはKBNに次ぐ約2割の市場シェアを獲得するに至った。しかし，2007年後半からの金融市場の不安定化によって親会社の財務状況が悪化し，その影響から旧コミュネクレジットの事業規模は親会社の方針で縮減を余儀なくされた。結局，ノルウェー輸出金融公社は整理され，その機能は政府機関に継承されることが2011年に決定された。旧コミュネクレジットについては，これより早い2009年にノルウェー地方自治体年金基

---

58) ノルウェー輸出金融公社は同国の長期輸出金融を専門的に取り扱う金融機関として1962年に官民の協力にもとづいて創設された。2001年にノルウェー中央政府の出資を受け入れて以降は，商業銀行系の大手民間金融グループ3社が計85％，中央政府が15％の持ち分を所有する形となった。

金（Kommunal Landspensjonskasse, KLP）に売却された。現在，同社はKLPクレジット（KLP Kreditt AS）という新社名で事業を再開している。ただし，少なくともこれまでのところ，KLPクレジットの市場シェアが金融危機前の水準に回復するという状況には至っていない[59)60)]。

このほか，地域金融機関や保険・年金基金，住宅金融を専門とする公的金融機関のヒュースバンケン（Husbanken）なども地方債市場で一定のシェアをもつ。また，財政規模が比較的大きい地方自治体は，債券形式の地方債を発行して年限のやや短い資金を調達している。しかし，これらの比重は長期的に横ばい，ないし低下傾向をたどっており，KBNがそのシェアを奪っている状況にある。

KBNの市場シェアが増加している背景は，同じく中央政府を出資主体とする地方共同資金調達機関である英国のPWLBなどとは全く異なる。PWLBでは，地方自治体の財政状態が悪化することを事前に防ぐために，英国の中央政府がPWLBの事業コスト（リスク）を無償で負担するという優遇措置を講じ，意図的にその市場シェアを引き上げた（第3章）。一方，KBNの競争条件は民間の金融機関と基本的に同等に揃えられている。中央政府の出資，あるいは事業規模に対する制約の廃止は，その後のKBNの市場シェアの拡大を保証したものでは明示的にも，また実質的にもなかった。今日のKBNの高い市場シェアは，あくまで市場競争を通じた結果なのである。

KBNの市場シェアが増加基調にある要因はむしろ，第Ⅲ節で詳しくみたコミュンインベストなどが国内の地方自治体から高い評価を得ている背

---

59) KLPは2000年に中央政府からKBNの株式20％を取得した。しかし，2009年に旧コミュネクレジットを買収すると，地方債市場で競合する2社の株式を同時に保有する利点はないというKLPの判断と，地方債市場の競争環境を維持したいという中央政府の判断から，KLPはKBNの株式を中央政府に売り渡した。よって，KBNは現在，中央政府が100％出資する形となっている。

60) KLPは，KLPクレジットと同じく地方債市場での事業を専門的に行うKLPコミュネクレジット（KLP Kommunekreditt AS）を有している。これは，旧コミュネクレジットを買収した際にあわせて創設されたもので，地方債を担保とするカバード・ボンドの発行を主な事業としている。KLPは現在，同社を通じてグループとしての地方債市場での事業を強化している。

景と概ね重なると考えてよい。つまり，ノンバンク形態の採用による国外の金融市場からの資金調達での強み，経済的な優遇措置がないことによる事業の効率化に向けた動機付けと自由，中立的な金融サービスの提供を可能とする制度設計，以上三つである。このうち，3番目の要因については，KBNはコミューンインベストなどと異なって相互会社型を採用しておらず，出資主体と利用者は異なる。そして，ノルウェーの中央政府はKBNに対して妥当な水準の配当を支払うことを求めている。しかし，中央政府は地方自治体の金融市場へのアクセス状況の改善を一義的な目的として出資しており，一般的な民間投資家と比べて，短期的に配当を過度に要求する動機付けは低いと考えられる。また，地方自治体の財政状態が悪化すれば，中央政府に偶発債務の負担が生じることも懸念されるゆえ，地方自治体の財政状態の健全性を維持することに関して，中央政府と地方自治体の利害は一致している。こうしたことを踏まえれば，中央政府を出資主体とするKBNにおいても，地方自治体の立場に立った中立的な金融サービスを提供するよう動機付ける仕組みが採られているとみてよい。

VI 地方共同資金調達機関の北欧モデルとは何か

1. 地方債市場の競争環境を重視する北欧諸国

本章では，相互会社型を採用するコミューンインベストとデンマーク地方金融公庫，そして政府後援企業型を採るKBNを題材として，北欧モデルともよびうる競争創出型の地方共同資金調達機関について検討した。内容は，以下のように要約することができる。

そもそも競争創出型とは，地方債市場における金融機関相互の競争を活性化させることを目的として，中央政府や地方自治体が地方共同資金調達機関の創設・運営に関わっている類型である。北欧3機関では，中央政府や地方自治体が100％出資主体となっており，一見すると政府系金融機関

型の地方共同資金調達機関と見紛いかねない。しかし，北欧3機関の出資主体である政府は，地方共同資金調達機関への関与を通じて，地方債の発行コストをネット・ベースで分担して地方自治体の資金調達を支援する意図は一切有していない。そうではなく，地方共同資金調達機関という，国内の地方債市場で事業を展開する既存の民間金融機関とは異なる種の金融仲介機関を創設し，健全な競争環境を創出・維持することで，地方自治体の金融市場からの資金調達コストの軽減を図っているのである。それゆえ，北欧3機関と政府との関係は，「政府系金融機関」という用語から一般的に想起されるものとは大きく異なる。3機関とも，地方自治体から支払われる利払いなどの手数料を収入源として独立採算ベースで運営されており，少なくとも明示的な形で政府から経済的な優遇措置を受けてはいないのである。

　北欧ではなぜ，このような競争創出型の仕組み，公的関与のあり方が採用され，結果としてそれぞれの国で最大の地方債保有主体としての地位を獲得・維持できているのだろうか。

　まず，公的支援重視モデルではなく市場競争重視モデルが採用されると，地方共同資金調達機関は他の民間金融機関と基本的に同等の競争条件のもとにおかれる。これにより，地方共同資金調達機関には効率的な事業運営が強く動機付けられる。また，市場シェアを高めても地方債市場における健全な競争環境を歪めることはないので，事業の効率化を図って事業規模を思う存分拡大させることができる。ここには，中央政府などから経済的な優遇措置を一切受けないことが，かえって地方自治体にとっての魅力を押し上げることに資するという，一見すると逆説的とも思える事実を見出せる。

　また，市場競争重視モデルの中でも民間金融機関型ではなく競争創出型が採られれば，利用者である地方自治体の立場に立った中立的な金融サービスを提供することが容易となる。それは，民間金融機関の場合に一般的に懸念される出資主体と利用者との利害相反問題を回避できる制度設計となっているからである。このことは，地方共同資金調達機関を利用しよう

第5章　もう一つの市場競争重視モデルとしての競争創出型

とする地方自治体に対して，金融サービスに対する信頼感も与える。

　こうした競争創出型の強みが北欧各国でこれまで基本的に円滑に機能してきたことが，コミューンインベストなどの市場シェアの増加基調を支える主因と考えられる。ただし，競争創出型の地方共同資金調達機関が公的な関与を受けている以上，いかにして政治的な中立性・独立性を確保し，経済合理的な事業運営を行うかが大きな経営課題となる。

　この点に関して，コミューンインベストは，融資先個々の財政状態の健全性について独自に分析を行い，その評価にもとづいて融資条件に一定の格差を設けるという，市場原理に則った対応を採っている。一方，デンマーク地方金融公庫やKBNでは，各地方自治体に対する融資条件は基本的に一律に設定されている。こうした対応の違いの背景には，地方債の発行制度，地方自治体に認められている起債自主権の大きさの違いがあるものと考えられる。地方分権化の進展，それに伴う起債自主権の拡充が国際的な流れともなりつつある中で，デンマーク地方金融公庫やKBNのような対応が引き続き維持されるのか，あるいは他国でも妥当性をもつかは，検討を別途要しよう。また，コミューンインベストが，地方自治体との関係性の中でどこまで市場原理に沿った性格を強めることができるのかは，ストックホルム市の今後の加盟などともあわせて注目される。

2. 北欧の地方共同資金調達機関が果たす政策的役割

　第2章で指摘した通り，地方共同資金調達機関は地方債を発行する地方自治体を対象とした政策手段として有効に機能する可能性をもっている。それでは，北欧3機関に関してはどうであろうか。中央政府などは，これら3機関に対する公的関与を通じて何らかの政策目標を実現しようと企図しているのだろうか。もしそうであれば，それはどのようなものであろうか。

　この点，ノルウェーではKBNに対して政策的な役割が明確に期待されている。具体的にみると，KBNの事業目的は，地方自治体が妥当なコスト負担で金融市場から安定的に資金を調達できる環境を保障することと，

出資主体である自らに妥当な水準の配当を支払うことの2点とされている。そして，特に前者の目的を達成するべく，地方債市場の競争を活発化させると同時に，KBN が一定の市場シェアを獲得・維持して，民間金融機関が地方自治体に提供する金融サービスに影響を与える「価格設定主体 (Price-Setter for Credit)」[61]となることを目指すとしている。これは，コミュンインベストが自らをスウェーデンの地方債市場の「有効競争の保証主体」と位置付けるという，第Ⅲ節で触れた考え方に通じるものといえる。

KBN はその上で，自らの存在によって地方債市場の競争が活発化し，地方債の発行コストが軽減されるという利点は，特に中小規模の地方自治体にとって大きいとしている[62]。そもそも，前身の旧ノルウェー地方自治体銀行時代には，政府系金融機関として事業規模が限定された中で，中小の地方自治体向けの融資に注力する方針が採られていた。現在の KBN は，大規模団体も含めて地方債の発行案件を引き受けるようになった。とはいえ，独自に資本市場で資金を調達することが容易ではない中小規模の地方自治体に金融市場への効率的なアクセス手段を提供することが重要な役割である点は，引き続き変わりないとしている。

こうしたことを踏まえれば，ノルウェーの中央政府は KBN に対して，全ての地方自治体に金融市場への標準的なアクセス機会を保障するための政策手段としての役割を期待しているものと考えられる[63]。他方で，中央政府の出資が無償のものではないことや，最後の貸し手としての機能を KBN に担わせていないこと，一般・特定補助金制度の運用と KBN の融資行動に特段の連関がないことなどを踏まえれば，中央政府が地方財政運営に責任を共有する立場から KBN を創設・運営していると理解することは難しい[64]。

---

61) 同社年次報告書参照。
62) 同社年次報告書，インタビュー調査参照。
63) ノルウェーの地方自治体の全てが KBN から融資を受けているわけではない。しかし，このことは本文の記述と矛盾するものではない。KBN は，あくまで標準的なアクセス機会を保障する存在であって，KBN が提供する機会を利用するか否かの最終的な判断は，各地方自治体に委ねられているのである。

第 5 章　もう一つの市場競争重視モデルとしての競争創出型

　一方，KBN 以外の北欧 2 機関，すなわちコミュンインベストやデンマーク地方金融公庫は，金融市場からの資金調達に関する自らのコスト負担を軽減しようと図る地方自治体が相互に連携して，自然発生的に誕生した機関である。それゆえ，事前に何らかの政策目標を想定し，その実現を図って創設されたとは考えにくい。

　しかし，コミュンインベストやデンマーク地方金融公庫は各国の地方債市場で今や最大の保有主体となっており，地方自治体にとって不可欠な存在といっても過言ではない。こうした中で，ちょうど前章でみた米国の金融保証保険会社の場合と同様，コミュンインベストなどは地方債市場の制度インフラとしての役割を，自らは意図せざる形で引き受けているものと捉えられる。その役割とは，KBN と同じく競争創出型の地方共同資金調達機関として，金融市場へのアクセスに関する地方自治体間の機会の格差を緩和するという公共性の高い機能である。

　実際，本章でも指摘した通り，特にコミュンインベストでは，中小規模の地方自治体が加盟団体の中心を占めており（前掲図 5-9），また，自ら地方債市場における「有効競争の保証主体」としての役割を果たしていると自認している。さらにいえば，デンマーク地方金融公庫も含め，最後の貸し手としての機能を担っていない。こうしたことなどは，コミュンインベストやデンマーク地方金融公庫が，結果として KBN と同様，金融市場への標準的なアクセス機会を保障する役割を果たしているという捉え方の妥当性を裏付けるものと解することができる。

3．競争創出型は北欧モデルにとどまるのか

　財政学の分野では広く，政府規模の大きさや普遍主義的な社会サービスの手厚い提供をはじめとして，北欧諸国のあり方についてはその独自性・

---

64) 仮に，ノルウェーの中央政府が地方自治体の財政運営に責任を共有する立場から KBN を創設・運営しているとすれば，地方自治体に生じる地方債の発行コストを，KBN の事業コスト（リスク）の負担を通じて中央政府に転嫁して軽減したにも関わらず，KBN から中央政府への配当の支払いを通じて，この転嫁分を再度，中央政府から地方自治体に戻していることになる。こうした煩雑な制度設計をあえて採る合理的な根拠は，およそ見出し難い。

特殊性が強調されることが多い。それでは，北欧諸国で共有されている地方共同資金調達機関のあり方である競争創出型も，「北欧モデル」にとどまるものなのであろうか。

　北欧以外の先進諸国に目を移すと，ドイツでは1996年よりレンダー・ジャンボ債が，またわが国でも2003年より共同発行市場公募債が，それぞれ発行されている。両者は，コミュンインベストのように，独自に人材を雇傭したりして地方債の多様なリスクを引き受ける体制を整えてはおらず，地方債の証券化機能のみを有するという導管体型の形態を採用している。ただし，起債に関わる地方政府が，各々自らの資金調達コストの引き下げのみを目的として発行に参加する仕組みとなっていることを踏まえれば，コミュンインベストなどと同じく競争創出型（相互会社型）に属す地方共同資金調達機関と捉えることができる。また，米国で2012年より，競争創出型（相互会社型）の金融保証保険会社であるBAMが新たに事業を開始したことは，前章で指摘した通りである。

　本章の内容を踏まえても，北欧諸国で競争創出型の地方共同資金調達機関が，金融市場の自由化・グローバル化を機に伝統的な銀行機能に代わる新たな金融仲介機関として，今日のように位置付けを高めた三つの主因は，同地域に特有のものとは言い難い。第3章で指摘した通り，公的支援重視モデルは地方共同資金調達機関の主流の地位を次第に失いつつある。また，第4章でみたように，2007年後半以降の一連の金融市場の混乱によって民間金融機関型の地方共同資金調達機関は深刻な影響を受け，これまでのところは以前の位置付けを回復するには至っていない。こうした状況にある中で，競争創出型が今後，地方共同資金調達機関の中心的な制度設計のあり方として先進諸国でいっそう広く普及していくこととなるのか，注目される。

第6章

変わるわが国地方債市場と変わらない「支援」への固執
市場競争重視モデルへの創造的転換は可能か

I 欧米における地方共同資金調達機関の高い位置付け

1. 地方債市場に不可欠な制度インフラとしての役割

（1）地方債発行の効率化

　本書はこれまで，地方自治体と金融市場の関係，地方債の発行のあり方について，地方共同資金調達機関という分析の枠組みを通じて検討してきた。内容を総括すれば，以下のようになる。

　一般的に地方政府は，公共サービスの提供に要する資金の一部を，地方債の発行を通じて金融市場より確保している。そうである以上，金融市場からどのようにして効率的かつ安定的に資金を調達するかは，地方政府の財政運営において重要な政策課題となる。

　複数の地方債の発行案件を取りまとめることは，その有効な方策となる。なぜなら，地方政府の金融市場からの資金調達が複数まとめて行われるようになれば，規模・範囲の経済性の効果や，リスクのプール化を通じた分散効果を追求することができる。こうした効果によって地方債市場に

おける金融取引が効率化されれば，地方政府に生じる資金調達コストの負担を軽減することができると期待されるからである。

ここで重要なことは，次の2点である。第一は，複数の地方債の発行案件の取りまとめは，地方債の発行コストの負担を中央政府など他の経済主体への転嫁によって軽減しようと図っているわけでは，少なくとも一義的にはないという点である。これはあくまで，地方債市場での金融取引の効率化，パレート改善を追求しようとする取り組みである。第二は，複数の地方債の発行案件が取りまとめられれば，程度の差はあれ，あらゆる地方政府にとって金融市場からの資金調達コストの軽減が期待できるという点である。適切な制度設計がなされれば，財政規模の大きな地方政府や財政状態が健全な地方政府にとっても，個別に金融市場にアクセスするよりコスト負担を抑えることが可能となりうる。無論，これは地方政府の財政規律の弛緩やモラル・ハザードに直結するものでもない。

それゆえ，地方債市場の拡大・発展にあわせて，複数の発行案件を取りまとめる，すなわち地方債を実質的に共同で発行することを可能とする制度・機関を整備し，その機能を拡充することは，きわめて大きな意義を有するものと考えられる。本書では，こうした役割を果たす制度インフラを地方共同資金調達機関とよび，地方債市場で次のような金融機能を果たす金融仲介機関として定義した。その機能とは，地方政府への金融取引コストの軽減効果の還元，地方債市場における専門性の獲得，地方債のリスクの満期保有による金融取引の効率化，以上の三つである。

こうした概念を用いて先進諸国の地方債市場を機能論的アプローチから俯瞰すると，地方共同資金調達機関は多様な形態を採りながら，各国で高い位置付けを占めてきた，あるいは今日その位置付けを高めつつあることがわかる。ノンバンク型の地方共同資金調達機関が，国内最大の地方政府向け融資主体となっている国も少なくない[1]。このことは，地方共同資金

---

1) 本書の執筆時点で今後の方向性が必ずしも明確でないために，第3章第Ⅲ節などでの言及にとどめざるをえなかったドイツ・フランスでもそうである。ドイツでは，地方共同資金調達機関としての機能を果たす，州・地方政府向けの融資債権を担保とするカバード・ボンド

調達機関が地方債市場の制度インフラとして有効に機能する可能性をもつことを実証する事実と捉えられる。

（2）政策的な役割と公的関与のあり方

　地方債の発行コストの引き下げには，個々の地方政府の自助努力が欠かせない。しかし，こうした取り組みを中央政府など上位政府が垂直的に，あるいは同一レベルの地方政府が水平的に，政策として後押しすることも，場合によっては必要となる。例えば，地方債を発行して行われる事業に対して，あるいは地方政府の財政運営全般に対して上位政府や同一レベルの地方政府が責任を共有する時，上位政府などはその責任に応じて，事業コストの一部を成す地方債の発行コストを負担しなくてはならない。この負担を軽減するために，上位政府などが地方債の発行過程のさらなる効率化を図ることは適当といえる。また，地方政府に標準的な財政運営を行う機会を保障する役割を担う政府が，その一環として金融市場へのアクセスに関する機会の格差を緩和する措置を講じることにも妥当性を認めることができる。

　地方共同資金調達機関には，以上の根拠にもとづいて地方債の発行コストの軽減を後押ししようとする際の政策手段としての役割が期待されうる。そして実際，先進諸国の地方債市場ではこうした期待を背景として，地方共同資金調達機関が政府によって創設・運営される事例が多く見受けられる。

　ただし，地方共同資金調達機関に対する公的な関与のあり方については，丁寧な分析が必要となる。なぜなら，上位政府などが地方共同資金調達機関の事業コストを無償で負担している場合と，何らかの経済的な対価を前提に負担している場合とでは，同機関の性格が大きく異なってくるからである。また，公的な関与を全く受けていない民間金融機関として地方

を発行する州立銀行などの金融機関が，地方債市場で大きな位置付けを占めている。また，フランスでは，民間金融機関型の地方共同資金調達機関であるデクシア（Dexia SA）が，近年まで国内の地方債市場で圧倒的なシェアを占めていた。

共同資金調達機関が運営されている場合であっても、結果として公共性の高い役割を実質的に担っていることもある[2]。それゆえ、地方共同資金調達機関が果たす政策的な役割については、公的な関与のあり方の多様性を踏まえつつ、各国の制度的・歴史的背景を確認しながら慎重に検討することが求められる。

2. 公的支援重視モデルから市場競争重視モデルへ

(1) 伝統的類型としての公的支援重視モデル

先進諸国における地方共同資金調達機関の伝統的な主流は公的支援重視モデルであった。特に、中央政府など上位政府が地方共同資金調達機関を自ら創設・運営し、その事業コストをネット・ベースで負担することで、地方政府の金融市場からの資金調達を支援しようとする取り組みが、かつては広くみられた（政府系金融機関型（垂直型））。そこでは、地方債の実質的な共同発行によってパレート改善を追求すると同時に、事業コスト（リスク）の一部を上位政府に転嫁することによって、地方自治体が負担する資金調達コストの軽減が図られてきた。

本書では、この公的支援重視モデルについて、英国のPWLBを典型事例として取り上げ、第3章で具体的に検討した。英国の中央政府は、地方財政運営に最終的な責任を有する立場からPWLBを運営し、地方債市場における最後の貸し手としての役割を一貫してPWLBに担わせた。また、地方自治体の通常の資金需要に応える機能も1960年代頃より次第に拡充され、1980年代のサッチャー保守党政権のもとで地方債を全面的に引き

---

[2] この点について詳しくは、第4章で具体事例をもって論じたところである。なお、これとは逆に、政策的役割を担う公的機関であっても、実質的には民間の経済主体によって創設されたという事例もある。例えば、米国の地方債銀行は、基本的に州政府が上位政府として運営する政府系金融機関である。しかし、その誕生に米国最大手の投資銀行であるゴールドマン・サックス（Goldman Sachs）が深く携わったことは周知の通りである（Ellis (2008) など参照）。つまり、民間の経済主体が、表には出てこない形で公共的性格を有する制度インフラの創設・運営に寄与することもあるのである。このことからも、制度設計上の、あるいは表向きの創設・運営主体の公私の別に関わらず、各種制度・機関の実質的な機能、地方債市場における位置付けに注目して、制度インフラとしての役割を果たしているかを問うことが肝要と考えられる。

受ける運用方針が採られた。その後は今日まで，PWLBは英国の地方債市場における圧倒的な位置付けを維持している。

（2）地方債市場の発展と市場競争重視モデル

しかし，英国を除く多くの先進諸国では，地方分権改革や金融市場の自由化の進展とともに，公的支援重視モデルはかつての存在感を徐々に失いつつある。代わって，新たな地方共同資金調達機関のあり方として注目されるのが市場競争重視モデルである。これは，政府から経済的な優遇措置を受けず，他の民間金融機関と同じ条件のもとで競争を展開する中で，地方債市場における金融取引の徹底した効率化を追求し，地方政府に生じる資金調達コストの負担減を図る類型である。

その歴史的な背景をみると，地方債市場の発展につれて，伝統的な銀行機能に代わる新たな金融仲介機関に対する潜在的な需要が強まる中で，市場競争重視モデルを採用する地方共同資金調達機関の位置付けが次第に高まっていったことがわかる。

金融市場では一般的に，その発展につれて，商業銀行が資金調達から融資に至るまでの金融取引の全過程を一手に担うという伝統的な銀行機能の位置付けが低下していく。こうした傾向は，地方債市場でも例外ではない。もっとも，銀行経由の金融取引に代わって資本市場での金融取引の比重が大きくなっていくとしても，それが直ちに地方政府と投資家との直接的な金融取引の拡大や，金融仲介機関の意義の低下につながるというわけではない。なぜなら，資本市場を介した金融取引では，市場参加者が採りうる選択肢の幅が広がる一方で，それぞれの選択肢を評価し，各参加者の必要や能力に応じて適切に使い分ける必要が生じる。そのため，金融取引に専門性をもたない経済主体にとっては，かえってコストが高まりかねない。地方債を発行して金融市場から資金を調達しようとする地方政府の多くも，金融取引に関して専門性はそう高くないとみてよいだろう。市場競争重視モデルの地方共同資金調達機関は，このような困難に直面した地方政府に対して，伝統的な銀行機能に代わる新たな金融サービスを提供する

金融仲介機関として，各国の地方債市場で存在感を次第に高めていったのである。

（3） 競争創出型と民間金融機関型

第4章では，究極的な市場競争重視モデルともいえる民間金融機関型の地方共同資金調達機関の具体事例として，米国の金融保証（モノライン）保険を取り上げた。金融保証保険は1970年代以降，米国の地方債市場で堅調な普及過程をたどり，多くの州・地方政府の金融市場へのアクセス環境の改善に30年以上にわたって貢献した。

一方，政府が市場競争重視モデルの地方共同資金調達機関を用意するという競争創出型の事例も存在する。北欧諸国の地方共同資金調達機関は総じてこの類型にあたることから，本書ではこれを北欧モデルとよび，第5章で詳しく検討した。スウェーデンやデンマークでは，地方共同資金調達機関からの融資を希望する地方自治体が，利用ベースでコミュンインベストやデンマーク地方金融公庫の創設・運営主体となっている（相互会社型）。またノルウェーでは，中央政府が配当の受け取りを前提として KBN に100％出資している（政府後援企業型）。

北欧諸国では，中央政府も地方自治体も，地方共同資金調達機関の事業コストをネット・ベースで負担しているわけではない。それゆえ，民間金融機関として運営される場合と同様，地方共同資金調達機関は自らの事業運営の効率化を図ろうと強く動機付けられる。また，地方債市場の機能を歪めることなく，存分に市場シェアの獲得に勤しむことができる。しかも，地方自治体と利害を共有する政府が出資主体となることで，地方共同資金調達機関の運営が地方自治体の立場に立って行われ，金融サービスの中立性が確保される。

北欧諸国の地方共同資金調達機関が採用する競争創出型には，このような強みが認められる。特に，競争創出型独自の特徴ともいえる地方自治体の立場に立った事業運営という特徴の有無は，同じく市場競争重視モデルに属す民間金融機関型との間で，金融市場がグローバル・レベルで大混乱

に陥った2000年代後半の時期における事業の成否を分ける主因となった。競争創出型の地方共同資金調達機関は今日，北欧各国で最大の地方債保有主体としての地位を確立し，標準的な金融市場へのアクセス機会を保障する制度インフラとしての役割を担っている。

II 国際比較の観点からみたわが国の現状

1. 地方共同資金調達機関をめぐる近年の改革

（1）二つの地方共同資金調達機関の新設

　本書で明らかにしてきた，欧米先進諸国における地方債市場・地方共同資金調達機関のあり方をめぐる潮流は，わが国にどのような示唆を与えるものであろうか。

　わが国の地方債市場は，本書冒頭で述べたように現在，変革期の直中にある。地方債の発行残高が約200兆円という水準で高止まりする中で，市場公募債の発行を中心として，地方自治体による直接的な金融市場へのアクセスが増加傾向にある。これと時期をあわせる形で，起債自主権の拡充を推し進める改革が，地方分権化の流れの中で進展しつつある。そのような状況下において，地方共同資金調達機関をめぐっては，2000年代に入って新たな制度インフラが整備された。共同発行市場公募債と地方公共団体金融機構の二つがそれである。

　このうち共同発行市場公募債は，2003年度より発行が開始され，現在では市場公募債の中でも最大の発行銘柄となっている。ただし，共同発行市場公募債は，いわば地方債の証券化機能のみを有する，本書で導管体型とよぶ形態の地方共同資金調達機関である。その制度設計上，多様な地方債を引き受けることがそもそも難しい商品性となっている。それゆえ，共同発行市場公募債は，市場公募債を単独でも全国規模で発行できる公募団体のみを対象としている。中小規模の地方自治体は，共同発行市場公募債の発行に参加していない。また，同様の債券は，共同発行市場公募債の導入

時に参考とされたドイツのレンダー・ジャンボ債の事例もあり，その意味で国際比較の観点からは特に目新しいものではない。

むしろ，ここで注目したいのは地方公共団体金融機構の方である。地方公共団体金融機構の発足に対しては，地方自治体の100％出資機関であることや，地方自治体が行う事業全般を幅広く融資対象とする機関であることなどを根拠に，高く評価する声が研究者・実務家の双方から多く聞かれる。しかし，地方共同資金調達機関に関して，欧米先進諸国の事例を視野に入れて検討を行ってきた本書の内容を踏まえると，また違った見方も可能なように思われる。

（2）地方公共団体金融機構の概要

地方公共団体金融機構は，自ら債券を発行して資本市場から調達した資金を，国内の地方自治体セクター向けの融資に充てるノンバンク型の地方共同資金調達機関である[3]。地方公共団体金融機構としての事業開始は2009年からである。それゆえ，財政投融資制度・共同発行市場公募債・地方公共団体金融機構という，わが国で現在事業を営んでいる地方共同資金調達機関の中では最も新しい機関ということになる。

もっとも，地方公共団体金融機構のそもそもの出自は，1957年に中央政府の100％出資によって創設された旧公営企業金融公庫（以下，「旧公営公庫」）にさかのぼる。この旧公営公庫は，2000年代に実施された政府系金融機関の統廃合改革の中で，2008年に廃止となった。しかし，地方自治体関係者の間から，地方自治体向けに専門的に融資を行う公的金融機関の存続を求める声が強くあった。これを受けて，旧公営公庫の廃止と同時に，その資産・債務を承継して地方100％出資の機関，旧地方公営企業等金融機構（以下，「旧地方機構」）が新たに誕生した。そしてその翌年，2009年に旧地方機構が改組されて地方公共団体金融機構となり，現在に至ってい

---

[3] 以下，地方公共団体金融機構の旧公営公庫時代からの沿革や制度概要については，同社ウェブサイト資料・年次報告書，公営企業金融公庫編（2009），平嶋（2008）など参照。

る。地方公共団体金融機構の制度設計は，基本的に旧地方機構の発足時に確立した。旧地方機構からの改組による主要な変更点としては，公営企業会計事業のみならず，地方自治体が行う事業一般を広く融資対象とするという機能の強化が行われた点が挙げられる。

わが国の地方債市場における地方公共団体金融機構の位置付けをみると，欧米先進諸国の同種の制度・機関と比べても，相当に限定的である。例えば，地方公共団体金融機構による地方自治体向けの融資は，中央政府レベルで毎年度策定される地方債計画などによって基本的な規定・制限を受けている。それゆえ，民間の商業銀行のように，適切なリスク管理を行った上で，様々な地方自治体に幅広く，自由に資金を貸し付けることができるというわけではない。また，地方公共団体金融機構法第30条では，地方公共団体金融機構の機能を今後段階的に縮減するとの方向性が明記されている[4]。こうした制約の結果，わが国の地方債市場における地方公共団体金融機構のシェアは，改組を経ても引き続き1割前後の水準で概ね変わりない（図6-1）。しばしば，類似した組織として引き合いに出される北欧諸国の地方共同資金調達機関と比べれば（前掲図5-1～5-3），地方公共団体金融機構のシェアは，その潜在的な可能性にも関わらず，相当に小さいといわざるをえない。

2. 公的支援重視モデルとしての地方公共団体金融機構

（1） 先進諸国唯一の水平的な政府系金融機関型

地方公共団体金融機構は，本書の分類でいうとどの類型に属す地方共同資金調達機関と捉えられるだろうか。地方公共団体金融機構に対する公的

4）同条第三項では，「前項の規定は，内外の金融秩序の混乱，経済事情の変動等により地方公共団体の財源が不足する場合において地方公共団体が当該不足額をうめるために起こす地方債については，適用しない」との但し書きもある。地方債の発行額に占める地方公共団体金融機構のシェアが直近で上昇しているのは，これを反映したものである（図6-1）。とはいえ，これに先立つ第一・二項ではそれぞれ，地方公共団体金融機構の機能の縮減を図る方向性が明記されている。また，現在の地方公共団体金融機構の市場シェアも，フロー・ベースでみても1990年代までの水準を上回るものではなく，改組によって大きな位置付けが与えられるようになったといいうるものではない。

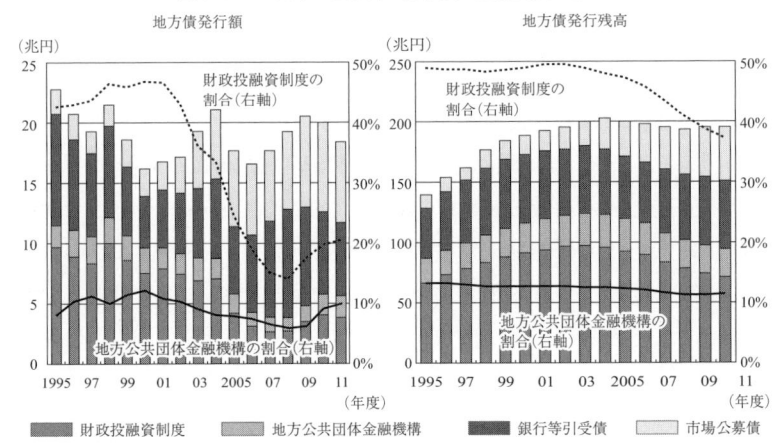

図6-1 わが国の地方債の発行額・発行残高の推移

(注) 地方公共団体金融機構の創設以前の「地方公共団体金融機構」は、前身の旧公営企業金融公庫・旧地方公営企業等金融機構を指す。
(出所) 地方債協会『地方債統計年報』より、作成

関与は、欧米先進諸国の事例に比して複雑、ないし必ずしも明瞭でない形で行われているが、基本的には公的支援重視モデルの一種、水平的な政府系金融機関型に属すものと捉えられる。同類型に分類される事例としては、先進諸国の中で唯一のものといってよい。

地方公共団体金融機構は、地方自治体の100％出資によって創設・運営されている。ただし、この出資に関しては、特に次の二つの事実に留意する必要がある。

一つは、地方公共団体金融機構への出資には1,700以上の地方自治体が残らず参加していることである。確かに、各地方自治体に出資を強制する明示的な規定はない。とはいえ、前身の旧地方機構の根拠法の附帯決議には「（旧地方機構への）出資については、原則全ての地方公共団体が分担するよう、適切な助言に努めること」（カッコ内は筆者の補足）とある。つまり、中央政府出資から地方自治体出資の組織に転換するべく旧地方機構が創設された際、各地方自治体に同社の金融サービスを利用する意思を問う前から、全地方自治体の出資はすでに前提とされていたわけである。ま

た,本来は旧地方機構の発足によって出資から身を引き,経済的な関係が切れるはずの中央政府が,「適切な助言」を通じて地方自治体に出資を促したわけである。

　もう一つは,各地方自治体の出資負担が,標準財政規模と旧公営公庫からの借入残高を踏まえて,すなわち各地方自治体の応能性を応益性と同等,ないしそれ以上に勘案して決定されたことである[5]。実際の出資金の拠出状況をみると,都道府県が全体の38.4%,政令指定都市が17.3%,市町村(政令指定都市除く)が44.3%を,それぞれ負担している。これは,地方公共団体金融機構の融資先の内訳(各々19.1%・19.6%・58.0%,その他が3.3%)と相当に乖離している[6](2012年度末時点)。

　こうした事実を踏まえれば,地方公共団体金融機構に対する地方自治体の出資を,第5章で検討したコミュンインベストやデンマーク地方金融公庫のように,純粋に利用ベースで行われているものと捉えることは難しい[7]。むしろ,金融市場からの資金調達に関して,一部の地方自治体が他

---

5) 旧地方機構に対する各地方自治体の出資負担の振り分けに関して,平嶋(2008)は次のように説明している。「地方公営企業等金融機構の設立に必要な地方自治体の出資について,公営企業金融公庫の出資金の金額166億円を総額とし,都道府県及び市町村の出資額の算定にあたっては,応能性を考慮して,出資総額の2分の1を標準財政規模により,残り2分の1を応益性を考慮して貸付残高により,それぞれ配分すること,さらに,都道府県は,機構に対する市場の信用力を確保するため,市区町村(指定都市除く)の出資総額の1割程度を引き受けること等を決めた。その結果,都道府県64億円,市91億円,町村11億円の出資額となった。また,個々の地方自治体が出資する額については,この配分方法を勘案しつつ,全国知事会,全国市長会,全国町村会において,それぞれが調整することとされ,都道府県及び指定都市の出資額は,出資総額の55%程度を確保することとされた」。

6) 同社年次報告書(2013年度版)参照。

7) 仮に地方公共団体金融機構に対する地方自治体の出資が利用ベースのものであり,それゆえコミュンインベストなどと同様,相互会社型に分類されるべきものであるとすれば,地方公共団体金融機構の事業範囲が制約されていることに関して,経済合理的な説明を付けることはまずもって難しい。仮に,地方自治体が,政策的な観点から他の地方自治体の資金調達コストを分担する政府としてではなく,地方債の発行コストの軽減を相互連携によって図ろうとする金融サービスの利用者として地方公共団体金融機構の創設・運営に携わっているとすれば,地方公共団体金融機構は地方自治体からの出資を通じて,他の民間金融機関にはない経済的な優遇措置を受けていないということになる。そうであれば,地方公共団体金融機構の市場シェアは,「政府系金融機関」であることを根拠に政策的に低く抑えられるべきではなく,(税制などの面での優遇措置を排した上で)地方債市場での健全な競争の結果に委ねられるべきものと考えられる。しかし,現状はそうなっていない。このことも,本文のような理解を支える根拠の一つである。

の地方自治体を支援する仕組み、すなわち水平的な政府系金融機関型として制度設計されていると捉える方が自然と考えられる[8)9)]。

（2）中央政府の経済的な負担による下支え

　もっとも、地方公共団体金融機構の事業運営は、中央政府によるネット・ベースでの経済的な負担に大いに支えられていることも看過すべきではない。この点に関して特に注目されるのは、旧公営公庫が債券借換損失引当金などの項目で保有していた3.4兆円の資金が、旧地方機構・地方公共団体金融機構に承継されたことであろう[10)]。

　旧公営公庫は、中央政府が100％出資主体となって地方債市場での融資事業を展開していた。そして、旧地方機構・地方公共団体金融機構は、地方自治体の100％出資の機関となる一方で、旧公営公庫から事業を引き継ぎ、旧公営公庫の時代に行われた地方自治体セクター向けの融資債権を保有し続けている（公庫債権管理業務）。これに関して、同業務で生じる事業コストは旧公営公庫の創設・運営主体であった中央政府が負担するべきとの考えから、先の3.4兆円の承継は行われた。これは、公庫債権管理業務を扱う管理勘定に計上されている。

　ここで留意すべきは、この3.4兆円のその後の取り扱いである。すなわ

8）わが国では北欧諸国などと異なり、都道府県と市町村は同一レベルの地方自治体という関係にはない。また、地方公共団体金融機構に対する出資金の負担に関しても、都道府県が市町村の負担の一部を引き受けた経緯もある（注5参照）。本文の「水平的」という表記は、こうした都道府県と市町村の垂直的な関係を反映していない。しかし、例えば米国の地方債銀行と比べても、地方公共団体金融機構の創設・運営において都道府県と市町村の垂直的な関係はさほど大きな重要性を有しているとは認めにくい。また、後述する中央政府による垂直的な事業コストの負担の方が、地方公共団体金融機構の性格に大きな影響を与えている。こうした理由から、本書では地方公共団体金融機構の性格を捉えるにあたり、都道府県と市町村の垂直的な関係性については特段重視していない。

9）公営競技の収益金の一部は地方公共団体健全化基金として地方公共団体金融機構に積み立てられ、その運用益が地方自治体向けの貸付金利の水準を引き下げる原資に充てられている。公営競技が基本的に地方自治体によって主催されていること、そしてこうした貸付金利の引き下げが地方自治体一般を対象に行われていることを踏まえれば、こうした形での地方公共団体金融機構の事業コストの負担（公営競技の収益金の運用益の逸失）も、地方自治体による水平的な支援の一環として行われているものと捉えることができる。

10）地方公共団体金融機構に法人税の納付義務がないことも、中央政府の潜在的な経済的負担として挙げられる。

ち，このうち2.2兆円は10年分割で順次，旧地方機構の発足以降の運営を管理する一般勘定に，金利変動準備金として繰り入れられることとされているのである。それゆえ，公庫債権管理業務の終了後も，中央政府には3.4兆円（より正確には，そこから公庫債権管理業務で生じた損失を差し引いた残り）の全額が返済されるわけではないのである[11)12)]。最終的に地方公共団体金融機構（一般勘定）に帰属することとなる2.2兆円は，地方自治体から拠出されている出資金166億円，あるいは地方公共団体金融機構の純資産1,135億円をも大きく上回り，総資産23.7兆円の8.0％に相当する規模である[13)]。この資金は，地方公共団体金融機構の事業で生じる損失の吸収源となるとともに，同社の財務状態の健全性に対する投資家からの評価を高め，資金調達コストの引き下げにも資する[14)]。なお，こうした中央政府からの資金拠出に対して，ノルウェーのKBNでみられるように配当の支払いが行われているわけではないことは，言を待たない。

こうしたことを踏まえれば，地方公共団体金融機構は水平的な政府系金融機関型としての形態を基本的に採りつつ，垂直的な政府系金融機関型としての性格も併せ持つ地方共同資金調達機関と捉えることができる[15)]。

（3）わが国の特殊性

このような特徴をもつ地方公共団体金融機構が新たに事業を開始したわ

---

11) 管理勘定廃止前であっても，地方公共団体金融機構の経営状況を踏まえて中央政府に返済することは可能とされており，すでにその返済実績はある。なお，2012年度から2014年度にかけて1兆円を目処として返済される資金が全額，交付税特別会計に繰り入れられ，地方交付税制度の交付原資に充当される予定である点も，あわせて注目される。
12) 債券借換損失引当金の承継をめぐる一連の経緯について，富田（2008）は批判的な立場から詳述している。
13) 2012年度末時点。同社年次報告書（2013年度版）参照。
14) 地方公共団体金融機構では，金利変動準備金や公庫債権金利変動準備金は純資産の項目ではなく，負債項目とされている。
15) 金額ベースでは，地方自治体の出資金が合計0.01兆円であるのに対して，中央政府（旧公営公庫）から地方公共団体金融機構に承継される金額が最終的に2.2兆円と，出資金の100倍超の規模に達することを踏まえれば，後者の大きさをもって垂直的な政府系金融機関型と分類することも可能ではある。ただし，本書では出資主体が誰かという点を重視して，水平的な政府系金融機関型とみる見方を採っている。

が国の現状は，国際比較の観点からは相当に異端といえる。

地方公共団体金融機構のような公的支援重視モデルの地方共同資金調達機関が運営されること自体は，欧米先進諸国でも何ら珍しいことではない（表6-1）。むしろ，欧米先進諸国における地方共同資金調達機関のかつての主流は公的支援重視モデルであった。

しかし，近年では多くの欧米先進諸国において，公的支援重視モデルの地位は低下しつつある。今日なお，同類型の地方共同資金調達機関で一定の市場シェアを維持しているのは，中央集権的な地方財政制度を残す英国

表6-1　先進諸国の地方共同資金調達機関

		公的支援重視モデル			市場競争重視モデル		
		政府系金融機関型		補助金給付型	競争創出型		民間金融機関型
		垂直型	水平型		政府後援企業型	相互会社型	
ノンバンク型	導管体型					・レンダー・ジャンボ債（独） ・共同発行市場公募債（日本）	
	機関型	・PWLB（英） ・財政投融資制度（日本） ・地方債銀行（米） ※CAECL（仏） ※公営企業金融公庫（日本）	・地方公共団体金融機構（日本） ※地方公営企業等金融機構（日本）		KBN（ノルウェー）	・コミューンインベスト（スウェーデン） ・デンマーク地方金融公庫（デンマーク）	※デクシア（仏）
保険型					BAM（米）		アシュアード・ギャランティなど（米）

（注）　表2-1の一部を再掲。同表の注記をあわせて参照のこと。
（出所）　筆者作成

のPWLBなどに限られている。これに対して，わが国では地方分権化が志向され，具体的な改革も進展しつつある中で，公的支援重視モデルの地方共同資金調達機関が依然として事業を継続しているのである。

さらに注目されるのは，わが国では地方公共団体金融機構に加えて，財政投融資制度もかねてより地方自治体向け融資を行ってきたことである[16]。つまり，わが国には公的支援重視モデルの地方共同資金調達機関が二つも存在するのである。このような重複は，欧米先進諸国では過去に遡っても，まず例をみない[17]。

こうした地方共同資金調達機関のあり方に関するわが国の特徴は，1957年の旧公営公庫の創設以来，50年超にわたって一貫したものである。旧公営公庫が旧地方公庫，そして地方公共団体金融機構へと変遷を遂げた一連の改革を経る中でも，上記2点での特殊性にはいささかの変更もない。

III 真に求められる地方共同資金調達機関とは？

1. 公的支援重視モデルの地方共同資金調達機関はなお必要か？

（1）水平的な支援制度の先行導入は妥当か？

地方共同資金調達機関に関するわが国の現状を踏まえれば，当然に次のような論点が浮上してこよう。すなわち，わが国のように，1ヶ国の中で，公的支援重視モデルの地方共同資金調達機関を複数運営することは，果たして妥当か，という疑問である。

これに対して，特に地方公共団体金融機構の創設の意義を強調する立場からは，財政投融資制度と地方公共団体金融機構の創設・運営主体の違いを重視する見解が示されるであろうことは，容易に想像できる。確かに，

16）財政投融資制度による地方自治体向け融資，特にその歴史的経緯について詳しくは，加藤（2001）参照。
17）米国では複数の州政府がそれぞれ，州内の地方政府向けに地方債銀行を創設しているが，ここではこれを全てまとめて一つ（1種類）と数えている。

二つの地方共同資金調達機関は，同じ公的支援重視モデル，そのうちの政府系金融機関型の類型に属すとはいえ，垂直型か水平型かという点で明確な差異が認められる。

　こうした見解には，一つにはリスク分散の観点から，一定の妥当性を見出すことができるかもしれない。仮に金融市場の不安定化，出資主体の財政難，あるいは融資先の地方財政運営の深刻化などによって，一方の地方共同資金調達機関の事業運営が困難化しても，もう一方が事業を継続できれば，地方自治体の資金調達へのマイナスの影響は抑えられる。財政投融資制度と地方公共団体金融機構とでは創設・運営主体が異なるため，こうしたリスク分散の効果を完全に否定することはできない[18]。

　もう一つ，地方分権化の趣旨に適った動きと捉えることも可能ではあろう。地方分権改革の進展に伴って，中央政府から地方自治体に権限と責任が移譲されていくとすれば，地方自治体の財政運営をめぐる政府間関係も垂直方向から水平方向にシフトしていくものと考えられる。財政投融資制度の運営に加えての地方公共団体金融機構の新設は，こうした流れに沿ったものといえよう。

　しかし，特に後者に関していえば，わが国の現行の地方財政制度全体を踏まえた場合，地方公共団体金融機構という水平的な支援制度を導入することは適切といえるだろうか。

　わが国の現行の地方財政制度をみると，地方分権改革が一定の進捗をみたとはいえ，地方自治体が中央政府から自律して財政運営を行える条件が十分に整えられたとはいえないようにも思われる。地方歳入の構成をみても，地方税の割合は直近（2011年度末時点）で34.1％，地方交付税交付金なども含めた一般財源の割合は55.4％に，各々とどまっている。それゆえ，垂直的な特定補助金制度である国庫補助金制度に一定の財源を依存する状況に変わりはない[19]（直近のシェアは16.0％）。また，地方交付税制度

---

18) ただし，中央政府の財政状態が極端に悪化して財政投融資制度の運営が困難となるような状況が仮に起きた場合には，地方公共団体金融機構の出資主体である地方自治体の財政運営も全般的に相当の困難に直面していると考えられる。逆もまた然りである。それゆえ，リスクの分散の程度はそう大きくないと考えるのが自然であろう。

にしても，財政調整・財源保障の両機能を果たすのに十分な交付原資の確保が困難な状況が慢性化している問題をはじめ，水平的な財政調整制度として有効に機能している現状にあるとはおよそ言い難い[20]。

こうした状況下において，地方債の発行に対する支援に限って，水平的な相互支援の仕組みを先行して導入することは，他の制度との整合性という観点から果たして妥当といえるだろうか。特に，地方公共団体金融機構の創設・運営においてネット・ベースで経済的なコスト（リスク）負担を強いられる地方自治体にとって，こうした負担は許容しうるものといえるだろうか。この点に関して課題が積み残されているとすれば，地方公共団体金融機構が今後とも水平的な政府系金融機関型の地方共同資金調達機関として事業を継続できるのか，その持続可能性に懸念を抱いたとしても，決して杞憂とはいえないであろう。

（2）地方公共団体金融機構が垂直的性格をもつことは妥当か？

また，本書では出資主体が地方自治体であることを踏まえ，地方公共団体金融機構を水平的な政府系金融機関型に分類している。しかし，その事業コストの相当部分が中央政府によって無償で負担されている状況は，旧公営公庫の頃から何ら変わりない[21]。この点を重視すれば，財政投融資制度と地方公共団体金融機構は，事業コストの実質的な負担主体が誰かという点で，そう大きな違いはないという見方も成立しうる[22]。

さらにいえば，地方公共団体金融機構は，旧地方機構からの改組によって，融資対象を基準とした財政投融資制度との機能の棲み分けもほぼ解消

---

19) 総務省『地方財政白書』(2013年度版) 参照。
20) さらにいえば，欧米先進諸国でも，純粋に水平的な財政調整制度が創設・運営される事例は限られる。持田編 (2006) 参照。
21) 旧公営公庫の場合，中央政府による事業コストの負担に明確な上限が設定されていなかった。これに対して，地方公共団体金融機構の場合には，最終的に同社に金利変動準備金として帰属する2.2兆円が上限となっており，この点が財政投融資制度，あるいは旧公営公庫との明確な差異の一つであるという理解も成り立ちうる。ただし，2.2兆円という規模は，同社の純資産と比べても相当に巨額であることは先述の通りである。また，大手格付機関の見解を参照しても，これとは別の形での地方公共団体金融機構に対する中央政府の（暗黙の）支援への期待も，市場には存在する。

された。一般会計事業への融資を財政投融資制度が，公営企業会計を中心とした融資を旧公営公庫（旧地方機構）が各々担当するという区分が，地方公共団体金融機構への改組を経て基本的になくなったのである。それゆえ，金融市場から資金を調達する地方自治体に対する支援制度としての二つの地方共同資金調達機関の性格は，旧公営公庫の時代よりむしろ重複の度合いを強めたともいえる。

現に，中央政府は2007年度より，過去に高金利で財政投融資制度や旧公営公庫から融資を受け，そのために財政運営が困難化している地方自治体に対して，補償金なしで繰上償還に応じる時限措置を講じている[23]。地方公共団体金融機構も，中央政府からの要請に応じてこれに協力し，補償金なしでの繰上償還，および借り換えに応じている。こうした運営状況をみても，財政投融資制度と地方公共団体金融機構の間で機能・役割が明瞭な形で棲み分けられているとは，必ずしも言い難い。

上記を踏まえれば，わが国には垂直的な政府系金融機関型としての性格を共有し，事業分野も相当に重複する二つの地方共同資金調達機関が併存している，しかも近年の改革によってこうした特徴がむしろ強化されたという見方も可能と考えられる。このような現状に至った背景は歴史的な経緯をたどれば理解できるものの，これに対して特に経済学的な観点から積極的な評価を与えることは，なかなか難しいのではないだろうか。

これについては，財政投融資制度と地方公共団体金融機構（旧公営公庫・旧地方機構）との差異として，地方債市場での融資事業に特化しているか否かの違いを指摘する反論が想定される。地方公共団体金融機構のそも

---

22) こうした指摘に対しては，中央政府内部の制度運用・管轄主体の違い（財務省（旧大蔵省）か総務省（旧自治省）か）を軽視しているとの批判もありえよう。確かに，地方共同資金調達機関の運営の実務上は，この差異はきわめて重要と考えられる。しかし，特に経済学的な視点から考察を行う本書の視点からは，地方共同資金調達機関の事業コストの負担主体こそが最も重視されるべきであって，それが中央政府であることに変わりない以上，言い換えれば財務省や総務省自体が事業コストの負担主体とはなりえない以上，本文のような捉え方は十分に可能と考えられる。

23) 地方自治体向けの財政投融資制度の繰り上げ償還に関する措置についても，注12参照文献は批判的な立場から議論を展開している。

そもの前身にあたる旧公営公庫の創設をめぐって行われた議論を振り返ると，こうした指摘を簡単に棄却することはできない[24]。すなわち，財政投融資制度が行う融資は地方自治体向けに限定されてはおらず，地方自治体の資金需要を十分に満たしていない，あるいは今後とも安定的に満たされる保証はない。それゆえ，地方債市場での融資事業に特化した政府系金融機関を創設する必要がある。旧自治省をはじめとする地方自治体関係者は，こうした議論を一つの根拠として，旧公営公庫の創設の重要性をかつて主張した。

しかし，今や地方債市場での事業に専門特化した地方公共団体金融機構が中央政府の巨額の資金拠出のもとに創設・運営されている。そして，その融資対象も，地方自治体が行う事業一般とされている。そうである以上，地方公共団体金融機構に加えてさらに，財政投融資制度を通じた中央政府による支援を要請することは，果たして適切といえるだろうか。この点に対して妥当性をもった答えが用意できないとなれば，財政投融資制度と地方公共団体金融機構の併存を主張する通説的な見解は，中央政府に実質的に無制限の支援を要請している議論であるとも受け取られかねない。

2. わが国における市場競争重視モデルの可能性

(1) 地方分権時代における地方債発行のあり方

こうした議論もさることながら，本書の考察は，わが国の地方債市場，地方共同資金調達機関のあり方に対してより根本的な問いかけを行うものでもある。それはすなわち，地方共同資金調達機関の制度設計に関して，市場競争重視モデルをも視野に入れた，より大きな視点から再検討を行うことが必要ではないだろうか。そして，地方公共団体金融機構のような組織に対して，適切な制度改革を行うことを前提に，新たな，そしてより大きな役割を期待するべきではないだろうか。こうした論点を提起するものである。

---

24) 旧公営公庫の創設をめぐる一連の議論について詳しくは，公営企業金融公庫編（2009）など参照。

地方債市場をめぐる様々な外的環境の変化や制度改革の進展の中にあって，わが国の地方自治体には，地方債を効率的かつ安定的に発行するべく，自ら主体的に取り組むことが求められている。そのための一方策として，他の地方自治体と広く連携することで金融市場からの資金調達コストの抑制に努めることは，積極的に推奨されるべきものといえる。こうした連携は，金融市場の資源配分に歪みを引き起こすものでもなければ，非効率的な地方財政運営を温存させるものでもない。

　地方共同資金調達機関を通じた資金調達は，その意味で地方分権時代における本来的な地方債の発行のあり方となりうるものと考えられる。第1章でみたように，わが国における通説的な見解においては，各地方自治体が個別に金融市場に直接的にアクセスすることを「自助」の取り組みとして，原則的な地方債の発行方法と位置付けている。しかし，地方共同資金調達機関を介した地方債の発行は，規模・範囲の経済性の効果，およびリスクのプール化を通じた分散効果の追求を通じて，「自助」の取り組み以上に効率的な金融市場からの資金調達方法となりうるものである。このことは，本書全体を通じて明らかにした通りである。

（2）重要性を増す金融市場への標準的なアクセス機会の確保

　また，地方分権時代においては，地方債市場で高い位置付けを占めることとなるであろう地方共同資金調達機関に対して，これまでとは異なる政策的な役割が新たに期待されることになるものと考えられる。

　第2章で論じた通り，地方共同資金調達機関には理論的に，次の二つの政策目標を達成するための手段として役割を期待することができる。それは，①地方自治体の財政運営に対して中央政府などが共有する責任を効率的に果たすための手段，そして②地方自治体間に存在する金融市場へのアクセスに関する機会の格差を緩和するための手段という二つである。

　地方分権化の進展は，①から②への比重のシフトを促すものと考えられる。中央集権的な地方財政制度のもとでは，中央政府は地方自治体の財政運営全般に対して，明確な形で責任を共有する。地方自治体の財政状況が

悪化すれば，中央政府が最終的に地方財政運営の責任を引き受けることが明確化されている場合もある。特にわが国では，事業分野ごとに政府間の権限の棲み分けが図られておらず，同一の事業に対して複数の政府が責任を共有することが少なくない。それゆえ，①を根拠とする地方債の発行に対する支援の重要性は，伝統的に大きかったといえる。しかし，地方分権改革が進展すれば，地方自治体が行う事業に対して当該地方自治体が負うべき自己責任も大きくなる。これにより，事業分野ごとの権限・責任の政府間配分も棲み分けが進む，あるいは中央政府などが共有する責任は縮小していくものと期待される。そうなれば，①を目的とした地方共同資金調達機関の創設・運営の必要性は，次第に低下していくこととなろう。

他方，②を根拠とする支援は，地方分権化の進展につれて，よりいっそう重要性を増していく。なぜなら，地方自治体の起債自主権を拡充し，それに伴って地方債の発行に関する，ひいては地方財政運営全般に関する責任を自ら引き受けるよう各地方自治体に要求するのであれば，機会の公平性を確保することがますます不可欠となってくるからである。全ての地方自治体に対して，標準的な金融市場へのアクセス機会を保障するという役割は，わが国ではこれまで，地方共同資金調達機関に対して少なくとも明確な形では全く期待されてこなかったものである。その意味で，これはきわめて創造的な機能といえよう。

（3）公的支援重視モデルを前提としたこれまでの議論

上記を踏まえれば，地方共同資金調達機関には，金融市場からの効率的かつ安定的な資金調達を支える制度インフラとしても，また地方債発行に関わる政策手段としても，これまで以上に積極的な位置付けが与えられるべきであると考えられる。

にも関わらず，わが国では依然として，地方共同資金調達機関に対して限定的な役割しか認められていない。先ほどから取り上げている地方公共団体金融機構についてみれば，その創設によって地方自治体の悲願が達成されたとも評する声がある。しかし，「地方公共団体による資本市場から

の資金調達を効率的かつ効果的に補完する」[25]というように，わが国の地方債市場における地方公共団体金融機構の位置付けは限定的なものに止められている。このような制限は，今日の欧米先進諸国の地方共同資金調達機関においてはまず存在しないといってよい[26]。

　ではなぜ，わが国では地方共同資金調達機関に対して補完的な役割しか認められていないのだろうか。それは，先行する議論においては一貫して，地方共同資金調達機関が，中央政府などの経済的な負担をもって地方自治体を支援するための政策手段と捉えられてきたからである。本書の用語を用いていえば，暗黙のうちに公的支援重視モデルが前提とされてきたからである。公的支援重視モデルでは，政府にネット・ベースでの経済的な負担が生じる。このため，地方共同資金調達機関が取り扱うことのできる地方債の発行案件は，こうした負担が妥当と考えられるものに限定すべきということにならざるをえないのである。

（4）地方共同資金調達機関に対する新たな期待と市場競争重視モデル

　しかし，地方共同資金調達機関の制度設計について，公的支援重視モデルだけでなく市場競争重視モデルをも視野に入れれば，通説的な見解とは異なる議論も可能となる。

　市場競争重視モデルは，地方分権，起債自主権の拡充の方向性とも親和性が高い制度設計といえる。なぜなら，市場競争重視モデルでは，中央政府などの支援が前提とされてはいないからである。そこでは，金融市場からの資金調達に関わる一連の責任，コスト（リスク）負担は，地方共同資金調達機関の事業コストも含めて，あくまで個々の地方自治体が一義的に負うこととされる。

　また，市場競争重視モデルは，金融サービスを提供する地方自治体を特

---

25) 同社ウェブサイト資料より引用。傍点は筆者による。
26) これの例外は米国の地方債銀行である。地方債銀行は，州政府を出資主体とする垂直的な政府系金融機関型としての形態を採っているため，利用は州内の地方政府に限られ，かつ特定の資金調達を目的に発行される地方債の発行案件しか取り扱わないとされている場合が通常である。

に限定しない。地方共同資金調達機関を通じて複数の地方債の発行案件を一括することは，適切な制度設計・運営を前提とすれば，程度の差こそあれ，幅広い地方自治体の資金調達コストの軽減に寄与する可能性を有する。しかも，地方自治体が利用すればするほど，地方共同資金調達機関が取り扱う地方債の発行案件が増え，同機関による地方債の発行コストの引き下げの効果は大幅となりうる。そうなれば，より多くの地方自治体にとって，地方共同資金調達機関を利用する利点がさらに大きくなる。このような好循環にもつながりえよう[27]。

さらにいえば，市場競争重視モデルの地方共同資金調達機関が地方債市場で一定の市場シェアを確保するようになれば，地方債市場における健全な競争が活発化し，他の民間金融機関に対していっそうの事業効率化を促すこととなる。これにより，地方共同資金調達機関を利用しない地方自治体においても，民間金融機関から提供を受けるサービスの向上によって，地方債の発行コストの負担のさらなる軽減を期待することができる。

以上を踏まえれば，中央政府などに経済的な支援を求めるがゆえに事業規模や機能を限定せざるをえない公的支援重視モデルではなく，これまで以上に大きな，そして地方分権化の時代にふさわしい新たな役割を市場競争重視モデルの地方共同資金調達機関に期待することも，一考に値しよう。これは，本書で示してきた，欧米先進諸国にみられる，公的支援重視モデルから市場競争重視モデルへのシフトという潮流にも適ったものである。

---

[27] 先行する議論ではしばしば，地方債の共同発行を支える制度インフラを全国規模ではなく地域単位で用意することを推奨する議論が散見される（池上（2004）・土居（2007）など）。しかし，そもそも地方債の共同発行が資金調達の規模の拡大を通じて資金調達コストの軽減を図ろうとしているのに，共同発行への参加を都道府県単位などで区切ることは，地方債の共同発行の効果をわざわざ減じさせようとしていることにほかならない。土居（2007）は，こうした制度設計の利点として，地方自治体間で相互に規律が働くという効果に期待している。しかし，これに関して，民間金融機関では通常，高い専門性と独立した権限を備えたリスク管理の担当部署を設けて対処される。金融機関の利用者の相互監視によってリスク管理が行われる事例は，マイクロ・ファイナンスなどでみられないことはないが，希有といってよい。

3. 今後の地方債市場のあり方をめぐる議論の深化への期待

　もっとも，このように市場競争重視モデルの利点を強調したからといって，本書は決して，公的支援重視モデルの地方共同資金調達機関がわが国において不要と述べているわけではない。

　先にも述べた通り，わが国の地方財政制度の内容は依然として中央集権的性格を残したものである。中央政府はこれまで，「集権的分散システム」[28]とも評される地方財政システムのもとで，地方自治体の財政運営に対して強い管理・統制の権限を有し，行使してきた。財政投融資制度や旧公営公庫といった垂直型の地方共同資金調達機関を通じた地方自治体に対する支援は，その裏返しとしての措置であった[29]。それゆえ，現在，地方自治体が抱える地方債残高が約200兆円と巨額にのぼることを踏まえても，少なくともその負債管理，借り換えにおいて中央政府が一定の経済的負担を負って支援することは当然のことであり，また不可欠なことは言を待たない。

　しかし，地方分権化の方向性を志向した改革が進みつつあることも，また事実である。そうである以上，わが国の地方債市場において新たに市場競争重視モデルの地方共同資金調達機関を導入することは，十分に検討の価値があるのではなかろうか。少なくとも，現状のように公的支援重視モデルの地方共同資金調達機関を複数運用するよりも，遥かにその潜在的な意義は大きいと考えられる。

　わが国の現行制度を踏まえていえば，例えば公的支援重視モデルの地方共同資金調達機関は財政投融資制度だけとし，地方公共団体金融機構を市場競争重視モデル，競争創出型の地方共同資金調達機関に転換する。その

---

28) 神野（1998）参照。
29) 地方自治体は一方で，中央政府によって適格性が認められた地方債については，その元利償還費用の一部が地方交付税制度の基準財政需要額に算入され，補助を受けることができる。財政投融資制度や旧公営公庫（現在の地方公共団体金融機構に至るまで）を通じた地方債の発行に対する支援が，こうした交付税措置を通じた支援と一体性をもっていた点にも，留意を要する。

上で，地方公共団体金融機関に対して，地方債市場における自由な事業展開，市場シェアの拡大の追求を認め，変革期の最中にあるわが国地方債市場においてより積極的・創造的な役割を果たすことを期待する。こうした改革も一案となりうるのではないだろうか。

　いずれにせよ，わが国の地方債市場において，地方自治体が効率的かつ安定的に資金を調達できるよう支える制度インフラを整備する重要性は，かつてない高まりをみせている。本書を機に，今後よりいっそう大きな役割を果たすことが期待される地方自治体にとって真に有益な制度インフラの構築に向けて，改めて議論が深められ，取り組みが進められることを祈念する。

あとがき

　地方債とは，その研究の現代的意義の大きさにもかかわらず，必ずしも十分な関心を集めてこなかったテーマである。例えば，2000年代後半のグローバル金融危機が2010年に入って欧州ソブリン危機へと新たな段階に進んで以降，わが国では改めて政府債務をめぐる議論が活発となっている。しかし，そこで一身に注目を集めているのは国債であり，地方債はその陰に隠れることが常である。700兆円を超える国債残高と比べれば，地方債は「たった」200兆円にすぎないという扱いになってしまう。しかも，今日なお「地方公共団体」という言い回しが使われ，地方自治体は中央政府の出先機関，子会社といった感覚で受け止められがちである。

　こうした性格もあってか，地方債研究は依然として黎明期にある。「地方債」をはじめ，基本用語の使用すら覚束ない識者がこれほど多い分野も珍しい。同じ論文・書籍の中で，何の注釈もなしに「地方債」の定義をころころ変えたり，大胆にも異なる「地方債」の国際比較を行うものをみつけることは，そう難しくない。また，財投機関債という類例があるにもかかわらず，未だに「市場による規律」が地方自治体の財政運営の健全化に資すると過度に期待する議論も残存する。挙げ句には，財政運営が民主主義の手続きに則って行われるべきものだという原則を顧みず，「市場による規律」に耐えられない地方自治体の「安楽死」を主張するという愚を犯す者もいるほどである。このような現状を踏まえれば，発展途上にある今日の地方債研究に求められるものは，高度な専門分化というよりは，むしろ基礎概念の見直しや常識と化した通説の再検討という基本への回帰ではないだろうか。

　本書の内容は，決して奇をてらったものではなく，きわめて素直な問題意識・研究手法に基づくものである。経済のグローバル化や少子高齢化の

進展といった環境の変化を踏まえれば，地方自治体に期待される役割は今後，よりいっそう大きくなろう。その地方自治体は，今や経済・社会に対して圧倒的な影響力をもつに至っている金融市場と，どのように関わっていけばよいだろうか。こうした問いかけを底流として，本書では特に地方債の共同発行という，半世紀以上の歴史をもつテーマを具体的に取り上げた。また，本書で採用した研究アプローチは欧米先進諸国の事例の比較考察という，これまた社会科学研究で広くみられる手法である。

　しかし，こうした基本に忠実な研究から導出された結論は，長年引き継がれてきた通説的見解に真っ向から疑義を呈するものとなった。すなわち，先進諸国の地方債市場は，一見すると多様な様相を呈している。だが，いずれの国においても，地方自治体の金融市場からの資金調達は，地方債の実質的な共同発行を通じて行われるのが主流となっている。これを支える地方共同資金調達機関は，地方分権化や金融自由化の進展につれて役割を終えるどころか，むしろ新たな政策的役割を期待され，存在感をさらに高めている。こうした内容は，本文でも指摘した通り，わが国における今後の地方債発行のあり方や，地方債市場の制度インフラの拡充に再考を促すものといえよう。それだけにとどまらず，ますます（特に質的に）大きな役割が期待される地方自治体の今後，とりわけ中央政府との政府間関係，あるいは同一レベルの地方自治体との相互連携・「共助」のあり方にも，有益な示唆をもつものと考えられる。

　もっとも，本書は浅学の身である筆者による小著ゆえ，内容に過度の期待は禁物である。とりわけ，本書中には，取り上げた欧米先進各国の一般的なイメージに反する指摘を行っている部分も少なくない。英国における「小さな政府」に向けた改革を主導したサッチャー保守党政権による地方債発行への全面支援。米国における州・地方政府の相互連携の模索。北欧諸国における競争重視の姿勢。こうした内容には，特に各国の財政・金融を専門とされる読者の眼からすると，内容の未熟さはもとより，重大な事実の看過や誤解も様々に見受けられよう。読者各位には，まずは本書を手に取って筆者と関心・問題意識を共有して下さったことに厚く御礼申し上

げたい。そして，是非忌憚なきご批評を賜われればと希う次第である。筆者としては，賛否はどうあれ読者の知的好奇心を幾ばくかでも刺激することができれば，企図は十分に達したものと考えている。さらに言えば，本書への批判という形でかねてからの各国単位での考察がいっそう深められ，それが複数諸国の事例を対象とする国際比較研究をさらに促すという，縦横それぞれの方向での研究アプローチによる地方債研究の競争創出に僅かでも資するものとなれば，望外の喜びである。

　本書は，筆者にとって単著としては処女作となる。財政学研究を本格的に始めてからちょうど10年にして博士論文を執筆し，本書の上梓へと至ったことは，個人的に感慨深いものがある。その過程では，実に様々な方々から御指導を受けてきた。この場にて，多大なる御厚恩に深謝申し上げる次第である。

　財政学の手ほどきは，植田和弘先生（京都大学）・諸富徹先生（京都大学）のお二人より授けて頂いた。特に植田先生には，学部時代にゼミへの参加を御了承頂いて以来，筆者の自由勝手な研究活動の第一の理解者として，手厚い学恩を賜っている。学部時代は結局，ロビンソン（Joan Violet Robinson, 1903－1983）やガルブレイス（John Kenneth Galbraith, 1908－2006）らの著書の耽読に費やしてしまった。また，大学院修士課程を修了した後には京都を離れざるをえなくなった。こうした幾度の寄り道を重ねる筆者のことを，先生は常に気にかけて下さり，御深慮下さっている。修士・博士論文の執筆過程での先生からの貴重な御指導と励まし，そして本書の出版に際しても先生による御薦めがなければ，本書の完成はなかった。また，もうお一人の指導教官である諸富先生にも，事毎に熱心な御指導を受けてきた。本書のもととなった研究論文の草稿にも，時間をみつけては目を通して下さり，鋭い的確なコメントを数多く頂戴した。また，学内外の研究会にもお誘い頂き，自らの研究や考えに固執しがちな筆者の関心・視野を広げようと御配慮下さっている。

　また，筆者の地方債研究の大本は，約5年にわたる野村資本市場研究所

在籍時に形成されたものである。本書の内容が伝統的な地方債研究，あるいは近年の経済系の学術書・論文と趣を異としているとすれば，それはこうした経歴の影響によるところ大である。そもそも，財政調整制度を主題として修士論文をまとめた筆者に欧米地方債制度・市場という新たな研究テーマを与えて下さったのは，当時の上司であった。また，同研究所では，わが国への示唆の導出を念頭に置いた諸外国の金融・資本市場の研究に金融実務に近い場所で取り組むという，きわめて貴重な機会を得た。民間研究所というアカデミズムとはまたひと味違った場で，金融という財政とは全く論理の異なる分野の観点を織り交ぜながら研究業務に従事できたことは，他には代えがたいものであった。さらには，経済・金融の第一線で活躍されている野村グループの方々から，地方債に狭く限らず，実に数多くのことを御教授頂いた。ゼロから叩き直さんと言わんばかりの熱心な御指導，能力を遥かに超える膨大かつ高度な課題・活躍の場の提供，こうした「苦行」の数々がなければ今日の筆者はない。

　筆者の受けた学恩は，これだけにとどまらない。本書にまとめている一連の研究内容は，直接的には2011年に京都に舞い戻って以降のものである。その一部は，学内外の研究会や学会で報告を行った。また，第2章・第4章については下記の通り，単独の論文として投稿し査読を受けたものである。日本地方財政学会・地方財務協会・国際公共経済学会には，拙著原稿の本書への掲載をご快諾頂いたことを，記して感謝したい。

　　第2章：「地方債市場に不可欠な金融仲介機関としての地方共同資金調
　　　　　達機関」日本地方財政学会編『日本地方財政学会研究叢書第20
　　　　　号　大都市制度・震災復興と地方財政』勁草書房，2013年，P.125
　　　　　～P.147を加筆・修正。

　　第4章：「グローバル金融危機を経て新たな展開をみせる米国地方債市
　　　　　場　制度インフラとしての役割が再注目される金融保証（モノ
　　　　　ライン）保険」『地方財政』2013年6月号，P.160～P.184，「米

国地方債市場に不可欠な地方共同資金調達機関としての金融保証保険」『国際公共経済研究』第24号，2013年，P.170～P.179，以上2本をあわせて加筆・修正。

　特に持田信樹先生（東京大学）には，日本地方財政学会（第20回大会，於立命館大学）にて本書の核となる研究内容（第2章前半部分）の討論者をお引き受け頂き，鋭いコメントを賜った。加えて，東京大学での地方公共団体金融機構寄付講座でも，フォーラムでの報告や海外調査出張への同行といった貴重な機会を与えて頂くなど，学会以外の場でも様々にお世話になっている。その他，発表や執筆の過程では，筆者の拙い研究内容に対して，研究会・学会報告へのコメントや査読コメントといった形で，多くの先生方・学兄各位から有益な助言を頂戴した。現段階では，その全てに十分に応えきることはできていないが，その点は今後の課題としたい。
　さらに，総務省の方々にもかねてより大変お世話になっている。わが国の地方財政運営の最前線での問題意識を拝聴したり，数多くの知見を御提供頂いたことは，欧米事例の研究に軸足を置く筆者の研究の軌道修正や内容の深化に不可欠のものであった。また，地方公共団体金融機構からは，先にも触れた東京大学で開催されている寄付講座のフォーラムにお招き頂いたり，海外調査研究にも参加要請を頂戴したりしている。第5章には，後者の成果が直接的に反映されている。特に2011年に同行させて頂いた北欧4ヶ国のインタビュー調査は，関係各位の多大なる御心遣いによって今から振り返っても大変に充実した内容のものとなり，合間の現地観光も含めとても印象深く記憶している。
　その際にもお世話になったコミュンインベスト（スウェーデン）・デンマーク地方金融公庫（デンマーク）・KBN（ノルウェー）・MuniFin（フィンランド）より受けた恩義にも触れなくてはならない。各機関には，業務多忙にもかかわらず長時間を割いて歓待下さり，地方債分野に関わる同業者・内輪として相当に詳しい情報・知見をご提供頂いた。数度にわたる北欧訪問・現地調査により，北欧諸国の各々の個性，あるいは健全な競争を

重視する姿勢を，肌身をもって感じることができた。こうした経験は，本書全体の趣旨，ひいては地方債制度・市場のあり方に関する筆者の基本観に，決定的な影響を与えるものとなった。

　以上に記しきれなかった方々も含め，筆者の今日は数多くの皆様からの御恩なくしてありえないものである。各位に改めて御礼申し上げるとともに，今後とも引き続き御指導・御鞭撻を請うことができれば幸甚の至りである。なお，本書に評した見解はあくまで筆者個人に帰属するものであり，誤りなどがあれば全く筆者の責任であることも，申し添えておく。

　本書の刊行にあたっては，京都大学の「平成25年度総長裁量経費若手研究者に係る出版事業」による助成を受けた。また，京都大学学術出版会の鈴木哲也編集長をはじめ皆様にも，出版までの限られた時間の中，大変にお世話になった。心から感謝申し上げる次第である。

　最後に，全くの私事ではあるが，筆者をこれまで献身的に育て上げてくれた家族に感謝の意を伝えたい。特に両親には，他ならぬ京都の地で，幼少の砌より筆者に惜しみない教育投資を施し，今日に至るまで常に筆者の唯一無二の支えとして歩みを温かく見守ってくれている。ただし，本書は祖父，故平井俊彦に捧げねばならない。なぜなら，筆者が社会科学，そして経済学研究の途に進むことを決意させたのは，古きよき京大経済学の伝統を体現する祖父への強い憧れだったからである。祖父の眼からすれば，本書の内容は「浅い」と一喝されそうだが，そこは初孫の可愛さに免じて許しを希いたい。

　　　2014年1月

　　　　　　　　　　　　　　　　　　　　　　　　　　　　筆者記す

参考文献

Allen, F. and D. Gale, (1995)"A Welfare Comparison of Intermediaries and Financial Markets in Germany and the US," *European Economic Review*, Vol. 39.

Allen, F. and D. Gale, (1997)"Financial Markets, Intermediaries and Intertemporal Smoothing," *Journal of Political Economy*, Vol. 105.

Allen, F. and A. M. Santomero, (1997)"The Theory of Financial Intermediation," *Journal of Banking and Finance*, Vol. 21.

Allen, F. and A. M. Santomero, (2001)"What Do Financial Intermediaries Do?," *Journal of Banking and Finance*, Vol. 25.

Bergstresser, D., R. Cohen and S. Shenai, (2010)"Skin in the Game: The Performance of Insured and Uninsured Municipal Debt," working paper, Harvard Business School.

Besanko, D. and G. Kanatas, (1993)"Credit Market Equilibrium with Bank Monitoring and Moral Hazard," *The Review of Financial Studies*, Vol. 6.

Boadway, R.W. (1998)"The Economics of Equalization: An Overview," in R. W. Boadway and P. A. R. Hobson eds. *Equalization: Its Contribution to Canada's Economic and Fiscal Progress*, (Queen's University School of Policy).

Boadway, R. W. and F. Flatters, (1982)"Efficiency and Equalization Payments in a Federal System of Government," *Canadian Journal of Economics*, Vol. 15.

Boyd, J. H. and E. C. Prescott, (1986)"Financial Intermediary-Coalitions," *Journal of Economic Theory*, Vol. 38.

Browning, P. (1986) *The Treasury and Economic Policy 1964-1985*, (Longman).

Bryant, J. (1980)"A Model of Reserves, Bank Runs and Deposit Insurance," *Journal of Banking and Finance*, Vol. 4.

Buchanan, J. M. (1950)"Federalism and Fiscal Equity," *American Economic Review*, Vol. 40.

Dafflon, B. ed. (2002) *Local Public Finance in Europe*, (Edward Elgar Publishing).

Dahlberg, M. and E. Johansson, (2002)"On the Vote Purchasing Behavior of Incumbent Governments," *American Political Science Review*, Vol. 96.

DETR (Department of the Environment, Transport and the Regions), (1998)"Modernising Local Government Finance: A Green Paper."

DETR, (2000)"Modernising Local Government-Capital Finance-."

Diamond, D. W. (1984)"Financial Intermediation and Delegated Monitoring," *Review of Economic Studies*, Vol.51.

Diamond, D. W. (1991)"Monitoring and Reputation: The Choice between Bank Loans and Directly Placed Debt," *Journal of Political Economy*, Vol. 99.

Diamond, D. W. and P.H. Dybvig, (1983)"Bank Runs, Deposit Insurance, and Liquidity," *Journal of Political Economy*, Vol. 91.

Drake, P. P. and F. R. Neale (2011)"Financial Guarantee Insurance and Failures in Risk Management," *Journal of Insurance Regulation*, Vol. 30.

Drees, B. and C. Pazarbasioglu, (1998) *The Nordic Banking Crises*, (IMF).

Edwards, F. R. (1993)"Financial Markets in Transition-or the Decline of Commercial Banking," in

G. Kaufman ed. *Changing Capital Markets : Implications for Monetary Policy*, (Federal Reserve Bank of Kansas City).
Edwards, F. R. (1996) *The New Finance-Regulation & Financial Stability-*, (The American Enterprise Institute Press).
Ellis, C. C. (2008) *The Partnership : The Making of Goldman Sachs*, (The Penguin Press).
Englund, P. (1990) "Financial Deregulation in Sweden," *European Economic Review*, Vol.34.
Englund, P. (1999) "The Swedish Banking Crisis : Roots and Consequences," *Oxford Review of Economic Policy*, Vol. 15. No. 3.
European Primary Dealers Association, (2008) "A Common European Government Bond : Discussion Paper."
Fink, M.P. (2008) *The Rise of Mutual Funds-An Insider's View-*, (Oxford University Press).
Fitch Ratings (2010) "International Local and Regional Governments Rating Criteria."
Flannery, M. J. (1993) "Government Risk-Bearing in the Financial Sector of a Capitalist Economy," in M. S. Sniderman ed. *Government Risk Bearing*, (Kluwer Academic Publishers).
Flatters, F., V. Henderson and P.Mieszkowski, (1974) "Public Goods, Efficiency and Regional Fiscal Equalization," *Journal of Public Economics*, Vol. 3.
Frankel,A., J. Gyntelberg, K. Kjeldsen and M. Persson, (2004) "The Danish Mortgage Market," *BIS Quarterly Review*, March 2004.
Gore, A. K., K. Sachs, and C. Trzcinka, (2003) "Financial Disclosure and Bond Insurance," *Journal of Law and Economics*, Vol.47.
Gorton, G. and J. Kahn, (1993) "The Design of Bank Loan Contracts, Collateral, and Renegotiation," *National Bureau of Economic Research Working Paper Series*, No. 4273.
Gurley, J. G. and E. S. Shaw, (1960) *Money in a Theory of Finance*, (The Brookings Institution).
Hansson, P. and L. Jonung, (1997) "Finance and Economic Growth : the Case of Sweden 1834-1991," *Research in Economics*, Vol. 51. No. 3.
Hirtle, B. (1987) "The Growth of the Financial Guarantee Market," *FRBNY Quarterly Review*, 1987 Spring.
Holmberg, A. and L. Frommegard, (2005) "Sweden's Kommuninvest Financing Cooperative," *Government Finance Review*, June 2005.
Hsueh, L. P. and P.R. Chandy, (1989) "An Examination of The Yield Spread Between Insured and Uninsured Debt," *The Journal of Financial Research*, Vol. 12.
Hsueh, L. P. and Y. A. Liu, (1992) "The Effectiveness of Debt Insurance As a Valid Signal of Bond Quality," *The Journal of Risk and Insurance*, Vol. 59.
Humphrey, N. P. and D. R. Maurice, (1986) "Infrastructure Bond Banks Initiatives : Policy Implications and Credit Concerns," *Public Budgeting & Finance*, Autumn 1986.
IMTA (The Institute of Municipal Treasurers and Accountants), (1962) *Local Authority Borrowing*.
Jackman, R. (1982) "Does Central Government Need to Control the Total of Local Government Spending?," *Local Government Studies*, Issue 3.
Jensen, T. (1949) *Kreditforeningen af Kommuner I Danmark 1899.26.April-1949*.
Jonung, L. (1993) "The Rise and Fall of Credit Controls : the Case of Sweden, 1939-89," in M. D. Bordo and F. Capie eds. *Monetary Regimes in Transition*, (Cambridge University Press).
Jonung, L., J. Kiander and P.Vartia, (2009) *The Great Financial Crisis in Finland and Sweden*, (Edward Elgar).

参考文献

Jørgen, N. and M. Pedersen, (2002) "Local Government and Debt Financing in Denmark," in Dafflon ed. (2002).

Justice, J. B. and S. Simon, (2002) "Municipal Bond Insurance: Trends and Prospects," *Public Budgeting & Finance*, Winter 2002.

Kidwell, D. S., E. H. Sorensen, and J. M. Wachowicz, Jr. (1987) "Estimating the Signaling Benefits of Debt Insurance: The Case of Municipal Bonds," *Journal of Financial and Quantitative Analysis*, Vol. 223.

Lane, T. D. (1992) "Market Discipline," *IMF Working Paper*.

Layfield Committee (1976) *Local Government Finance: Report of the Committee on Inquiry*.

Liu, G. (2011) "Municipal Bond Insurance Premium, Credit Rating and Underlying Credit Risk," working paper, SSRN eLibrary.

Liu, L. and M. Waibel, (2008) "Subnational Borrowing, Insolvency, and Regulation," in A. Shah ed. *Macro Federalism and Local Finance*, (The World Bank).

Martell, C. R. and R. S. Kravchuk (2011) "Bond Insurance and Liquidity Provision: Impacts in the Municipal Variable Rate Debt Market, 2008-09," *Public Finance Review*, Vol. 38.

Merton, R. C. and Z. Bodie, (1995) "A Conceptual Framework for Analyzing the Financial System," in D. B. Crane, K. A. Froot, S. P.Mason, A. F. Perold, R. C. Merton, Z. Bodie, E. R. Sirri, and P.Tufano, *The Global Financial System: A Functional Perspective*, (Harvard Business School Press).

Mieszkowski, P. and R. A. Musgrave, (1998) "Federalism, Grants and Fiscal Equalization," *National Tax Journal*, Vol. 52.

Moody's, (Moody's Investors Service) (2012 a) "U.S. Municipal Bond Defaults and Recoveries, 1970-2011."

Moody's, (2012 b) "Kommunalbanken AS."

Mouritzen, P.E. (2008) "Danish Local Government," in E. Albæk, et al. eds. *Crisis, Miracles, and Beyond*, (Aarhus University Press).

Musgrave, R. A. (1959) *The Theory of Public Finance: A Study in Public Economy*, (McGraw-Hill).

Nanda, V. and R. Singh, (2004) "Bond Insurance: What Is Special About Munis?," *The Journal of Finance*, Vol.59.

Nocera, J. (1995) *A Piece of the Action: How the Middle Class Joined the Money Class*, (Simon & Schuster Inc.).

Nykredit, (2010) *Danish Covered Bonds*.

Oates, W. E. (1972) *Fiscal Federalism*, (Harcourt Brace Jovanovich).

Oxelheim, L. (1996) *Financial Markets in Transition*, (Routledge).

Page, H. (1985) *Local Authority Borrowing*, (George Allen & Unwin).

Peng, J. (2002) "Do Investors Look Beyond Insured Triple-A Rating? An Analysis of Standard & Poor's Underlying Ratings," *Public Budgeting & Finance*, 2002 Fall.

Peterson, G. E. (2003) "Banks or Bonds?: Building a Municipal Credit Market," in Yun-Hwan Kim ed. *Local Government Finance and Bond Markets*, (Asia Development Bank).

Pettersson-Lidbom, P. and M. Dahlberg, (2003) "An Empirical Approach for Evaluating Soft Budget Constraints," working paper, Uppsala University.

Pliatzky, L. (1989) *The Treasury Under Mrs Thatcher* (Basil Blackwell).

Pozdena, R. J. (1991) "Danish Banking: Lessons for Deposit Insurance Reform," *Journal of Financial Services Research*, Vol. 5. No.3.

Radcriff Committee, (1959) *Report of the Committee on the Working of the Monetary System*.
Robbins, M. D. and D. Kim, (2003) "Do State Bond Banks Have Cost Advantages for Municipal Bond Issuance?," *Public Budgeting & Finance*, 2003 Fall.
Rodden, J. A., G. S. Eskeland, and J. Litvack, (2003) *Fiscal Decentralization and the Challenge of Hard Budget Constraints*, (MIT Press).
Rodrik, D. and R. Zeckhauser, (1988) "The Dilemma of Government Responsiveness," *Journal of Policy Analysis and Management*, Vol. 7.
Rossi, S. and B. Dafflon, (2002) "The Theory of Subnational Balanced Budget and Debt Control," in Dafflon ed. (2002).
S&P, (Standard & Poor's Ratings Services) (2007 a) "Subprime Exposure Is Unlikely To Cause Bond Insurers Major Difficulties."
S&P, (2007 b) "U.S. Bond Insurers Withstand Subprime Stress."
S&P, (2007 c) "Detailed Results of Subprime Stress Test of Financial Guarantors."
S&P, (2008 a) "Detailed Results of Subprime Stress Test of Financial Guarantors."
S&P, (2008 b) "Projected Losses Have Widened for Bond Insurers with RMBS and CDO Exposure."
S&P, (2009) "Mortgage-Related Losses Aren't Over for Bond Insurers."
S&P, (2010) "Criteria : International Public Finance : Methodology for Rating International Local and Regional Governments."
S&P, (2012) "KBN Kommunalbanken Norway."
Sage, N. D. B. (1978) *Local Authority Capital Finance*, (Charles Knight and Company Limited).
Sirri, E. R. and P.Tufano (1995) "The Economics of Pooling," in D. B. Crane, K. A. Froot, S. P.Mason, A. F. Perold, R. C. Merton, Z. Bodie, E. R. Sirri, and P.Tufano, *The Global Financial System : A Functional Perspective*, (Harvard Business School Press).
Slater, R. (1997) *John Bogle and the Vanguard Experiment : One Man's Quest to Transform the Mutual Fund Industry*, (Irwin Professional Publishing).
Stiglitz, J. E. (1993) "Perspectives on the Role of Government Risk-Bearing within the Financial Sector," in M. S. Sniderman ed. *Government Risk Bearing*, (Kluwer Academic Publishers).
Ter-Minassian, T. and J. Craig, (1997) "Control of Subnational Government Borrowing," in T. Ter-Minassian ed. *Fiscal Federalism in Theory and Practice*, (IMF).
Thakor, A. V. (1982) "An Exploration of Competitive Signalling Equilibria with "Third Party" Information Production : The Case of Debt Insurance," *The Journal of Finance*, Vol.37.
Thakor, A. V. and P.F. Wilson, (1995) "Capital Requirements, Loan Renegotiation and the Borrower's Choice of Financing Source," *Journal of Banking & Finance*, Vol. 19.
von Hagen, J., M. Bordignon, M. Dahlberg, B. S. Grewal, P.Petterson, and H. Seits, (2000) "Subnational Government Bailouts in OECD Countries : Four Case Studies," *IDB Working Paper*, No. 126.
von Hagen, J. and M. Dahlberg, (2004) "Swedish Local Government : Is There A Bailout Problem?," in P.Molander ed. *Fiscal Federalism in Unitary States*, (Kluwer Academic Publishers).
Watt, P.A. (1982) "The Control of Local Authority Capital Expenditure," *Local Government Studies*, Issue 3.
Zorn, C. K. and S. Towfighi, (1986) "Not All Bond Banks Are Created Equal," *Public Budgeting & Finance*, Vol.6, Issue. 3.

参考文献

青木宗明（1990）「フランスにおける地方債の自由化」日本地方自治学会編『広域行政と府県』敬文堂
青木宗明（1996）「フランスの地方債　自由化と金融商品化」『自治総研』1996年3月号
秋山義則（1990）「アメリカにおける州・地方政府債務の構造変化」『証券経済』第174号
秋山義則（2002）「レーガン税制改革と州・地方債投資」『滋賀大学経済学研究年報』Vol. 9．
池尾和人（1998）「政府金融活動の役割：理論的整理」岩田一政・深尾光洋編『財政投融資の経済分析』日本経済新聞社　第二章
池上岳彦（1989）「起債自由化論争の展開」『都市問題』第80巻第8号
池上岳彦（2003）「財政調整の理論と制度」神野直彦・池上岳彦編『地方交付税　何が問題か』東洋経済新報社　第一章
池上岳彦（2004）『分権化と地方財政』岩波書店
石川達哉・赤井伸郎（2013）「臨時財政対策債の構造と実態」日本地方財政学会編『大都市制度・震災復興と地方財政』勁草書房
伊集守直・木村佳弘（2007）「スウェーデンの地方政府所有企業」『公営企業』2007年4・5月号
井手英策・水上啓吾（2006）「資産・負債管理型国家の提唱」神野直彦・井手英策編『希望の構想』岩波書店　第四章
稲生信男（2003）「米国地方債における情報開示（ディスクロージャー）制度」『都市問題』第94巻第12号
内田浩史（2010）『金融機能と銀行業の経済分析』日本経済新聞出版社
翁百合（2010）「公的金融の機能を適切に発揮するための条件は何か」翁百合『金融危機とプルーデンス政策』日本経済新聞出版社　第六章
加藤三郎（2001）『政府資金と地方債』日本経済評論社
金澤史男（2002）「財政危機下における公共投資偏重型財政システム」金澤史男編『現代の公共事業』日本経済評論社　第一章
金澤史男（2006）「起債許可制度の展開と協議制への転換」『都市問題』第97巻第9号
北村裕明（1998）『現代イギリス地方税改革論』日本経済評論社
君村昌・北村裕明編（1993）『現代イギリス地方自治の展開』法律文化社
公営企業金融公庫編（2009）『公営企業金融公庫史』
公会計改革研究会編（2008）『公会計改革』日本経済新聞出版社
小西砂千夫（2012）『公会計改革の財政学』日本評論社
小林昭（1990）「イギリス補助金政策の新展開と地方財政」宮本憲一編『補助金の政治経済学』朝日新聞社　第六章
小林昭（2004）『現代イギリスの地方財政改革と地方自治』日本経済評論社
斎田温子（2008）「ドイツの州立銀行再編の動き」『資本市場クォータリー』2008年春号
酒井良清・前多康男（2003）『新しい金融理論』有斐閣
白川一郎（2007）『自治体破産』NHKブックス
神野直彦（1998）『システム改革の政治経済学』岩波書店
神野直彦（2002）『地域再生の経済学』中公新書
菅沼隆（2005）「デンマークにおける保健医療予算の決定メカニズム」『立教経済学研究』第58巻第3号
鈴木武雄（1937）「「地方信用金庫」創設論」『都市問題』第24巻第2号
鈴木武雄（1968）「「地方金融公庫」創設論」鈴木武雄・島恭彦監修『戦後地方財政の展開　藤田武夫教授還暦記念論集』日本評論社

関口智・木村佳弘・伊集守直（2009）「スウェーデンの地方公会計制度と地方政府所有企業」『公営企業』2009年11月号
高橋誠（1981）「イギリス「1980年地方政府法」の財政的意義」『経済志林』第49巻第3号
地方共同の金融機構のあり方に関する検討会（2008）「地方共同の金融機構のあり方に関する検討会報告書」
茶野努（1996）「金融保証保険業務の発展」堀内昭義編著『金融の情報通信革命』東洋経済新報社　第三章
土居丈朗（2007）『地方債改革の経済学』日本経済新聞出版社
富田俊基（2008）『財投改革の虚と実』東洋経済新報社
中里透（2009）「地方債の共同発行に関する論点整理」『会計検査研究』第40号
日本政策投資銀行（2004）「金融保証（モノライン）保険業界の概要」
沼田優子・三宅裕樹（2007 a）「米国地方債の起債プロセス　わが国地方債に必要とされるインフラと専門的機能」『資本市場クォータリー』2007年春号
沼田優子・三宅裕樹（2007 b）「米国地方債ファンド市場の現状」『資本市場クォータリー』2007年夏号
野村資本市場研究所編（2007）『変革期の地方債市場』金融財政事情研究会
林宏美（2007）「自治体向けファイナンス業務をグローバルに展開するデクシア」『資本市場クォータリー』2007年春号
林宏美（2008）「規模の拡大と多様化が進展するカバード・ボンド市場」『資本市場クォータリー』2008年春号
林宏美（2011）「フランス・ベルギーの大手金融機関デクシアの解体」『野村資本市場クォータリー』2011年秋号ウェブサイト版
平嶋彰英（2008）「政策金融改革と地方公営企業等金融機構の設立について」『地方財政』2008年11月号・12月号
堀場勇夫（2006）「地方交付税と純財政便益」持田編（2006）　第四章
前多康男（2001）「金融取引と情報」岩本・齊藤・前多・渡辺『金融機能と規制の経済学』東洋経済新報社　第一章
丸山淑夫・堀内聡（2012）「地方公共団体金融機構の地方支援業務の現在と可能性」『公営企業』2012年4月号
三宅裕樹（2008 a）「サブプライム問題と金融保証保険をめぐる動き」『資本市場クォータリー』2008年春号
三宅裕樹（2008 b）「ドイツの地方債市場から得られるわが国への示唆」『資本市場クォータリー』2008年夏号
三宅裕樹（2008 c）「オークション・レート証券市場をめぐる混乱と金融機関による買い戻しの動きについて」『資本市場クォータリー』2008年秋号
三宅裕樹（2009 a）「米国地方債市場の情報インフラ整備に向けた動き　MSRBによる市場情報の一括提供を支える制度改正の実施」『資本市場クォータリー』2009年冬号
三宅裕樹（2009 b）「拡大するわが国地方債市場の今後のあり方と展望」『財界観測』2009年春号
三宅裕樹（2012）「地方債市場の国際比較」『東京大学大学院経済学研究科・経済学部　地方公共団体金融機構寄付講座ニュースレター』第3号
三宅裕樹（2013）「『北欧モデル』から考える地方の資金調達の在り方　スウェーデン編」『東京大学大学院経済学研究科・経済学部　地方公共団体金融機構寄付講座ニュースレター』第19号
三宅裕樹（2014）「米国地方政府の破綻と事後的な財政再建のあり方　ペンシルバニア州ハ

リスバーグ市を事例として」『証券経済研究』第86号（予定）
三宅裕樹・林宏美（2008）「スウェーデン地方債市場から得られるわが国への示唆　効率的な運営に努めるスウェーデン地方金融公社」『資本市場クォータリー』2008年春号
三好重夫（1937）「地方團體中央金庫設置の提唱」『自治研究』第14巻第11号
持田信樹（2004 a）「地方分権下の財政調整制度」持田信樹『地方分権の財政学』東京大学出版会　第五章
持田信樹（2004 b）「持続可能な地方債制度の将来像」持田信樹『地方分権の財政学』東京大学出版会　第六章
持田信樹編（2006）『地方分権と財政調整制度』東京大学出版会
持田信樹（2008）「地方債制度改革の基本的争点」貝塚啓明・財務省財務総合政策研究所編『分権化時代の地方財政』中央経済社　第六章
山田耕司（1991）「米国商業銀行の債券運用」『財界観測』1991年10月号
吉川雅幸（1995）「北欧諸国の金融機関救済」『財界観測』1995年5月号
蝋山昌一（1989）『金融自由化の経済学』日本経済新聞社

索　引

[A-Z]

BAM（米国）　129-131, 133, 180
CAECL（フランス）　48, 80-81
CDC（フランス）　80-81
CDS　104-105, 110, 124
FGIC（米国）　85, 107, 110-111, 113-114
FSA（米国）　85, 110, 112, 116, 130
GSE（米国）　96
IMTA（英国）　63
IR（Investor Relations）　155
KBN（ノルウェー）　53, 137, 140, 168-175, 177-179, 186
KLP（ノルウェー）　169, 171, 174
MBIA（米国）　89, 106-107, 110, 112-114
OTDモデル　39, 90
PWLB（英国）　24, 48, 57-80, 82, 174, 184-185
S&P　105-106, 110, 171
SFIL（フランス）　81

[あ]

アシュアード・ギャランティ（米国）　87, 110, 112, 116
アドバイザリー・サービス　38, 159-160, 165
アムバック（米国）　85, 106-107, 110-111, 113-114, 125
暗黙の政府保証　16, 96
一般財源保証債（米国）　88, 95, 97

[か]

回収リスク　87, 172
格付け／格付機関　46, 86-87, 90, 105-107, 110, 118-119, 126, 164
カバード・ボンド　81-82, 153, 174, 182
機関投資家　7-8, 10-11, 35-36, 101
起債許可制度　3, 15
起債許可制度（英国）　75-76

起債自主権　4, 12, 17, 75, 77, 177, 187, 201-202
機能論的アプローチ　18-19, 34, 53
規模・範囲の経済性　22, 31, 45, 156, 161
競争創出型　53, 137, 140-141, 158, 179-180, 186-187
共同発行市場公募債　25, 52, 180, 187
銀行等引受債　9
金融仲介機関　8-9, 19, 31-33, 97, 185-186
金融取引コスト　29-35, 38, 45, 86-87, 96
金融保証（モノライン）保険　24, 38, 53, 84-134, 186
偶発債務　12, 78-79, 87, 175
公営企業金融公庫（旧公営公庫）　188, 191-193, 195, 197-199, 204
公的支援重視モデル　50, 80, 82, 171, 176, 184-185, 194-196, 201-204
公的資金　1-2, 4
交付税措置　16, 18, 204
コミュネクレジット（ノルウェー）　140, 173-174
コミュンインベスト（スウェーデン）　52, 137-149, 152, 155-166, 177-180, 186

[さ]

債券形式　1, 4, 61, 139-140, 148, 150, 154, 174
最後の貸し手　43, 62-63, 65-67, 79, 165, 172-173, 178-179, 184
財政規律　12-13, 15, 22, 134, 182
財政調整制度　15-16, 43, 46-47, 197
財政投融資制度　2, 6, 17, 48, 81, 195-199, 204
財政民主主義　11
債務調整　36, 87
サブプライム・ローン問題（米国）　25, 39, 102, 105
支援　20-22, 41, 43, 76-79, 123-127, 192, 197, 199, 201-204
資金不足主体（最終的な借り手）　7-8, 29

221

資金余剰主体（最終的な貸し手）　7-8, 29
資産運用会社　35, 89, 101, 160
市場競争重視モデル　51-53, 83-84, 134-135, 155, 185, 199, 202-204
市場公募債　2-4, 9, 187
市場による規律　16, 72
事前協議制度　3
住民参加型市場公募債　4, 8-9
州立銀行（ドイツ）　81-82, 183
商業銀行　34-36, 93, 139, 148-149, 152-153, 155
証券化（商品）　38-39, 96, 102-106, 124
証書（ローン）形式　1, 139-140
信用リスク　32, 36-37, 45-46, 86-90, 104, 120, 162-164, 167, 172
スウェーデン地方金融協同組合（スウェーデン）　142-143, 156, 165
政府系金融機関（型）　48-50, 57-58, 80-82, 178, 184, 188-199, 202
政府後援企業型　52-53, 168, 171, 186
相互会社（型）　51-53, 126-130, 133, 142, 149, 158-159, 162, 180, 186, 191

[た]
タイムリー・ペイメント・リスク　87, 172
地方公営企業等金融機構（旧地方機構）　188-193, 197-198
地方公共団体金融機構　6, 25, 38, 49-51, 141, 187-199, 201-202, 204
地方交付税制度　16, 193, 196, 204
地方債銀行（米国）　48, 50, 99-101, 184, 202
地方債専門銀行　34
直接金融　8-9
デクシア（フランス）　48, 53, 80-81, 112, 183
デフォルト　37, 86-87, 97, 104
伝統的な銀行機能　93-94, 101, 180, 185
デンマーク地方金融公庫（デンマーク）　51, 137, 140, 149-152, 155-163, 166-167, 177, 179, 186
導管体（型）　52, 180, 187

倒産法制　36
投資信託　7, 35, 93, 101, 160
特定補助金制度　15, 196

[な]
ノルウェー地方自治体銀行（ノルウェー）　81, 170, 178

[は]
パレート改善　12, 21, 46-47, 182
非割当融資制度（英国）　67, 79-80
フィッチ　106
負債管理　5, 204
フランス郵政公社（フランス）　81
分散効果　22, 31-32, 46, 156
補助金給付型　50, 150

[ま]
民間金融機関（型）　24-25, 53-54, 81, 84, 131, 133-134, 180, 186
ムーディーズ　97, 110
免税債　98-101, 120-121, 132
モラル・ハザード　12-13, 15-16, 22, 30, 182

[や]
有効競争の保証主体　157, 178-179
融資枠割当制度（英国）　65-71, 73, 79-80

[ら]
ラディアン（米国）　115-116, 128-129
リーマン・ショック　81, 110, 112, 124, 160
利害相反　133, 158-160
リスクのプール化　22, 31-32, 86, 156
流動性リスク　31-32, 45
レイフィールド委員会（英国）　75-77
レベニュー債（米国）　37, 88, 95-97
連携　21-22, 200
レンダー・ジャンボ債（ドイツ）　52, 180, 188

著者紹介

三宅裕樹（みやけ　ひろき）

1982年　京都府京都市生まれ
2000年　ヴィアトール学園洛星高等学校卒業
2004年　京都大学経済学部卒業
2006年　京都大学大学院経済学研究科修士課程修了
同年　　野村證券株式会社入社，株式会社野村資本市場研究所出
　　　　向（11年まで）
2014年　京都大学大学院経済学研究科博士後期課程修了
現在，博士（経済学・京都大学）。2014年4月より京都大学大学
　　　院経済学研究科非常勤講師。

共著に『変革期の地方債市場』（金融財政事情研究会，2007年），
『Basic 地方財政論』（有斐閣，2013年）など。訳書に『カリフォ
ルニア州地方債読本』（野村資本市場研究所，2011年）など。

（プリミエ・コレクション　51）
地方債市場の国際潮流
──欧米日の比較分析から制度インフラの創造へ

2014年3月31日　初版第一刷発行

　　　　　著　者　　三　宅　裕　樹
　　　　　発行人　　檜　山　爲次郎
　　　　　発行所　　京都大学学術出版会
　　　　　　　　　　京都市左京区吉田近衛町69
　　　　　　　　　　京都大学吉田南構内（〒606-8315）
　　　　　　　　　　電話 075(761)6182
　　　　　　　　　　FAX 075(761)6190
　　　　　　　　　　URL http://www.kyoto-up.or.jp/
　　　　　印刷・製本　亜細亜印刷株式会社

ⓒ Hiroki Miyake　　　　　　　　　　　　　　Printed in Japan
ISBN978-4-87698-395-7 C 3333　　　定価はカバーに表示してあります

本書のコピー，スキャン，デジタル化等の無断複製は著作権法上での例外を除
き禁じられています。本書を代行業者等の第三者に依頼してスキャンやデジタ
ル化することは，たとえ個人や家庭内での利用でも著作権法違反です。